IMPRESSUM

Als Frau allein mit dem Fahrrad rund um Afrika – Durch 33 Länder auf dem schwarzen Kontinent
Dorothee Fleck

Bibliografische Information der Deutschen Bibliothek
Die Deutsche Bibliothek verzeichnet diese Publikation in der deutschen Nationalbibliografie. Detaillierte bibliografische Daten sind im Internet über dnb.dnb.de abrufbar.

Redaktion und Lektorat: Christine Walter

Satz und Layout: 360° medien mettmann

Bildnachweis: Alle Fotos von Dorothee Fleck, außer S. 259: Tico

Gedruckt und gebunden:
STANDARTU SPAUSTUVE Druckerei | Dariaus ir Girėno g. 39 | LT - 02189 Vilnius | www.standart.lt

ISBN: 978-3-947944-00-2
Hergestellt in Litauen

www.360grad-medien.de

Dorothee Fleck

Als Frau allein mit dem Fahrrad rund um Afrika

Durch 33 Länder auf dem schwarzen Kontinent

2.11.2018

Für Andrea
und Manfred

Dorothee

Vorwort

Wieder waren die Taschen fast gepackt. Doch wo war meine super Wäscheleine? Nicht aufzufinden. Wahrscheinlich hatte ich sie auf dem letzten Campingplatz auf meiner Loire-Tour im Sommer vergessen. Das sollte mich nicht davon abhalten, am nächsten Tag endlich loszufahren. Dank Velotraum stand auch das Fahrrad wieder komplett überholt bereit. Mindestens 40.000 Kilometer musste es durchhalten. Da es in Afrika keine Ersatzteile gibt, packte ich alles ein, was auf der Fahrt benötigt wird: Kette, Ritzel, Zahnkranz, Bremsklötze, Schläuche, Reifen und spezielle Teile für meine Rohloff-Schaltung und Magura-Bremsen.

Die letzten Impfungen waren eingenommen. Der Doktor verabschiedete sich mit den Worten: „Kommen Sie gesund wieder." Ich lachte nur und meinte: „Zu Ihnen komme ich wohl eher krank wieder."

Zweifel an meinem Plan, Afrika zu umrunden, bekam ich trotz der vielen Warnungen nicht. Die negativen Äußerungen kamen meist von Leuten, die mich nicht kannten. Vor zehn Jahren hatte ich meinen Job gekündigt und fuhr seitdem mit dem Fahrrad um die Welt. Meine Freunde und Familie wussten, dass ich mittlerweile genug Erfahrung gesammelt hatte und schon wissen würde, was ich machte. Und dass ich mir eh nichts sagen lassen würde. Ich wusste selbst nicht, ob ich es schaffen würde, aber wenn ich es nicht einmal versuchte, würde ich es nie wissen.

Nordsee
Kopenhagen
Moskau
Vilnius
Minsk
Dublin
Cardiff
London
Berlin
DEUTSCHLAND
POLEN
RUSSLAND
Kiew
UKRAINE
Paris
Prag
Wien
Bratislava
FRANKREICH
Laibach
Belgrad
Bukarest
Schwarzes Meer
Sofia
Rom
SPANIEN
Tiflis
Eriwan
Baku
Ankara
Lissabon
Athen
TÜRKEI
Algier
Teheran
Nikosia
Tunis
Atlantischer Ozean
Tripolis
Mittelmeer
IRAN
Amman
Kuwait Stadt
Kairo
ALGERIEN
LIBYEN
ÄGYPTEN
Manama
Riad
Abu Dhabi
SAUDI-ARABIEN
MAURETANIEN
Nouakchott
MALI
NIGER
SUDAN
Asmara
JEMEN
Dakar
Sanaa
TSCHAD
Bamako
Ouagadougou
N'Djamena
Bissau
GUINEA
NIGERIA
SOMALIA
Conakry
ÄTHIOPIEN
SÜD-SUDAN
Monrovia
Accra
Yaoundé
Bangui
KENIA
Mogadishu
Nordatlantischer Ozean
Kampala
Libreville
DEMOKRATISCHE REPUBLIK KONGO
Nairobi
Kigali
Kinshasa
TANSANIA
Luanda
Mamoudzou
ANGOLA
Lilongwe
SAMBIA
Lusaka
Harare
Antananarivo
NAMIBIA
Indischer Ozean
BOTSUANA
Windhuk
Gaborone
Pretoria
Maputo Stadt
Südatlantischer Ozean
SÜDAFRIKA
Fahrrad
Boot
Auto/LKW
Flugzeug

Inhalt

Warmfahren in Südeuropa

Warum musste ich immer im Winter losfahren? Es war 14. Dezember 2015, ich wollte vor dem ganzen Weihnachtsrummel weg sein.

Die Abfahrt war sehr unspektakulär. Meine Schwester machte ein paar Fotos und eine Nachbarin kam zum Verabschieden heraus. Ein neuer Nachbar kam vorbei, fragte: „Wohin geht es denn?“ – „Nach Afrika“. Er machte ein Gesicht, als ob ich ihn veräppeln wollte.

Es war einer der kältesten Tage der Reise. Die Straßen waren gesäumt von zwei Dingen, die ich in ganz Afrika nur sehr selten sah: eisbedeckte Autos und Mülltonnen. Das Fahrrad war schwer beladen. Ich wusste nicht, ob ich es noch bewegen konnte. Den Berg hinunter ging es noch, aber unten in der Kurve? Alles ging mal wieder gut. Wegen der Wolken und des Windes wurde mir lange nicht warm.

In einem Stehcafé wärmte ich mich bei einer Tasse Kaffee auf. Als ich heraus kam, schien die Sonne und ein Schornsteinfeger kreuzte meinen Weg. Ich bin zwar nicht abergläubisch, bildete mir trotzdem ein, dass er mir Glück bringt.

Abfahrt zwischen eisbedeckten Autos und Mülltonnen

Von Lahr aus sind es nur 53 Kilometer bis zur Grenze bei Breisach. Ade Deutschland!

Frankreich

Meine erste Nacht verbrachte ich bei Freunden in der Nähe von Mulhouse. Es war schon dunkel, als ich dort ankam. Dabei war es noch nicht einmal 18 Uhr. Die kurzen Tage gefielen mir überhaupt nicht. Da ich wusste, dass mich ein lieber Empfang, Bett und Essen erwartete, war es nicht ganz so schlimm.

Die nächste Etappe war nur 50 Kilometer weit. In den ersten Tagen der Reise konnte ich mich noch von meinen Freunden verabschieden. Deswegen war auch gleich am dritten Tag ein „Ruhetag". Hatte ich es eilig? Sicherlich nicht! Wer weiß, wann ich meine Freunde wieder sehe. Lieber nochmals einen Glühwein auf dem Weihnachtsmarkt. So fing die Reise langsam an, was meiner Kondition sehr entgegenkam. Danach war es mit dem „warmen Nest" vorbei. Es ging in das große Ungewisse. Wobei die Fahrt durch Südeuropa nicht das große Unbekannte und Fremde war.

Entlang der Kanäle und auf der ViaRhôna, dem Rhône-Radweg, fuhr ich in den Süden. Diese ebenen Strecken waren fantastisch, um mich an das schwere Gepäck zu gewöhnen. Das Wetter war erst wunderbar, blauer Himmel und strahlender Sonnenschein. Eines Abends dann war es sehr windig und sah nach Regen aus. An einer Schleuse an der Saône fragte ich einen Mann, der dort zugange war, ob ich irgendwo im Windschatten zelten dürfe. Bei der Aussicht auf Regen bot Stephan mir sein Hausboot zum Übernachten an. So ging der erste Regen spurlos an mir vorüber.

Die Strecke an der Rhône war ich in entgegengesetzter Richtung gefahren, als ich von meiner zweiten Weltumrundung zurückgekommen war. An einiges konnte ich mich erinnern, vieles war neu gemacht.

An den Gestaden der Rhône verbrachte ich den Heiligen Abend. Anstelle eines Weihnachtsbaums hatte ich eine Kerze und oben auf dem Berg war eine Burg erleuchtet. Sehr besinnlich. Der erste Weihnachtsfeiertag war fantastisch, besser kann man den Tag nicht verbringen. Weit entfernt von jeglichem Konsum und Völlerei, einfach den Tag in der Natur genießen und sich des Lebens erfreuen. In den nächsten Tagen fuhr ich an unzähligen überfüllten Mülleimern vorbei. Auf der Straße wurden die Geschenke ausgeführt und ich fragte mich, wie lange es dauere, dass alles, meist aus Plastik, auch Müll wären.

Wegen des Weihnachtsmarktes, der in Frankreich bis Neujahr geht, erkannte ich Narbonne nicht wieder. Erst in der Touristen-Information merkte ich, dass ich hier schon einmal gewesen war.

Zweimal übernachtete ich in einem günstigen Motel, um mir endlich eine Dusche zu gönnen und Kleider zu waschen. Auch ein längerer Abend im Internet tat von Zeit zu Zeit ganz gut. Das zweite Mal war bei Perpignan. Da war mir leider nicht bewusst, wie nah Spanien war. Nach zwei Wochen entlang von Flüssen und Kanälen war ich auf einmal mit den Pyrenäen konfrontiert. Schon dreimal hatte ich sie in beiden Richtungen überquert. Diesmal wählte ich die Route über Le Perthus. Da parallel die Autobahn verlief, hoffte ich, dass diese Straße ruhig wäre. Weit gefehlt! Es war der Horror. Auf den Autobahnbrücken sah ich lange Lkw-Schlangen vor der Grenze; Frankreich hatte die Grenzkontrollen verschärft. Zuerst dachte ich, das sei der Grund, weswegen alle Pkw auf die Nebenstraße auswichen. Auch dabei lag ich komplett falsch. Schon zwei Kilometer vor Le Perthus staute es sich. An den qualmenden Auspuffen konnte ich vorbeifahren. Im Dorf sah ich dann den wahren Grund des Verkehrsaufkommens: Ein Geschäft reihte sich an das andere, überall konnte man günstig Alkohol und Tabak kaufen. Dieser Teil der Stadt gehörte zu Spanien, weswegen die Franzosen hier sehr günstig einkaufen konnten.

Spanien

Sehr ruhig auf einer großen Straße ging es direkt nach Figueras, einer wunderbaren Stadt. Gerne hätte ich in das Dalí-Museum besucht. Die Schlange schreckte mich doch sehr ab. In der Ferienzeit sind die Orte voll Touristen. Es war der 31. Dezember und schönster Sonnenschein. Mich zog es wieder an das Meer und ich konnte Silvester in einem Wald an einer der schönsten

Küstenstraßen Europas, zwischen Sant Feliu de Guíxols und Lloret de Mar mit Blick auf Tossa de Mar feiern. Das erste Mal, dass ich eine kleine Flasche Wein dabei hatte. Um 20 Uhr hatte ich mich in mein Zelt zurückgezogen, mit der Zuversicht, dass ich schon geweckt werden würde, falls etwas los wäre. Dem war dann auch so. Von beiden Seiten, sowohl vom Meer als auch von den Bergen, kam Feuerwerk. Komisch, Spanier machen kein Feuerwerk zu Silvester. Wahrscheinlich gab es auch hier viele Deutsche.

Am 1. Januar 2016 kam ich nach Barcelona. Ich dachte, mich trifft der Schlag! So viele Leute. Im Hafen lagen mehrere Kreuzfahrtschiffe. Nach zwei Stunden Suche fand ich glücklich und müde ein Hostel. Es war die denkbar schlechteste Zeit, die Stadt zu besuchen. Ich war nur froh, dass ich vor 15 Jahren schon einmal hier war. Mittlerweile muss man für den Park Güell Eintritt bezahlen. Ich stand um 13 Uhr vor einer langen Schlange. Mir wurde gesagt, wenn ich jetzt ein Ticket kaufe, dürfe ich um 17 Uhr hinein, kurz bevor es dunkel wurde. Nein, danke! Im Sommer ist es anscheinend noch schlimmer. Dann sind bis zu 8.000 Besucher gleichzeitig im Park. Im Januar durften alle halbe Stunde 450 Besucher hinein. Eine gute Einnahmequelle für die Stadt.

Ich fuhr am 3. Januar weiter, zuerst über eine sehr kurvenreiche, bergige Küstenstrecke. Obwohl es Sonntag war, waren unzählige Autos in beide Richtungen unterwegs. Aber auch Pulks von Radfahrern, natürlich alle ohne Gepäck. Ich war sehr glücklich, als ich heil in Sitges angekommen war. Der weitere Verlauf der Küste ist stark verbaut aber immerhin gibt es mehr oder weniger schöne Radwege. Ein Highlight war der Naturpark Serra d'Irta südlich von Peñíscola. Zwar war alles Schotterpiste, aber die Landschaft sehr pittoresk. Vor allem früh am Morgen, als über dem Meer gerade die Sonne aufging und die felsigen Berge auf der anderen Seite angeleuchtet wurden. Ab Castello gab es bis Valencia fast nur noch Mandarinen- und Orangenplantagen.

Diese Stadt war eine wahre Überraschung. Ich liebe die Altstadt mit den Plätzen und den vielen historischen Gebäuden. In einem ausgetrockneten Flussbett befand sich ein schöner Park. Hier pulsierte das Leben. Bei einer Rundfahrt mit meinen Gastgebern durch Benidorm lernte ich, wie aus dem kleinen Fischerort diese Hotelhochburg entstanden ist. Es begann zu Francos Zeit, als Spanien noch sehr konservativ war. Dieser Region ging es wirtschaftlich nicht gut und sah eine

Chance im Tourismus. Aber wie sollten sie die Mittel- und Nordeuropäer anlocken? Da hatte der Bürgermeister von Benidorm in den 1950er-Jahren die geniale Idee, schnappte seine Vespa und fuhr nach Madrid. Er sprach persönlich bei Franco vor und bat um die Erlaubnis, dass man in Benidorm mit einem Bikini (sonnen-)baden darf. Der Bitte wurde stattgegeben, was schließlich der Start für die explosionsartige Entwicklung des Fischerdorfes war. In Strömen kamen sie hauptsächlich von den britischen Inseln. Nicht nur das Wetter, auch die Preise waren hier viel besser. Das sind sie auch heute noch, darum ist der Ansturm immer noch sehr groß. Um genügend Übernachtungsplätze bieten zu können, hatte man, anstatt sich in die Breite auszudehnen und Ackerland zu verbauen, in die Höhe gebaut. Über 40 Stockwerke sind keine Seltenheit. Es sind 75.000 Einwohner gemeldet, im Sommer kommen zwei Millionen Touristen dazu. Das muss man sich einmal vorstellen! Nicht einmal zehn Kilometer entfernt liegt das kleine, schnuckelige Dörfchen Altea. Hier kann man dem Trubel in Benidorm entfliehen und romantisch essen gehen. Bei meinem Besuch waren die Straßen leer und fast alle Restaurants geschlossen. Nicht auszudenken, wie es hier im Sommer zugeht.

Die Autoschilder der Wohnmobile wechselten zwischen deutsch, britisch, holländisch, französisch und belgisch. An einem schönen Platz sah ich schon von Weitem solch ein riesiges, weißes Gefährt hervor blitzen. Das Durchschnittsalter der Insassen würde ich so auf 68 Jahre schätzen, die europäischen „Grey Nomads", Rentner, die den Winter im Süden verbringen. Reiseradler sah ich dagegen erstaunlich wenige, zwei Paare und ein Belgier. Alle waren jünger als ich und alle waren in der Gegenrichtung unterwegs.

Richtig schön und fern ab von jeglichem Trubel wurde es westlich von Cartagena, ganz im Süden um Cabo de Gata. Auf einmal gab es kaum mehr Verkehr auf den kleinen Sträßchen. Dafür ging es ganz schön rauf und runter mit wunderbaren Ausblicken auf die strahlend blauen Buchten des Mittelmeeres. Vor Almeria war das Glitzern allerdings nicht immer Wasser, sondern die Plastikfolien der Gewächshäuser. Unglaublich, die ganze Gegend um die Stadt schien in Plastik eingewickelt zu sein. Ein Plätzchen zum Zelten war kaum mehr zu finden. Nach Adra ist es größtenteils zu felsig, um Tomaten oder sonstiges Gemüse anzupflanzen. Es gab wieder schöne Buchten und Meerblick. Vor Malaga fing die Autobahn an. Es gibt kaum ein Entrinnen. Nicht einmal ein breiter Seitenstreifen steht zur Verfügung. Da ich am Wochenende hier unterwegs war, war ich bei Weitem nicht die einzige Radlerin. Im Pulk schossen Rennradler an mir vorbei. Weg von der Autobahn ging es durch die Städte, die hier, je näher ich Gibraltar kam, immer mehr englisch angehaucht waren.

Die Spanier scheinen Ampeln zu lieben. Alle 50 Meter leuchtete es meist rot. Für Autos gab es wahrscheinlich eine grüne Welle. Wenn ich mich beeilte, schaffte ich vier Ampeln. Bei der fünften konnte ich mich dann wieder ausruhen.

Sehr erstaunt war ich, als ich bei der Einreise nach Gibraltar den Reisepass zeigen musste. Ob das wohl schon vor den Anschlägen so war?

Gibraltar besteht eigentlich nur aus dem riesigen Felsen und dem Hafen mit den super noblen Yachten. Natürlich muss die Stadt auch einen Flughafen haben. Der einzige mögliche Ort für eine Landebahn war quer über den Eingang zur Halbinsel. Deswegen kann es schon mal vorkommen, dass die Schranke geschlossen ist, wenn gerade ein Flugzeug starten oder landen möchte. Noch nie war ich mit dem Fahrrad über das Rollfeld gefahren.

Auf der anderen Seite der Bucht liegt Algeciras. Diese Stadt war eine prima Einstimmung auf Afrika und eine andere Kultur. Mit ihren Märkten und arabisch angehauchten Läden war sie anders als die spanischen Städte. Von hier aus ging es mit der Fähre nach Ceuta, der spanischen Enklave in Marokko. Ich war schon ganz aufgeregt. Denn nun würde es richtig spannend werden.

Die Vielfalt von Marokko

Am 26. Januar kam ich auf dem afrikanischen Kontinent an. Zuerst war ich allerdings noch in Europa, Ceuta ist eine spanische Enklave. Noch einmal konnte ich in den deutschen Supermärkten einkaufen.

Langsam wollte ich mich Afrika und Marokko nähern. Dann ging es doch sehr schnell. Auf der Suche nach einem Schlafplatz näherte ich mich immer mehr der Grenze. Plötzlich stand ich im Stau. Viele Menschen drängten nach Marokko, es war nur ein Hupen und Gedränge. Zum Umdrehen hatte ich keine Lust, also nichts wie weiter.

Zu Fuß und mit großen Plastiktüten drängten noch mehr Leute Richtung Ceuta, Spanien. Diese konnten die Grenze nicht so einfach passieren. Ich hatte das Gefühl, das ganze Elend Afrikas sammelte sich hier, obwohl es im Vergleich zu anderen Grenzen hier wahrscheinlich noch harmlos war. Möchte ich da durch? Soll ich jetzt überhaupt nach Afrika? Für solche Fragen war es jetzt reichlich spät. Also nichts wie durch. An der Grenze wurde ich freundlich und hilfsbereit empfangen. Schnell und unkompliziert bekam ich einen Stempel in meinen Pass. Drei Monate durfte ich hier bleiben.

Ein paar hundert Meter weiter war es vorbei mit dem Gedränge. Auf wunderbarer Straße ging es nur noch wenige Kilometer weiter. Hier wurde sehr viel in den Tourismus investiert. In einem relativ neuen Ort fand ich ein sehr neues Hotel, bekam für ein paar Euro ein riesiges Zimmer mit fast so riesigem Bad, mit Wi-Fi, sehr modern.

Ich war richtig glücklich, endlich in Afrika zu sein. Entlang der Küste nach Süden wurden neue Hotelanlagen und Ressorts gebaut. Sogar an Radwege haben sie gedacht. Nach Tétouan, der ersten größeren Stadt, änderte es sich. Auf einmal war viel Verkehr, Staub und die ersten Berge.

Mein erstes Ziel war das blaue Bergdorf Chefchauoan. Die Nacht hatte ich noch vor der Abzweigung und dem Anstieg verbracht. Früh am Morgen machte ich mich zu den ersten Bergen auf. Wieder einmal stellte ich mir die Frage, warum ich mir das antue. So früh am Morgen und so ausgeschlafen, wie ich war, nahm ich die Herausforderung gerne an. Es war erst Mittag, als ich oben angekommen war. Der Randbezirk der Stadt war nicht sehr attraktiv. Viel Lärm und Verkehr. Nachdem ich die Altstadt gefunden hatte, war mir klar, hier bleibe ich. Alles war ganz schön bunt, aber das hell strahlende Blau der Häuser dominierte. Das Fahrrad ließ ich lieber im Hotel, nachdem ich dieses glücklich gefunden und erreicht hatte. Durch die engen Gassen mit Stufen war ein Fahrrad eher hinderlich. Zu Fuß war es ein Vergnügen durch die Altstadt zu schlendern und die Handarbeiten und Teppiche zu bewundern. Auch zu essen fand ich mehr als genug. Es gab ein großes Angebot an süßem oder salzigem Gebäck.

Bevor die Händler ihre Waren in den engen Gassen auslegten, machte ich mich wieder auf den Weg. Zuerst ging es wieder den Berg hinunter, damit es später wieder hoch gehen konnte. Obwohl es noch nicht das „richtige“ Atlas-Gebirge war, bekam ich doch schon ganz schön Respekt vor den Bergen. Sehr steil führte es nach oben. Vor allem auf den kleineren Straßen waren den Steigungsgraden kein Limit gesetzt. Es war das erste Mal, dass Kinder die Möglichkeit hatten, hinter mir her zu rennen.

Mit drei Probleme von Marokko wurde ich von Anfang an konfrontiert. Erstens: der Müll. Alle Felder sind übersät von Plastiktüten und Plastikflaschen, die die Ziegen fressen und daran verenden. Ohne den ganzen Abfall könnte es so schön sein. Zweitens, die Dürre breitet sich sehr weit aus. Es wächst kaum mehr etwas. Ich hatte Probleme, Trinkwasser zu finden. Und drittens, die Perspektivlosigkeit und Armut: Bei einer Pause gesellte sich ein Mann zu mir. Er hatte einen Master in „Science“, fand aber keine Arbeit. Jetzt versuchte er, wie sein Nachbar, Oliven anzubauen. Bei der Dürre war das nicht einfach. Auf einer Schotterpiste kamen mir zwei Jungs entgegen. Beide hatten neugeborene Zicklein auf dem Arm. Sie wurden mir für 50 Cent angeboten. Aber was sollte ich denn mit Tieren? Sie sind bei der Mutter besser aufgehoben.

Schon von Weitem sah ich die Stadt. Der erste Anblick von Fes war nicht gerade berauschend. Satellitenschüssel an Satellitenschüssel auf den Flachdächern der eng aneinander gebauten Häuser. Nachdem ich gelernt hatte, dass mit „Medina“ Altstadt gemeint war und ich diese auch gefunden hatte, änderte sich mein Eindruck. Dort sah ich nicht mehr auf die Dächer. Kaum ein Sonnenstrahl kam in die engen Gassen. Überall wurden mir Zimmer angeboten. „Very cheap, very cheap!“ Vielleicht war es für Touristen sehr günstig. Ein junger Mann führte mich durch die Gassen zu einer Unterkunft. Radfahren ist hier verboten. Ich würde voll bepackt auch nicht durchkommen.

Fes ist unter anderem wegen seiner Lederwaren bekannt. Mitten im Ort ist die Gerberei. Von oben konnte ich in den Hof sehen und zuschauen, wie sie die Tierhaut gerbten und färbten. Das Ergebnis war wunderschön. Die Altstadt ist ein Labyrinth aus sehr vielen engen Gassen, in denen sogar das GPS versagt. Wie in jeder Touristenstadt läuft man hier durch ein Spalier von schreienden Händlern: „Madame, Madame ...". Erleichtert verließ ich die Stadt. Wie gut, wieder draußen in der Natur zu sein.

Allerdings hatte ich keine Ahnung, was mich erwartete. Nach Fes fing so langsam das „richtige" Atlas-Gebirge an. Es ging hoch und immer höher. Auf 1.200 Höhenmetern wollte ich eigentlich nicht zelten. Ich dachte, es würde zu kalt werden. Fes liegt auf etwa 300 Höhenmetern. Also fuhr ich weiter, in der Annahme, es müsse doch auch wieder herunter gehen. Pustekuchen. 1.300, 1.400 Meter – schlussendlich habe ich irgendwo in den schönen Zedernwäldern, in dem ich nur Affen gesehen hatte, gezeltet. Menschen oder Autos kamen schon lange nicht mehr vorbei. Es wurde eine angenehm ruhige Nacht und überhaupt nicht kalt.

Auch am nächsten Tag ging es immer weiter hoch, bis auf über 2.000 Höhenmeter. Die Straßen durch die Skigebiete sind bei Schnee gesperrt. Obwohl Anfang Februar war, lag kein bisschen Schnee. Die Landschaft wurde immer schöner. Zwar wuchs kaum mehr etwas, aber die Erde hat verschiedene Farbtöne und zahlreiche Felsformationen. Von den Pässen hatte ich eine prima Aussicht über die kargen, rotbraunen Berge.

Auf kleinen Nebenstraßen kam ich in einen kleinen, absolut untouristischen Ort namens Boumia. Die Gegend war nicht gerade vertrauenerweckend. Auf der Polizeistation fragte ich nach einem Platz zum Zelten, obwohl ich schon vermutete, dass das hier wohl kaum möglich sein würde. Das wurde von den Polizisten bestätigt. Es gab nur ein Hotel. Es war ihnen fast peinlich, es einer Touristin anbieten zu müssen. Es sei sehr einfach und vielleicht nicht so sauber. Mir hatte es sehr gefallen, ich blieb gleich zwei Nächte. Das Zimmer ging direkt in einen Innenhof, der knallorange gestrichen war. Es war sauber und es gab sogar Wi-Fi. Dort konnte ich schön sitzen und arbeiten. Von meinem Verlag bekam ich den Auftrag, mein Script für das erste Buch zu kürzen. Deswegen war ich auf der Suche nach einem ruhigen, Ort, wo ich arbeiten konnte. Diese Stadt kam mir sehr gelegen, vor allem, da es hier diese fantastischen, marokkanischen Mandarinen gab.

Schön warm, und auf dem Ofen brutzelte das Tajine.

Langsam ging es tatsächlich in den hohen Atlas. Der Wind, natürlich Gegenwind, wurde immer stärker. Mühsam kam ich mit acht Kilometer pro Stunde vorwärts. Später hielten die Berge den Wind ab. Dann war aber kaum etwas von der geteerten Straße übrig. Ein Hochwasser hatte die ganze Fahrbahn weggespült. Auf einem kleinen Streifen konnte ich gerade noch mein Fahrrad schieben. Immer wieder musste ich einen Fluss überqueren. Nasse Füße waren in dieser Höhe und Kälte auch nicht sehr angenehm. Ich war kaum mehr unter 2.000 Höhenmetern. Immer wieder kamen kleine „Berber-Homestays", sehr einfach, aber in dem Zimmer mit dem traditionelle Ofen konnte ich mich aufwärmen. Zum Abendessen konnte ich Tajine bekommen. Auf dem Keramikteller mit Spitzhut wurde sehr gesund langsam meist Gemüse, Fleisch und Kartoffeln gegart oder Couscous gemacht. Allerdings dauerte es bis zu zwei Stunden, bis es fertig war. Nichts für hungrige Fahrradfahrer. Fast jedes Haus, das ab und zu auftauchte, war so eine Berber-Herberge.

Die Ruhe und Abgeschiedenheit oben auf den kargen Berge hatte ich sehr genossen und der Blick war grandios. Jetzt war ich wirklich im Hohen Atlas, auf 3.000 Höhenmetern. Höher ging es kaum mehr. Weiter ging es. Ich wollte unbedingt zur Dades-Schlucht. Dafür nahm ich einige Pässe und kilometerlange Schotterpisten in Kauf. Ich wurde mit gigantischen Ausblicke über die grau-braune Bergwelt belohnt. Auf der anderen Seite des Passes, in einer tiefen Schlucht, begegneten mir nach 50 Kilometern die ersten Menschen, zuerst ein alter Berber. Sein rotbrauner Djellaba, der traditionelle lange Mantel, passte gut zu den rot leuchtenden Felsen. Sein Lächeln war fast zahnlos.

Auch wenn es noch so traumhaft war, es war noch nicht die Dades-Schlucht. Die Gegend ist fast unberührt und überhaupt nicht touristisch. Mit Wohnmobilen kommt man kaum hierher. Teilweise konnte der Fluss Dades nur für sich einen schmalen Durchgang in die Felsen waschen. Die Straße musste abenteuerlich über die Felsen geleitet werden.

Dann endlich stand ich oben und blickte in die Dades-Schlucht. In eng umschlungenen Schlangenlinien zog sich die Straße wie ein grauer Wurm über den roten Abhang nach unten. Hier oben knabberte ich mein letztes Stück Schokolade. Da kam doch tatsächlich ein Fahrradfahrer hoch. Schwer atmend, aber total stolz und glücklich, dass er ganz hoch gefahren war. Von anderen Touristen wurde er angefeuert und beklatscht. Der Radler war nur auf einem Tagesausflug. Sein Auto stand auf einem Campingplatz 40 Kilometer entfernt. Seine Bemerkung, dass er am Abend koche, hat mich dazu animiert, mir den Campingplatz wenigstens einmal anzuschauen.

„Campingplatz" war für europäische Verhältnisse etwas hoch gegriffen, aber wir sind hier ja in Afrika. Er liegt gegenüber der „Affenpfote", „Pattes de Singe", so auch der Name des Campingplatzes. Jörgs ausgebauter Bus war das Einzige, was auf dem Hof stand. In dem kleinen Häuschen wohnte Said mit seiner Familie. Vor dem Haus unter einem Dach standen Tische und Bänke, hinter dem Haus waren Zimmer zu vermieten. Ich konnte irgendwo mein Zelt aufstellen. Das war der Ort den ich suchte. Hier wollte ich länger bleiben und an meinem Buch arbeiten. Da es immer kälter wurde, war mir eh nicht nach weiterfahren. Von der Berberfamilie bekam ich einen Djellaba, diesen langen Mantel. Der war sehr warm, nur zum Radfahren wäre er äußerst unpraktisch.

Eines Morgens wachte ich auf und alles war weiß. Eine etwa 15 Zentimeter hohe Schneeschicht bedeckte mein Zelt und Fahrrad. Welch Glück ich

Über die Berge zur Dades-Schlucht

hatte!! Ich war so froh, hier zu sein und nicht irgendwo im Hohen Atlas, wo jetzt kein Durchkommen mehr war. Bei meiner Berberfamilie und den zwei Gästen, Jörg und Paul, war ich gut aufgehoben und konnte sogar den Schnee genießen. Für Fatima, die 14-jährige Tochter der Familie, war es das erste Mal, dass sie einen Schneemann bauen konnte. Es schneit hier ab und zu, aber dieses Mal blieb der Schnee auch liegen.

Nach elf Tagen hatte ich vorerst die Arbeit an meinem Buch abgeschlossen und konnte den Campingplatz „Pattes de Singe" wieder verlassen. Es war wirklich zu schön hier, für mich der beste Platz zum Arbeiten. Ich wurde gut bekocht, hatte sehr nette Gesellschaft, und wenn ich mal nicht hinter dem Computer saß, gab es genug andere Aktivitäten. Wir wanderten in den Schluchten oder gingen auf den Märkten oder in der nächsten Stadt einkaufen. Ganz selten wurde das Fahrrad hervorgeholt.

Nach den Tagen ohne viel Radfahren war ich wieder ganz wild darauf und beschloss, über den Atlas nach Norden Richtung Marrakesch zu fahren.

Inzwischen hatte ich schon viele Kasbahs gesehen. Diese Wohnburgen oder Festungsanlagen waren nur aus Stroh und Lehm gebaut. Auf der „Straße der

Kasbahs" bei Quarzazate im Süden Marokkos kam eine nach der anderen. Die meisten wurden wieder neu hergerichtet. Eine der berühmtesten und größten Anlage ist die Kasbah Aït Ben Haddou. Sie ist nicht nur Weltkulturerbe, sondern war auch Kulisse für so manchen Film. Die rotbraunen, gigantischen Mauern geben in der bergigen Landschaft ein fantastisches Bild ab.

Um nach Marakesch zu kommen, musste ich wieder auf die nördliche Seite des Atlas, also wieder in die Berge. Ein junges Paar mit Mietwagen fuhr ein Weilchen neben mir her. Das mochte ich nicht so sehr. Später warteten sie oben auf einem Berg mit Wasser und Schokolade. Das gefiel es mir natürlich schon besser. Auch die Aussicht, die verschiedenen Farben der Felsen und das Grün in der Täler war grandios. Das ließ so manche Widrigkeiten vergessen, selbst als der Teer aufhörte. Diesmal ging es über den Tizi n'Tichka-Pass auf 2.260 Höhenmeter und somit in den Schnee. Das gute an einem Pass ist, dass nach der beschwerlichen Auffahrt eine Abfahrt folgt. Hier war sie gigantisch lang. Wieder schlängelte sich die Straße wie ein graues Band hinunter ins Tal.

In der Nacht vor Marrakesh fing es an zu regnen. Oben in den Bergen hatte es geschneit und der Pass war gesperrt, wieder einmal Glück gehabt. In einem Vorort von Marrakesch konnte ich mich an einer Bäckerei vor dem Regen unterstellen. Es war nicht nur warm, sondern roch auch sehr gut. Noch dazu bekam ich gleich einen Tee angeboten.

In der Stadt sah ich einen Hamam. Kann es etwas Besseres geben, bei einem so nasskalten Wetter? Nachdem ich ein nettes, kleines Hotelzimmer gefunden hatte, schnappte ich mir gleich Handtuch und Seife und machte mich in das Dampfbad auf. Da stand ich nun, nackt mit einem Eimer, Schöpfer und Abschrubb-Handschuh. Am Samstagnachmittag war das Bad voll. Mütter schrubbten ihre Kinder ab. Und nun? In Istanbul war ich schon einmal in einem Hamam. Da wurde ich aber nicht so allein gelassen. Eine Besucherin, die das wohl auch einmal die Woche machte, nahm sich meiner an. Die Berber kannten keine Dusche. Einmal in der Woche Hamam, das reichte. Dann ging es aber heftig zur Sache. Ich sei ja ganz schön dreckig, meinte sie. Natürlich, ich schrubbe mich auch nie so ab. Danach wurde ich mit Zitrone abgerieben. Man kann sich vielleicht vorstellen, wie höllisch weh das tat. Aber es soll ja gesund und gut für die Schönheit sein.

Die Gassen in Marrakesh waren nicht ganz so eng wie in Fes. Ab und zu gab es Plätze, in die Sonne und Licht gelangten. Ich konnte mich viel besser orientieren. Die ganze Altstadt wurde erfüllt von verschiedenen Düften. Nicht ganz angenehm war der Geruch der Pferdekutschen. Das Grillfleisch roch wesentlich besser. Aus den Patisserien kam ein süßlicher Geruch, der sich mit dem Duft von frischem Brot und Gewürzen abwechselte. Ganz benommen kam ich am Abend wieder ins Hotel.

Von Marrakesh fuhr ich schnurstracks nach Essaouira ans Meer. Für mich war das Wasser viel zu kalt zum Schwimmen. Nur Kite-Surfer tummelten sich in den Wellen. Auch hier gab es eine schöne Altstadt, weit kleiner als in Fes oder Marrakesch. Außerhalb der Stadt verbreiteten sich auf den Feldern die Plastiktüten, die der Wind schön verteilte. Oft war es das Einzige, was Schafe und Ziegen zu fressen fanden. Abseits der Städte, in denen es Supermärkte gab, kam die Schönheit der Landschaft wieder mehr zur Geltung. Olivenhaine und Arganbäume säumten die Steilküste. Kaum aus Guelmim, dem Tor zur Sahara, heraus, traf ich den ersten Reiseradler. Er war von Südafrika im Gegenwind nach Norden gefahren. Vielleicht käme ich dann auch entlang der Westküste nach Südafrika? Noch gab ich die Hoffnung nicht auf.

Endlich in der Wüste, unglaublich diese endlose Weite. Bei Sonnenuntergang mit Rückenwind wollte ich gar nicht mehr aufhören zu fahren. Der Rückwind hielt an, die Kilometer flogen nur so an mir vorbei. Über 100 Kilometer am Tag waren normal. Am ersten Tag in der Wüste traf ich Giuseppe, einen italienischen Radfahrer. Er wollte bis Dakhla. Gleich in der ersten Stadt bemerkte ich die Vorteile eines männlichen Begleiters. Wie üblich wurden wir von Jugendlichen belagert. Ich wurde erstaunlicherweise in Ruhe gelassen. Giuseppe bekam alles ab. Man sprach nicht mit der Frau, wenn ein Mann dabei war. Am zweiten Tag gesellte sich ein Radfahrer aus Berlin zu uns. Da waren wir zu dritt. Ich war froh über die Unterhaltung in der Einöde. Die Frage, wo wir übernachten sollten, nahm uns die Polizei oder Militär ab. Sie hatten kein Interesse, dass Fahrradfahrer hier, überhaupt im Gebiet der Westsahara, wild zelteten. „Zu Ihrer Sicherheit!" In diesem umstrittenen Gebiet der Westsahara gab es alle ein bis zwei Kilometer Wachposten. Für uns war das prima. Wir hatten am Abend eine nette Unterhaltung und konnten vor allem Wasser bekommen. Die Wachposten entlang der

Küste hatten die beste Aussicht und die romantischsten Sonnenuntergänge. Meine beiden Begleiter wollten nur bis Dakhla, der letzten größeren Stadt in Marokko (Westsahara) und mit den Bus wieder zurück. Mein Aufenthalt in dieser Stadt wurde durch einen unangenehmen Zwischenfall um einen Tag verlängert.

Bei der Polizeikontrolle am Ausgang von Dakhla wurde ich wie üblich gestoppt. Als sie alle meine Daten notiert hatten, schob ich mein Fahrrad über die Straße. Auf der anderen Straßenseite parkte ein großer Touristenreisebus. In diesem Moment fuhr er los, wie üblich ohne zu schauen. So schnell konnte ich gar nicht reagieren. Mein Vorderrad war sofort unter dem Bus. Zuerst sah es gar nicht so schlimm aus. Ich dachte, es sei nur ein starker Seitenschlag. Die Halterungen der Radtasche erfüllte auch nicht mehr ihren Zweck. Aber irgendwie würde ich das schon reparieren können – dachte ich. Der Chefpolizist fragte mich, ob ich Anzeige erstatten wolle. Natürlich! Auch wenn der Schaden nicht wirklich ersetzt werden konnte. Zu viele Radfahrer kommen durch so blödsinniges Verhalten ums Leben. Ich musste immer höllisch aufpassen, wenn ich ein Fahrzeug überholte. Mal ging die Tür auf oder sie fuhren einfach los. Später stellte ich fest, dass das Vorderrad

Rast zwischen Marrakesh und Essaouira

nicht nur einen Seitenschlag hatte, sondern einen richtigen Knick, den man nicht reparieren konnte. Der Busfahrer war inzwischen weiter gefahren. Ein Polizist vom „Service des accidents de la circulation“, Service für Verkehrsunfälle, kam gerade vorbei und meinte, ich solle es in Dakhla reparieren oder ersetzen lassen und ihm die Rechnung vorbei bringen. Das Ausmaß der Tragödie wurde erst später sichtbar, als ich meine Vorderradtaschen ausräumte, um einen Kaffee zu machen. Alles war gefaltet, verbogen oder zerbrochen. Es war gar grausig. Der Topf mit Kessel und die Benzinflasche von meinem Kocher waren platt, der Kocher selbst auch. Kaum eine Wäscheklammer war mehr heil. Oje! Keinen Kocher – das ging gar nicht! Ohne die Möglichkeit meinen Morgenkaffee zu kochen, wollte ich nicht losfahren. Tags zuvor hatte der Mann vom Campingplatz auf einem kleinen Campinggaskocher Tee gekocht. Sofort fragte ich, ob es Kocher hier zu kaufen gab. Ja, meinte er, aber er habe noch einen alten, den könnte ich gerne haben, ich müsse nur Kartuschen kaufen, die bekäme ich aber überall. Uff, das erste Problem war gelöst.

Unglaublich, wie immobil ich ohne Fahrrad war. Wie käme ich jetzt die sechs Kilometer in die Stadt? Das erste Mal auf meinen Reisen musste ich ein Taxi nehmen. Das hatte den Vorteil, dass der Fahrer mich direkt vor eine Fahrradreparaturwerkstatt fuhr. Sofort bekam ich eine neue Felge und Speichen, leider nicht in der Länge, dass meine alte Nabe gepasst hätte, darum auch eine neue Nabe. Kostenpunkt 15 Euro! Insgesamt, mit Einspeichen. Zwei Häuser weiter konnte ich Löcher in meine Fahrradtasche bohren lassen, damit ich die abgebrochene Halterung wieder neu anschrauben konnte. Mit der Wasserdichtigkeit war es eh dahin, darauf brauchte ich jetzt nicht mehr zu achten. Einen Wasserkessel, eine Tasse und Kartuschen fand ich auch sehr schnell.

Wesentlich länger dauerte es bei der „Service des accidents de la circulation“. Der Chef war nicht da. Ich wurde von einer auf die andere Stunde vertröstet. Schließlich waren um 19:30 Uhr der Chef und der Busfahrer da. Ich hatte nur Belege von etwa 200 Dirham (marokkanische Währung), etwa 20 Euro. Es war ja nur eine temporäre Lösung. Um die Dinge in Deutschland in der gleichen Qualität zu ersetzen, würde es mich sicher 300 Euro kosten. Der Busfahrer gab mir schließlich nur 150 Dirham für das Vorderrad und ging.

Der Chef vom „Service des accidents de la circulation" saß nur daneben, als ob ihn das alles gar nichts anginge. Somit hatte ich wieder einiges gelernt, war froh, dass mir nichts passiert war und dass ich alles soweit ersetzen und am nächsten Tag weiter fahren konnte. An der Polizeikontrolle, dem Ort des Geschehens, war ich jetzt bekannt, ich konnte weiter fahren.

Im Gegenwind ging es die 40 Kilometer zurück auf die Nationalstraße. An der Tankstelle an der Einmündung gab es zuerst einmal eine Belohnung. Auf einmal kam die Königliche Eskorte vorbei: vorn vier BMW-Motorräder und hinten vier. Dazwischen die neuesten Jeeps. Ich fragte den Mann neben mir, ob das der König sei. „Nein, das ist der kleine Prinz, geht wahrscheinlich wieder surfen. Der König ist in den USA bei Obama."

Auf der N1 wendete sich das Blatt. Ich hatte fantastischen Rückenwind und wurde wieder nur so durch die Wüste geblasen. Meine schlechte Laune blieb dabei auch auf der Strecke. Zur Belohnung und da ich noch einige Dirhams hatte, gönnte ich mir bei meiner letzten Nacht in Marokko das Hotel „Barbas", ein Treffpunkt für Reisende, Saharadurchquerer. Abenteuerlich aussehende, riesige Wohnmobile standen davor. Es war eine fantastische Informationsaustauschstelle.

Durch Mauretanien nach Dakar

80 Kilometer bis zur Grenze. Zuerst war es sehr schön, durch die weißen Sanddünen zu fahren. Dann kam der Sandsturm. Die Grenzstadt sah ich erst, als ich dort war.

Die Ausreiseprozedur aus Marokko war unkompliziert. Die anschließenden 4,5 Kilometer Niemandsland hatten es dafür in sich. Wenn ich nicht im Sand stecken blieb, ging es über Felsen. Es gab keinen offiziellen Weg. Jeder fuhr da, wo er gerade durchkam. Ich sah überhaupt nichts, wartete bis wieder ein Fahrzeug kam und fuhr diesem solange hinterher, wie es ging. Überall standen alte Autowracks herum. Hier muss man keine Strafe zahlen. Man hat das Auto aus dem einen Land ausgeführt, aber in das andere noch nicht eingeführt. Teilweise wohnen Leute in den Überresten.

Kleine Farm in der Wüste

Das Visum für Mauretanien, ein ganz modernes, biometrisches Visum mit Foto und Fingerabdrücken, bekam ich an der Grenze. Das dauerte etwas länger. Wobei ich noch froh sein konnte, mit dem Fahrrad unterwegs zu sein. Alkohol ist in dem islamischen Staat Mauretanien verboten. Alle Fahrzeuge wurden untersucht. Stunden später war ich durch und fuhr gleich weiter. Der nächste Polizeiposten kommt bestimmt. Hier durfte ich nur weiterfahren, wenn ich die nächste Polizeikontrolle erreichte.

Der Wind stand jetzt nicht mehr so günstig. Ständig hatte ich Sand in den Augen. Hier versank wirklich alles im Sand. Ich war heilfroh, als endlich die Kontrolle kam. Als ob es eine Strafe wäre, sagten sie mir, ich dürfe nicht weiterfahren. Dabei hätte ich sie dafür umarmen können. Hinter dem kleinen Gebäude konnte ich auf einem wunderbar windstillen Plätzchen mein Zelt aufstellen. Neben der Straße standen ein paar Strohhütten im Sand. Das sollten Läden sein? Von einem jungen Mann wurde ich sehr freundlich bedient. Nur hatte er nicht viel anzubieten. Zumindest gab es leckere, kleine Stangen Brot, die er auf Wunsch sogar mit Butter bestrich.

Weiter im Sand und Wind. Jeden Tag Sandsturm, das konnte ja heiter werden. Meine Zähne müssten bei dem andauernden Sandstrahler total weiß sein. Es gab hier nicht, wie in Marokko die bunten Farbtupfer der Plastiktüten, die der Wind überall hin trug. Beim Einkaufen bekam ich eine Papiertüte, keine Plastiktüte.

Am Abend ließ mich die Polizei noch ein Stück weiter ziehen, nachdem ich versprochen hatte, in einer Herberge ihres Vertrauens zu nächtigen. Zwischen Ziegen und Kamelen standen eine paar Wellblechhütten. Ansonsten gab es den üblichen Sand. Große Tanklastzüge füllen Wasser in riesige Wasserkissen. Davon werden nicht nur die Tiere versorgt. Zum Fressen gibt es Trockenfutter, für die Leute Reis. Wenn ich Glück hatte, fand ich eine Konservendose mit Obst oder Gemüse. Selten hatte ich in einem Land eine so magere Auswahl an Nahrungsmittel. Ich musste allerdings bedenken, ich war hier noch mitten in der Wüste. In einer Wellblechhütte konnte ich schlafen. Sie war gerade groß genug, dass mein Fahrrad und Zelt hinein passten. Nachdem ich gesehen hatte, welche Käfer hier herumkrabbelten, war es eine weise Entscheidung, mein Zelt aufzubauen.

Größtenteils war die Straße in einem weit besseren Zustand, als ich zu hoffen gewagt hatte – sofern ich sie überhaupt gesehen hatte. Im Gegensatz zu mir schien der Wind nie müde zu werden. Ein großer, schwarzer Toyota SUV überholte mich. Der Beifahrer hielt mir eine Wasserflasche entgegen. Danach kam eine Tüte mit Croissants! Woher er die wohl hatte, inmitten der Wüste! Zum Abschluss gab es einen halben Liter Milch. Ging es mir mal wieder gut.

Den letzten Tag vor Nouakchott, der Hauptstadt von Mauretanien, gab es so viel wie zuvor: nämlich nichts! 166 Kilometer, meine bisher längste Strecke. Zur Belohnung konnte ich es mir in einem Beach Ressort kurz vor der Stadt, richtig gut gehen lassen. Nachdem ich drei Tage nur Wüstenbewohner sah, die gerade mal eine Schüssel Reis hatten, frönte man hier der kulinarischen Leckereien. Als ich einen riesigen Teller mit Hähnchenspießen, Pommes frites, Reis, Ratatouille und Salat sah, konnte ich nicht umhin, mir auch einen zu bestellen. Das war wirklich das Beste, was ich seit Langem gegessen hatte. Nach 166 Kilometern schmeckte mir eh so ziemlich alles. Der Inhaber war Franzose und seit zehn Jahren schon hier in seinem Paradies. Er meinte, es sei hier sehr sicher. Als ich die Polizeistreife sah, die vor dem Ressort stand, fragte ich mich, worauf beruhte die Sicherheit und was kostete sie?

Gut erholt kam ich in die Hauptstadt, eine der schlimmsten Städte Afrikas. Der Verkehr war furchtbar. Jeder fuhr alles, was irgendwie noch ansprang. Verkehrsregeln schien es nicht zu geben. Weder der Sand noch der Wind blieb vor den Toren der Stadt. Die Hauptstraße zog sich wie ein dunkles Band durch die Stadt, daneben war, wie im Rest vom Land, Sand. Ich steuerte gleich die nächste Herberge „Sahara" an und blieb. Der Innenhof war wie eine Oase der Ruhe. Auf dem Dach konnte ich zelten. Nur zum Einkaufen verließ ich mein Refugium. Es gab tatsächlich wieder Obst und Gemüse.

Nouakchott wurde erst 1960 gegründet. Es gibt keine historischen Bauten oder Denkmäler, die ich mir anschauen musste. Ich blieb nur einen Tag, sonst wäre es vielleicht noch langweilig geworden. Als ich weiterfuhr, merkte ich, dass es wirklich das Beste war, den Ruhetag im Innenhof der Herberge zu verbringen. Es war pures Abenteuer, das reinste Chaos. Zuerst quetschte ich mich am Markt vorbei, wo zerbeulte Kleinbusse und Eselkutschen sich den Weg versperrten und gar nicht erfreut waren, dass ich da jetzt auch noch durch wollte. Auf der Straße lag so viel Unrat, dass ich nicht erkennen konnte, ob sie darunter geteert war. Irgendwie wurschtelte ich mich durch und war froh, dass nur eine Plastikwasserflasche abhanden gekommen war. Danach ging es durch Slum-Gegenden, „private Müllverbrennungen" bis ans Meer, wo Industrie angesiedelt war – und der Hafen natürlich. Ich war richtig froh, später wieder auf der Nationalstraße zu landen. Am Anfang kam alle zehn Kilometer eine Polizeikontrolle. Als ich 100 Kilometer hatte, war meine Fahrt vorbei. Die Polizei stoppte mich. Ob ich noch 50 Kilometer bis zum nächsten Checkpoint fahren möchte? Obwohl es noch relativ früh war, wollte ich nicht. Es waren wieder um die 43 Grad Celsius. Ich hatte genug für heute und machte früher Schluss.

Zum Grenzübergang nach Senegal bei Diama führte eine perfekte, neue Straße. Traumhaft! Kein Verkehr, beste Straßenverhältnisse, wunderbare hügelige Landschaft, rote Sanddünen, karge Bäume. Nach 33 Kilometern, am Senegal-Fluss, hörte der Teer auf. Ich fuhr fast wie auf einem Damm. In der Regenzeit ist alles Matsch, da ist kein Durchkommen. Jetzt war es nur schön, auf einmal auch wieder sehr eben. Der Fluss ist das Ende der Sahara. Nach etwa 2.800 Kilometern endlich wieder ein bisschen Grün! Plötzlich raschelte es im Schilf. Ein riesiges Warzenschwein tauchte auf und rannte ein Stück neben mir her, dann vor mir über den Weg. Kurz darauf kam die Mama mit den Kleinen hinterher. Wenn ich jetzt schon bei den eher harmlosen Tieren Angst bekomme, brauche ich ich erst gar nicht weiter zu fahren, sagte ich mir.

Im Nationalpark Diawling war es so schön und ruhig, dass ich hier zelten wollte, bevor ich über die Grenze in den Senegal fuhr. Auch hier gab es einen Polizeiposten, sie hatten nichts dagegen, dass ich blieb. Anfang April ist Nebensaison. Fast alle Zugvögel nach Europa waren schon weg. Im Vergleich zur Wüste bemerkte ich immer noch viele Vögel. Dann waren es nur noch zehn Kilometer auf bester gewellter Piste und Sand bis zur Grenze. Die Ausreise aus Mauretanien dauerte etwas länger. Die Beamten sprachen nicht sehr gut Englisch. Ich befürchtete schon, sie wollten mein Gepäck untersuchen. Dabei hätten sie womöglich mein Pfefferspray entdecken können. Sie ließen mich dann so ziehen. Das war das einzige Mal, dass ich an einer Grenze an mein Pfefferspray dachte.

Senegal

War das einfach! Warum kann es nicht immer so sein? Das Visum für Senegal ist ein Stempel in den Reisepass. Und der ist gratis! Drei Monate konnte ich nun in dem Land bleiben. Ich konnte es kaum glauben.

Die erste Stadt im Senegal war Saint-Louis. Nach vier Wochen in der Wüste hatten der Verkehr und die vielen Leute mich total überfordert. Vor allem der viele Dreck und die unglaubliche Anzahl der bettelnden Kindern machten mich fix und fertig. Mich hielt hier nichts; ich fuhr sofort in die legendäre Zebrabar, zwanzig Kilometer südlich, weiter. Dort im Nationalpark Langue de Barbarie konnte ich mich zwischen vielen bunten Vögeln und Affen fantastisch erholen. Der Campingplatz ist ein Tummelplatz für Afrika-Reisende, schon fast ein Muss für alle, die mit irgendeinem Gefährt durch Senegal kommen. So bekam ich auch gleich ein paar brauchbare Informationen, zum Beispiel, dass ich mein Visum für Mali an der Grenze bekomme. Reiseberichte bestätigten mir dies. Je mehr Reisende ich traf, die von Südafrika nach Norden fuhren, desto optimistischer wurde ich, dass ich es in den Süden schaffen würde. Wie ich die unterhaltsamen Abende beim Bier mit anderen Reisenden genossen habe! Mir war klar, so etwas würde ich entlang der Westküste nicht oft haben.

Gerade als ich feststellte, ich müsste gar nicht nach Dakar, da ich mein Mali-Visum an der Grenze erhalten würde, bekam ich eine Einladung in die Hauptstadt. Um die Nationalstraße wenigstens ein Stück zu meiden, fuhr ich auf der Küstenstraße. Am Anfang war es fantastisch, dann wurde es immer sandiger. Vor Potou, die Stadt der Zwiebeln, war nur noch Schieben angesagt. Zwei Stunden und zwanzig Minuten habe ich für die 17 Kilometer gebraucht. Ich würde mich trotzdem wieder für diese Strecke entscheiden, weil sie einfach sehr interessant war. In Kébémer ging eine Straße nach Lompoul ab. Von dort soll es eine neu geteerte Straße nach Mboro geben. Die war zwar auf keiner Karte zu finden, aber ich dachte, im schlimmsten Falle muss ich halt wieder umdrehen. Bei Sonnenuntergang traf ich in Lompoul ein und sah Ranger von der „Eco Lodge". Sie bestätigten mir, dass in fünf Kilometern die Straße abzweige. Da ich nicht weiter wollte, auch nicht in die „Eco Lodge", hat der Sohn des „Chef de Village" mir erlaubt, neben seiner Hütte zu zelten. Natürlich musste ich am Abend, als der Chef wieder da war, persönlich vorstellig werden. Nach einer Begutachtung gab er mir seine Zustimmung. Danach kroch ich sofort in mein Zelt.

Am nächsten Morgen war ich der glücklichste Mensch der Welt. Das kam auf Reisen sehr oft vor. Es war einfach wieder so fantastisch. Wegen der vielen Eukalyptusbäume roch es wie in Australien. Dazu die rote Erde! Die neue Straße war vom Feinsten. Es gab keinen Verkehr. Die Kinder waren noch total unverdorben, sehr nett, interessiert, aber zurückhaltend. Auch hier ließ mich der Rückwind nicht im Stich. Am Nachmittag war ich praktisch schon in Dakar, aber erst am Abend bei meiner Gastfamilie. Unglaublich diese Stadt. Dafür gab es dann ein prima Essen und guten Wein. Das einzige, was ich hier noch sehen wollte, war der westlichste Punkt Afrikas. Dieser war praktisch gleich um die Ecke. Zu mehr konnte ich mich nach den 158 Kilometern vom Vortag nicht aufraffen. Leider gab es bei diesem Landmark nicht viel zu sehen. Er war auf dem Territorium des Club Mediterrane. Auch sonst sind nur einige Luxus-Hotels drumherum. Kein Schild „Sie stehen am westlichsten Punkt", vor dem ich hätte posieren können.

Nach nur zwei Nächten verließ ich Dakar wieder. In der Annahme, ich müsse hier keine Visa besorgen, hielt mich hier nichts mehr. Ich ziehe die Natur jeder Großstadt vor. Leider, wie es sich später herausstellte, war es doch etwas zu früh. Zeitig am Morgen ging es noch in der Kühle sehr flott aus der Stadt. Kaum hatte ich die touristischen Gebiete verlassen, türmte sich der Müll. Wie in anderen Ländern bekommen auch hier die Tiere den ganzen Müll zu fressen. Je weiter ich mich vom Meer entfernte, desto heißer wurde es. Anstatt von Nordwest kam jetzt ein gnadenlos heißer Wind von Südost, Gegenwind! Die Temperaturanzeige auf meinem Fahrradcomputer stieg auf über 50 Grad. Ich musste viele Pausen machen und viel trinken. Dann endlich die Abzweigung nach Saly, Richtung Meer. Auf einmal blies mir ein angenehmer frischer Wind entgegen und plötzlich machte das Radfahren wieder richtig Spaß. Dank einer Freundin hat ein Franzose mir eine neue Aufhängung für die Fahrradtasche, die bei meinem Busunfall beschädigt wurde, mitgebracht. Sonst wäre ich wahrscheinlich nicht in dieses Touristenzentrum gefahren. Nachdem ich Eric getroffen und die Aufhängung bekommen hatte, bedankte ich mich, fuhr aber gleich weiter. Die Hotelburgen zogen sich noch einige Kilometer hin. Dann fand ich tatsächlich noch

Überall war das Interesse der Kinder groß

Größter Baobab Senegals

ein ruhiges Plätzchen zum Zelten. Auch hier sollte ein Feriendomizil entstehen. Noch füllten das ganze Areal riesige, alte Baobabs und Mangobäume. Immerhin gab es schon einen Wachposten, der mich unter den Mangobäumen bei seinem Haus zelten ließ. Die einzigen Lebewesen außer uns waren grüngelbe Echsen, die die Bäume rauf und runter huschten.

Nach einem kurzen Abstecher in die Mangrovenwälder und Muscheln von Joal-Fadiouth war ich wieder einmal auf einem nicht für Touristen vorgesehenen Gebiet gelandet. Es sah wie eine Kloake aus, in der Plastikflaschen schwammen. An anderer Stelle wurde der Müll verbrannt. Durch den Rauch und den Sand in der Luft war von der Sonne nichts mehr zu sehen. Hier lebten Menschen! Kinder spielten im Müll, Frauen wuschen die Kleidung! Normalerweise halte ich in solchen Gegenden nicht an. Aber hier war eine Polizeikontrolle, die mir bestätigte, dass ich auf dem richtigen Weg nach Samba Dia war. Ab hier war die Straße nicht mehr geteert. Die Sandpiste war nicht sonderlich gut zu fahren. Ich war ganz froh, als ich auf die fast fertige, offizielle Straße konnte. Damit keine Autos fuhren, waren alle 50 Meter Steine quer über die Straße gelegt. Einmal waren sie auch mit Dornenzweigen verziert. Mit meinem unplattbaren Reifen kann ich da problemlos darüber – dachte ich. An einem großen Baobab machte ich halt. Seit der Abzweigung hatte ich kaum jemanden gesehen. Hier waren auf einmal einige Männer und ein Hotel. Der Grund: der größte Baobab in ganz Senegal. Mindestens acht Männer hatten ihre Souvenirs zum Verkauf ausgebreitet, aber es war weit und breit kein einziger Tourist zu sehen. Auf einmal meinte einer der Männer, ich hätte ja keine Luft mehr im Reifen. Tatsächlich, vorn und hinten platt! Das „unplattbar" galt wohl nicht für afrikanischen Killerpflanzen. Nein, ich wollte nicht klagen und lästern. Immerhin waren das seit circa 8.000 Kilometer die ersten Platten. Die Händler brachten mir sofort einen Eimer mit Wasser. Schön im Schatten konnte ich gleich ans Flicken gehen. Mit großem Interesse schauten mir nicht nur die Männer, sondern auch große Echsen zu. Der größte Baobab war sehr imposant: 30 Meter Umfang und 850 Jahre alt. In der Mitte war er hohl, man konnte hineinklettern. Ich wünschte den Männern, dass noch ein paar Touristen vorbei kämen, die die Souvenirs kauften.

Bei wieder erträglichen Temperaturen war es nicht mehr weit bis Samba-Dia. Der Ort war nur eine Ansammlung von Hütten entlang der sandigen Straßen. Danach kam ein wunderbarer Wald. Die Nacht verbrachte ich am Strand von Dangané im Saloum-Delta. Vor mir schaukelten die Pirogen im Wasser. Dies war meine letzte angenehme Nacht im Zelt. Hier kühlte es noch genug ab. Bevor die Tour-Anbieter am nächsten Tag auf waren, war ich schnell davon gefahren. Es wurde mal wieder gnadenlos heiß. Je weiter ich ins Landesinnere kam, desto heißer wurde es, bis über 50 Grad. Das war wirklich kein Genuss mehr. Dazu kamen noch die vielen Kinder, die mich sofort umzingelten, wenn ich irgendwo angehalten hatte. Zwanzig bis dreißig Kinder um mich herum schrien „Toubab, Toubab" (Weißer, Weißer), begleitet von „cadeau" (Geschenk) und „argent" (Geld). Einmal hatten sie ein Tier, das wie eine riesige Ratte aussah, dabei. Sie wedelten damit vor meinem Gesicht und riefen „mange, mange", (Iss, iss)! Das war auch nicht gerade erholsam.

Wieder kam eine der langen, staubigen Baustellen. Streckenweise konnte ich auf der neuen Straße an den Absperrungen vorbei fahren. Nicht nur ich hatte mit den Behelfsstrecken viele Probleme. Einige Lastwagen lagen im Graben. Obwohl die Gegend nicht sehr bevölkert aussah, kamen aus allen Ecken Leute gerannt, die die Ware, meist Lebensmittel, mit ihren großen

Wieder ein Lastwagen im Graben

Plastikschüsseln einsammelten. Dann setzte der Gegenwind ein, grausig. Es war wie in einem Heißluftofen, aber mit Sand. Alle paar Kilometer versuchte ich eine Pause im Schatten zu machen. Bei einem Pavillon, das zu einem islamischen Zentrum gehörte, hatte ich endlich Schatten und Ruhe. Die Kinder waren sehr wohlerzogen, kamen her, gaben mir die Hand und begrüßten mich, und gingen dann wieder. Später fand ich sogar eine Tankstelle – für mich bedeutete es, kalte Getränke. Ein Radler (eine Dose Bier, eine Dose Sprite) hatte ich mir verdient. Danach wusste ich nicht, ob das bei der Hitze so eine gute Idee war. Bis zur Stadtmitte war es zum Glück nicht mehr weit. An der Tankstelle gab es auch den seit ein paar Jahren groß in Mode gekommene Café Touba. In kleinen, braunen Plastikbechern wurde der gewürzte Kaffee „To Go“ verkauft. Als ob es in Afrika nicht schon genug Plastikmüll ohne Entsorgung gäbe. Zusammen mit den Plastiktüten bieten sie bei Regen eine prima Brutstätten für Moskitos.

Nachdem ich in Kaolack eine ruhige Pension fand, die eigentlich kaum als solche zu erkennen war, setzte ich mich unter den Ventilator und kam erst am übernächsten Tag wieder hervor. Es gab Wi-Fi und ich hatte noch genug zu tun. Sehr ausgeruht, konnte ich dann ganz entspannt die letzten Kilometer bis zur Grenze nach Gambia in Angriff nehmen. Die letzten vierzig Kilometer waren allerdings wieder Baustelle. Wieder blieb ich, soweit es ging, auf der alten beziehungsweise neuen Straße. Im letzten Laden kaufte ich noch genug Wasser. Ich wusste ja nicht, was noch alles kommen würde.

Gambia

Mitten in Senegal liegt Gambia. Der Grenzüberschritt war auch hier absolut unproblematisch. Nur wollte der Beamte bei der Einreise nach Gambia 10.000 CFA-Francs (westafrikanische Francs, Währung in Senegal), etwa 15 Euro, haben. Obwohl ich ahnte, es war für seine eigene Tasche, gab ich sie ihm. Sie ließen mich ja sonst in Ruhe.

Nur noch ein paar Kilometer bis Farafenni. Zuerst suchte ich eine Bank oder einen Geldautomaten. Den gab es nicht und die Banken hatten schon geschlossen. Bei einem Geldwechsler konnte ich 10.000 CFA in Dalasi, der Währung in Gambia, wechseln. Das reichte nicht weit. Dafür, dass das Land sehr arm ist, ist alles sehr teuer. Im Hotel hatte ich eine längere, trotz des Ernstes der Situation auch eine sehr humorvolle Diskussion darüber mit einem Mann aus Gambia, der für eine der unzähligen Hilfsorganisationen arbeitete, die ihm das Hotel bezahlte. Kein Lehrer könnte sich das Hotel leisten, er würde auch gar nicht auf die Idee kommen in ein Hotel zu gehen. Er verdiente 80 bis 100 Euro im Monat.

Im Hotel gab es zuerst fließend Wasser, aber keinen Strom. Solange der Ventilator unter dem Blechdach nicht lief, brauchte ich erst gar nicht zu duschen. Als schließlich der Strom wieder da war, war das Wasser weg. Mit dem Internet war es ähnlich. Ja, ich war in Afrika. Aber wenn ich europäische Preise zahlen muss, erwarte ich ein bisschen mehr. Zum Glück wachte ich am nächsten Morgen schon um fünf Uhr auf, frühstückte und packte. Ich war fast fertig, da gingen auf einmal Ventilator und Licht aus. Schlagartig war es dunkel und heiß. Diese Wellblechdächer waren absolut nichts für die Hitze, ich sah sie aber überall in Afrika.

Früh am Morgen war mal wieder die beste Zeit zum Radfahren. Nur wurde ich bald ausgebremst. Ich musste auf die Fähre über den Gambia-Fluss

Café Touba ist heißbegehrt

warten. Unmengen von Menschen wuselten herum und versuchten, ihre Ware an den Mann zu bringen – von Keksen über Unterhosen zu Medikamenten. Auch den Café Touba gab es hier. Da aber die Leute hier sehr arm waren, sammelte der Verkäufer die Becher wieder ein, wusch sie und verteilte sie wieder. Auch Plastiktüten gab es hier kaum. Ich brauchte kein schlechtes Gewissen zu haben, wenn ich mein Wasser in den 1,5 Literflaschen kaufte. Die sind in der Bevölkerung heiß begehrt. Somit gab es in Gambia weit weniger Abfall als in Senegal.

Auf der anderen Seite des Flusses kam wieder eine größere Stadt, Soma. Hier gab es zwar eine Bank, aber keinen Geldautomaten. Die Kinder waren hier richtig nett. Ab und zu hörte ich noch ein „Toubab", danach folgte selten „money" oder sonst was. Auf der South Bank Road, am Südufer des Gambia-Flusses, fuhr ich Richtung Osten. Es gab so gut wie keinen Autoverkehr, selten einen Minibus, dafür viele Radfahrer. Und Affen, große Paviane, sonnten sich auf der Straße, oder sie jagten durch den Wald.

An einer Polizei-Kontrolle brauste ein Auto viel zu schnell durch. Die Polizisten reagierten nicht – es war ein Diplomatenfahrzeug. Als ein kleiner Junge auf einem Moped fuhr, zuckten sie nur mit dem Schultern und meinten, „That's Africa". Meinen Drang nach Recht und Ordnung sollte ich sehr schnell ablegen.

Bei der Hitze brauchte ich viel Wasser. Nur waren Flaschen mit der Originalabfüllung nur noch sehr schwer zu haben. Die meisten Flaschen waren selbst abgefüllt. Das Brot war hier viel besser als im Senegal. Es hielt auch wesentlich länger. Auch war es nicht in einer Plastiktüte eingepackt, sondern in altes Zeitungspapier eingewickelt. Einmal war es die BILD-Zeitung mit den Sex-Übergriffen an Silvester in Köln als Aufmacher. Wer möchte denn so etwas hier lesen? Natürlich verstehen sie hier kein Deutsch. Die Amtssprache ist Englisch. Die Fotos waren aber sehr aussagekräftig. Anscheinend wohnen auch hier viele Deutsche.

Bei einer Pause bei Polizisten im Schatten überredeten sie mich nach Janjanbureh auf einer Insel im Gambia-Fluss abzubiegen, ein sehr geschichtsträchtiger Ort. So wie mir erzählt wurde, wurden hier Sklaven verschifft. Das Sklavenhaus kann man heute besichtigen. Wer von dort ausbrechen konnte, es bis zu dem „Baum der Freiheit" geschafft hatte und dort seinen Namen eingravierte, war frei.

Eine sehr nette Familie mit zwei Jugendlichen, die sehr gut Englisch sprachen, nahmen mich auf. Ich durfte auf dem Gebiet ihrer Hütten zelten. Es gab noch viele andere Geschwister. Von frisch geboren bis ungefähr zehn Jahre. Sie hatten ihren Spaß mit mir, wollten eines der Babys in meine Fahrradtaschen packen, damit ich es mitnehme. Die Kleinen mussten zum Fotoshooting ihre besten Kleider anziehen. Ich konnte das Mädchen nur verstehen, als sie heulte, weil sie das weiße Rüschenkleid anziehen musste.

Natürliche ohne „blindem Passagier" ging es am nächsten Morgen sehr früh weiter. Nach Bansang fand ich keine original abgefüllte Wasserflasche mehr. Es gab aber viele Brunnen, auch Wasserhähne, die einen vertrauenerweckenden Eindruck machten. An jedem Brunnen oder Wasserhahn war eine Plakette von der Hilfsorganisation, die die Wasserquelle gesponsert hat. Es war anscheinend von guter Qualität, ich hatte keine Beschwerden. Hier fing auch die Mango-Saison an. Ich aß jeden Tag drei bis vier Stück. Lecker! Die sind auch ein guter Flüssigkeitslieferant.

In Basse gönnte ich mir eine prima Pension mit Klimaanlage. Auch hier stand im Hof ein Mangobaum mit vielen Früchten. Nachdem ich einige aufgelesen hatte, ging ich nicht mehr aus dem Zimmer hinaus. Sobald ich einen Fuß vor die Tür setzte, war ich schockiert über die Hitze.

Bei der Weiterfahrt war ich erstaunt über die Leere auf den Straßen. Wahrscheinlich war der Hauptgrund, weswegen die Straßen so ruhig waren, dass keine Fahrzeuge die Grenze von und nach Senegal passieren durften. Unbekümmert konnte ich an dem langen Lkw-Stau vorbei fahren. Meine Frage, wie lange sie hier schon standen, hatten sie nicht verstanden. Es mussten aber ein paar Tage sein. Einige hatten sich schon häuslich unter den Lkw eingerichtet.

Senegal: Casamance

Wieder ganz problemlos ging es über die Grenze nach Senegal. Nachdem ich in Gambia keinen einzigen Geldautomaten gefunden hatte, ging ich in der ersten Stadt, in Vélingara, zuerst einmal auf die Suche und wurde tatsächlich fündig. Nur, der wollte mir kein Geld geben. Die Meldung war nicht sehr aussagekräftig und ich dachte der Automat wäre kaputt. Es war der einzige in der Stadt, der nächste war erst in 100 Kilometer, also fuhr ich gleich weiter.

Das südlich Senegal, die Casamance, unterschied sich nicht sehr von Gambia. Es war sehr trocken und machte einen ärmeren Eindruck als der Norden von Senegal. Auch hier war auf den Straßen wenig los. Allerdings war ich gleich von Kindern umzingelt. In Gambia gab es Wasserhähne oder Wasserpumpen mit trinkbarem Wasser. Hier gab es Ziehbrunnen. Was dort in etwas dreißig Meter Tiefe auf der Wasseroberfläche schwamm, konnte ich nicht sehen. Ich wollte es lieber auch nicht wissen. Dankend verzichtete ich darauf, es zu trinken. Eine weitere Gemeinsamkeit mit Gambia war, dass es außerhalb größerer Ortschaften keinen Strom gab. Auf Märkten oder in speziellen Shops wurden Steckdosen auf Sperrholzbrettern angeboten. Mit einem Generator oder Solarzellen wurde Strom erzeugt um die Handys zu laden. Auch wenn es kaum Empfang gab, Wi-Fi gab es sehr selten, aber Handy musste sein!

Sonntagmorgens war ich beim nächsten Geldautomaten in Tambacounda. Auch diesmal gab es kein Geld, dafür war die Meldung eindeutiger: Ich solle mich bei meiner Bank melden. Na prima. Es war Sonntag und ich wollte nicht in der Stadt bleiben. Ich wollte heute Abend im „Campement de Wassadou" sein. Da es anscheinend bei „Overlandern" beliebt war, ging ich davon aus, dass sie Internet hatten. Dank der Wolken wurde es zum Glück nicht ganz so heiß. Von der Straße ging es dreieinhalb Kilometer durch dichten Urwald, bis zu dem wunderschönes Ressort oberhalb des Gambia-Flusses. Von der Hängematte konnte ich die Affen auf den Bäumen und die Flusspferde im Wasser beobachten. Nur Internet gab es nicht, Handyempfang auch nicht. Also musste das mit der Bank noch warten. Es war wieder sehr warm und kühlte auch in der Nacht nicht ab. Da ich der einzige Gast war, bekam ich einfach ein Bett im Freien, Moskitonetz darüber, fertig. Die beste Klimaanlage überhaupt.

Seit Tambacounda wurde die Landschaft immer schöner. Ich freute mich richtig durch den Park Niokolo Koba zu fahren. Erst am Abend vorher habe ich gehört, dass die Elefanten dort ausgerottet seien, aber es immer noch Löwen geben sollte. Das beunruhigte mich nicht weiter. Meine Chancen einen Löwen zu treffen, hielt ich für äußerst gering. Ich glaubte nicht, dass es noch viele dieser Spezies gab und sie sich in diesem riesigen Gebiet gerade an der Route National aufhielten.

Mädchen in Casamance

Zuerst kam das Schild „Niokolo Koba", hundert Meter weiter eine Hütte. Ich fragte mich schon, ob ich Eintritt zahlen müsse. Ich fuhr einfach mal weiter, wurde aber sofort zurückgepfiffen. Nein, ich musste nichts zahlen, ich durfte überhaupt nicht weiter fahren. Das war natürlich gar nicht in meinem Interesse. Es wurden auch gar keine überzeugenden Gründe genannt. Warum soll ich mitten am Tag, bei dieser Hitze, in der Nähe der Route National 7 einem Löwen begegnen, die es hier nur noch ganz selten gab? Die Straße war auch nicht gerade unbefahren. Am meisten an der Sache hat mich geärgert, dass es überhaupt nicht kommuniziert war. So vielen Leuten hatte ich gesagt, dass ich durch den Niokolo Koba fahren möchte, keiner wusste, dass ich das nicht darf. Auch im Internet fand ich nichts darüber. Ich habe extra später nochmals nachgeschaut. Selbst ein Mann im Dorf 500 Meter vorher meinte nur, dass nun 45 Kilometer lang kein Dorf mehr käme und das wäre dann auch nur die Ranger-Station Niokolo Koba.

Sehr hilfreich waren die Wachposten nicht. Sie meinten, ich müsse zurück fahren. Das hätte bedeutet, hundert Kilometer nach Tambacounda und dann irgendwie ganz anders weiter. Ich könnte mich aber auch mit meinem Fahrrad und dem ganzen Gepäck in so einen alten Bus quetschen. Beides wollte ich überhaupt nicht. Soviel ich verstand, meinte einer der Wachposten, er würde mir ein Auto besorgen. Vier Stunden saß ich dann da, schrieb Tagebuch, surfte im Internet, machte Fotos und las meine E-Mails. Inzwischen war eine Mail meiner Schwester da, ein Brief von der Bank wäre gekommen, dass meine Kreditkarte wegen Betrugsverdacht gesperrt worden sei. Nicht gerade das, was man sich auf Reisen wünscht, aber damit wäre das geklärt.

Während der ganzen Zeit hatte sich bezüglich meiner Mitfahrgelegenheit nichts getan. Da ich sonst nichts mehr zu tun hatte, wurde ich selbst aktiv und war in zwanzig Minuten weg. Drei nette Männer mit einem großen knallgelben Kastenwagen konnten mich mitnehmen. Mein Fahrrad passte hinten zu den rohen Eiern aus dem Norden Senegals, die sie im Süden verkauften. Ich quetschte mich vorn zwischen die Männer. Wegen der zerbrechlichen Ware war es eine sehr sanfte Fahrt. Ich hatte mal wieder einiges erfahren. Jetzt weiß ich, was „Lamp Fall" bedeutet, das auf jedem klapprigen Fahrzeug steht. So ist ein Minarett der bedeutendsten Moschee in Touba, Senegal, benannt, und man zeigt somit, dass man dieser Sufi-Gemeinde angehört. Und die vielen bettelnden Kinder, die manchmal mit Gefäßen für Essen herumlaufen, sind Koranschüler. Sie werden von ihren Eltern in die Stadt geschickt. Dort werden sie zwar unterrichtet und können schlafen, bekommen aber nichts zu essen. Manchmal müssen sie auch das Gehalt für den Lehrer erbetteln. Hätte ich das nur schon früher gewusst. Alle Kinder und anscheinend auch alle Erwachsenen haben ein Band, ein „KriKri", um die Hüfte, das böse Geister und Unheil abhalten soll. Vielleicht sollte ich auch so was haben.

Die Strecke durch den Park war 100 Kilometer lang. Wir sahen kein einziges Tier. An meiner Hand war eine Wunde, die mir immer mehr Probleme machte. So geschwollen, wie sie war, passte sie kaum mehr in einen Handschuh und tat weh. Deswegen fuhr ich auch die nächsten 40 Kilometer nach Kedougou mit. In Kedougou ging ich zuerst einmal ins Krankenhaus. Das war auch eine spezielle Erfahrung. Nachdem ich endlich vorgelassen wurde, musste ich zuerst an der Kasse 1.000 CFA-Francs zu zahlen, damit mich überhaupt ein Arzt, Pfleger oder Krankenschwester anschaute. Als ich dann bei einer Krankenschwester war, bekam ich eine Liste von Sachen, die ich zuerst in der Apotheke kaufen musste – auch das Verbandsmaterial und Desinfektionsmittel, das der Arzt für die Behandlung brauchte. Als ich mit all den Dingen zurück war, wurde ich endlich behandelt. Es war schon dunkel, bis ich fertig war. Ein Angestellter brachte mich auf abenteuerliche Weise über Schlammpisten, Stock und Stein bei dunkelster Nacht in eine Lodge, wo ich eine Hütte bezog. Endlich ausschlafen! In den letzten Tagen war ich wegen der Hitze immer um fünf Uhr aufgestanden. Das zehrte ganz schön.

Das Problem mit meiner Bankkarte konnte ich am Telefon mit meiner Bank klären. Wegen Betrugsverdacht wurde die Karte gesperrt. Auch nachdem sich der Verdacht nicht bestätigt hatte, konnte sie nicht mehr komplett entsperrt werden. Wenigstens konnte ich sie immer wieder für 15 Minuten entsperren lassen. Ich holte gleich einen schönen Batzen Geld.

Meiner Hand wollte ich ein paar Tage Ruhe gönnen. Sie sah aus, als ob sie jemand aufgeblasen hätte, total geschwollen. Ich saß fast den ganzen Tag unter dem großen Mangobaum in der Mitte des Hofes und aß täglich mindestens sechs Mangos. Nach zwei Tagen schaute ich wieder im Krankenhaus vorbei. Ein Pfleger versorgte nochmals meine Wunde und wollte, dass ich in zwei Tagen wiederkäme. Am nächsten Tag wollte ich allerdings weiter nach Mali. Dagegen hatte er auch nichts und zählte mir alle Krankenstationen bis zur Grenze auf, wo ich nach der Hand schauen lassen konnte.

Von Kédougou waren es noch 120 Kilometer bis Mali. Die Landschaft war wunderschön, sanft hügelig mit immer mehr Bäumen und Büschen. Es kamen kaum mehr Ortschaften und wenn, bestanden sie nur aus ein paar Hütten. 20 Kilometer vor der Grenze erreichte ich Karakene. Ich war äußerst erstaunt, hier mitten im Nichts so eine Siedlung zu sehen. Sie bestand nur aus blauer oder roter Plastikfolie und Strohhütten. Ich fragte den Polizisten am Ortsende, warum die Menschen sich hier in den ärmlichen Behausungen niedergelassen hatten. Er lachte nur und meinte, die seien nicht arm, das seien Goldsucher. Es gäbe noch so viel davon, dass jeder gut davon leben könne. Aha, wieder etwas gelernt. Der Polizist riet mir bis zur Grenze durchfahren, denn hier würde es viele Banditen geben. Ich fand trotzdem ein abgeschiedenes Plätzchen. Nicht Banditen wurden mir gefährlich, sondern kleinere Tiere. Die ganze Nacht hörte ich etwas rascheln. Am nächsten Morgen war meine Zeltunterlage durchlöchert wie ein Moskitonetz. Vielleicht war es nicht die beste Idee, gleich neben einem Termitenhügel mein Zelt aufzuschlagen. Nicht nur die Tiere hatten mir den Schlaf geraubt, sondern auch die Hitze. Es waren immer noch weit über 30 Grad im Zelt, ich war schweißgebadet.

Die Polizisten bei Karakene meinten, ich könnte Probleme haben, nach Mali zu kommen. Die Lage im Land wäre gerade etwas schwierig. Auch der Polizist an der Grenze sagte mir, wenn ich nicht schon ein Visum für Mali hätte, würde ich wahrscheinlich nicht rein kommen, ich könnte es ja mal versuchen. Also fuhr ich über den Grenzfluss nach Mali. Vergeblich suchten die Grenzbeamten mein Visum im Pass. Die Visumvergabe an der Grenze war vor Kurzem eingestellt worden! Der Chef wurde geholt, und ich hoffte, dass sich vielleicht doch noch etwas machen ließe. Im Gegenteil, er war ganz schön unfreundlich, hat mich behandelt, als ob ich versucht hätte, illegal in das Land zu kommen. Es gab keinen anderen Weg, ich musste zurück nach Dakar, mehr als 800 Kilometer. Mit Polizeigeleit ging es auf die senegalesische Seite des Flusses, wo ich ohne Probleme wieder hineingelassen wurde. Da stand dann auch gerade ein Bus. Den ganzen vorigen Tag hatte ich keinen einzigen Bus gesehen! Ich fragte, ob dieser nach Dakar führe. Der Polizist bejahte und meinte, ich solle am Besten gleich mitfahren, wenn Platz wäre. Ich überlegte nur kurz. Es war Freitag, das hieß, ich müsste das Wochenende in Dakar verbringen, was mir überhaupt nicht gefiel. Andererseits war es so die einfachste Art wieder zurückzukommen. Wegen der Hitze und der schlaflosen Nacht war ich so lethargisch, dass ich alles einfach mit mir machen ließ. Der Polizist sorgte dafür, dass ich mit Fahrrad und Gepäck im Bus unterkam und ich mich im Bus wiederfand. Es war ein „African Star Express"-Bus, klimatisiert, kam aus Bamako, Mali. Ich war die einzige Weiße. Es dauerte ewig, aber irgendwie war ich so müde, dass es mir nichts ausmachte. An vielen Kontrollen wurde das ganze Gepäck der Leute aus Mali genau durchsucht, meines zum Glück nie.

Zurück in Dakar und wieder kurz durch Gambia

Anstatt um 18 Uhr, wie mir der Polizist an der Grenze gesagt hatte, war es schon weit nach Mitternacht, als wir in Dakar ankamen. Zum Glück hatte ich nicht schon vorher gewusst, dass ich 14 Stunden im Bus sitzen musste. Auf dem Busbahnhof fragte ich nur noch, ob ich im Raum der Polizisten schlafen dürfe, legte mich hin und wollte nichts mehr wissen. Und siehe da – ich fror!!! Wie war ich glücklich! Endlich mal wieder angenehmere Temperaturen. Der Temperaturunterschied betrug sicherlich 15 Grad. Das verstärkte meinen Entschluss, nicht wieder zurück nach Mali zu fahren, sondern an der Küste zu bleiben. Bevor ich mich wieder in das Getümmel von Dakar stürzte, machte ich für den wachhabenden Polizisten und mich Kaffee auf meinem Campinggaskocher.

Zuerst brauchte ich eine Übernachtungsmöglichkeit. Ich hatte von einem Säuglingsheim in Dakar gelesen, das Zimmer vermietete, um das Heim zu finanzieren. Das Zimmer war, wie in Dakar üblich, nicht ganz günstig, aber es war ja für einen guten Zweck. Außerdem war das Haus sehr schön, ruhig, sauber und ich bekam einiges über die Arbeit und die Situation in Senegal mit.

Wenn ich nicht nach Mali wollte, waren die nächsten Länder Guinea-Bissau und Guinea, für die ich dieses Mal auf jeden Fall Visa besorgen wollte. Am

Sonntag war der 1. Mai, am Montag konnte ich mich endlich zu den Botschaften aufmachen. Die Botschaft für Guinea-Bissau fand ich leicht. Nur teilte mir der Wachmann mit, dass an diesem Tag nicht gearbeitet würde, da der 1. Mai ein Sonntag war. So ein Mist! Zweimal in der Woche, dienstags und freitags, fährt eine Fähre nach Ziguinchor in den Süden des Senegals. Da ich einen Teil der Strecke schon mit dem Fahrrad gefahren bin, fand ich die Fähre ganz attraktiv. Am nächsten Tag wollte ich sie eigentlich nehmen. Etwas betrübt und nicht mit viel Hoffnung, dass es bei der Botschaft von Guinea anders sein könnte, suchte ich diese. Das war schon eine größere Herausforderung. Sie war umgezogen, ein paar Kilometer von der alten entfernt, in irgendeine Nebenstraße. Nach eineinhalb Stunden fand ich sie endlich. Wie befürchtet, teilte mir auch hier der Wachmann mit, dass nicht gearbeitet würde – aber mit dem Nachsatz: Der für Visa Zuständige sei gerade beim Zahnarzt und komme gleich zurück. Also wartete ich, da ich ja eh nichts Besseres zu tun hatte. Der Botschaftsangestellte erschien kurz darauf und nahm sich sogar meiner an. Zuerst meinte er, ich könne das Visum am Mittwoch abholen. Also habe ich wieder ein bisschen herum gejammert, dass ich doch am nächsten Tag die Fähre nehmen wollte. Auf einmal konnte ich das Visum doch am Dienstag abholen. Bevor ich ging, meinte der Visa-Bearbeiter, derjenige, der unterschreiben müsse, wäre auch gerade da, vielleicht könne man es gleich machen. Sah ich da endlich Licht am Horizont? Ging endlich mal etwas gut aus? Ich fragte nur, wie lange er noch da sei. Bis 12 Uhr. So lange konnte ich am Sandwich-Stand gegenüber warten. Zehn vor 12 Uhr klingelte tatsächlich mein Telefon. Ich könne das Visum jetzt abholen, hieß es am anderen Ende der Leitung. Ich konnte es kaum glauben! Aber es war tatsächlich so. Wahrscheinlich habe ich dafür auch etwas mehr gezahlt als üblich. Es hat mich circa 100 Euro gekostet. Dafür war es auch für drei Monate.

Nächster Punkt: Ticket für die Fähre. Dazwischen eine chaotische Fahrt durch Dakar. Ich weiß auch nicht, warum die Autofahrer und Taxifahrer samt Passagiere das Tag für Tag mitmachen. Alle Straßen sind verstopft, Staus ohne Ende, an jeder Kreuzung geht es drunter und drüber. Mit dem Fahrrad konnte ich mich gerade so durchwursteln. Wenn jeder, der nur ein paar Kilometer zurücklegen muss, das Fahrrad nehmen würde, wäre die Stadt (fast) paradiesisch. Gleich am Eingang vom Hafen, als ich nach dem Ticket für die Fähre nach Ziguinchor fragte, wurde mir gesagt, ich könnte frühestens am 10. Mai fahren. Es war der 2. Mai. Da war nun wirklich nichts zu machen. Zu dieser Zeit konnte man mit dem Auto nicht durch Gambia in den Süden Senegals fahren. Die meisten Reisenden nahmen deswegen die Fähre, darum war diese so hoffnungslos ausgebucht. Mein Entschluss stand jedoch fest. Ich wollte am nächsten Tag fahren – wenn nicht mit der Fähre, dann halt mit dem Fahrrad. Das Visum für Guinea-Bissau sollte ich noch in Ziguinchor bekommen. Vorsichtshalber rief ich dort an, um dies bestätigt zu bekommen. Das wäre wirklich übel gewesen, wenn dem nicht so wäre und ich wieder nach Dakar zurück müsste.

Jetzt nichts wie zurück zu meiner Oase und der Ruhe bei den Schwestern im Säuglingsheim. Am Abend besuchten mich Schwester Charité von den Philippinen, eine Schwester aus Kolumbien und eine afrikanische Schwester. Sie wollten alles über meine Reise wissen, zum Beispiel, wie ich in der Wüste dusche. Es war sehr amüsant. Da ich sowohl auf den Philippinen als auch in Kolumbien schon mit dem Rad unterwegs gewesen war, erfolgte ein reger Austausch. Sie waren so angetan, dass sie mir Geschenke übergaben und eine antibiotische Creme für meine Wunde.

Die Fahrt aus Dakar heraus war wieder ein ewiger Kampf mit den Kleinbussen. Außer meinen Nerven und Stimmbändern hat zum Glück nichts Schaden genommen. Diesmal musste ich nicht nach Saly abbiegen. Mir kam es wie eine Ewigkeit vor, als ich hier das letzte Mal war. Auf dem direkten Weg fuhr ich nach Gambia. Der Inhaber eines Ladens fragte mich, ob ich nicht länger hier bleiben und Projekte machen möchte. „Was für Projekte“? Er wolle mehr über Kühe lernen. „Über Kühe weiß ich nichts. Ich würde gerne andere Projekte machen, zum Beispiel Radfahren in Dakar und natürlich Abfallbeseitigung.“ Er stimmte mir sofort zu. „Hier geht es ja noch. Aber schau mal hinter das Haus.“ Da wurden Millionen für Gesundheitsprojekte in das Land gepumpt, aber niemand schien sich um die Grundlage eines gesunden, hygienischen Lebensraums zu kümmern. Überall Müll. Ohne irgendwelche weiteren Projekte in Angriff zu nehmen, fuhr ich weiter. Mein Hauptprojekt, um Afrika zu fahren, musste zuerst beendet werden.

Wieder übernachtete ich in Gehöften von Familien. Da waren etwa dreißig Leute, zwei Drittel davon Kinder. Wenn ich den ganzen Tag mehr oder weniger allein war, liebte ich diese Abwechslung, am Abend unter Leuten zu sein. Als ich das Zusammenleben und den Zusammenhalt in Afrika sah, fragte ich mich, wie die Flüchtlinge es in Deutschland so allein aushalten. Ich traf eine Frau, die mehrere Jahre mit ihrem Mann in Italien gelebt hatte. Sie ging wieder zurück zu ihrer Großfamilie. Ihr Mann war noch in Italien. Ihre zwei Kinder, die in Italien geboren wurden, waren mit ihr im Senegal. Später traf ich einen Mann, der seit drei Jahren mit einer Deutschen verheiratet war und in Leipzig wohnte. Für drei Monate war er bei seiner Familie in Senegal. Sein „Ja" als Antwort auf meine Frage, ob es ihm in Deutschland gefällt, klang nicht sehr überzeugend. Auch sein Telefonat mit seiner Frau war eher reserviert, im Gegensatz zu dem, wie er auf einmal auflebte, als weibliche Wesen aus dem Dorf auf den Hof kamen.

Für mich ging es weiter Richtung Gambia. Der Verkehr bisher war höllisch. Viel schlimmer, als ich es vom ersten Mal in Erinnerung hatte. Das hörte schlagartig auf, als ich auf die wunderbar neue Straße bei Fatick abbog. Auf einmal war es so was von ruhig. Kaum ein Auto auf der neuen Straße, dafür umso mehr Kühe mit langen Hörnern. Diesmal fuhr ich etwas östlicher, flussaufwärts, im Saloum-Delta. Es war wesentlich ruhiger, nicht so touristisch. Keiner bot mir eine Bootstour an, obwohl es auch hier sehr schön war. Viele verschiedene Vögel, auch Pelikane, waren in den Mangroven zu sehen. Auf sehr schmalen Deichen wurde der spärliche Verkehr durch das Feuchtgebiet geführt. Einfach gigantisch schön.

Kurzer Abstecher nach Gambia

Diesmal fuhr ich bei der Hauptstadt von Gambia, Banjul, über die Grenze. Was für ein Unterschied zur ersten Ankunft bei Farafenni. Diesmal musste ich zwar nichts für mein Visum bezahlen, dafür wurden alle meine Taschen durchsucht. Es sei nicht erlaubt, Medikamente mit nach Gambia zu bringen. Natürlich war meine Reiseapotheke voll verschiedener Tabletten. Ich musste für alle ein Rezept vorlegen. Für Schmerztabletten und Entzündungshemmer hatte ich noch eines vom Krankenhaus im Senegal. Für das Malaria-Medikament Malerone hatte ich eine Anweisung, wie ich es einzunehmen hätte. Da es auf deutsch war, konnte ich es ihnen leicht als Rezept unterjubeln.

An meinen Zäpfchen gegen Übelkeit und Erbrechen hatten sie kein Interesse mehr, nachdem ich ihnen erklärt hatte, was Zäpfchen sind. So bin ich nochmal ganz gut davon gekommen. In solchen Situationen fiel es mir sehr schwer, ruhig zu bleiben. Mittlerweile hatte ich mich recht gut im Griff, sonst wäre es wahrscheinlich noch unangenehmer geworden.

Nach dem Gambia-Fluss landete ich direkt in der Hauptstadt Banjul. Früher war sie sicher einmal eine der schöneren Städte der britischen Kolonie. Die alten Gebäude waren interessant. Schade, dass vieles am Verfallen war. Der Verkehr war eine Katastrophe. Wahrscheinlich befinden sich neunzig Prozent aller Fahrzeuge in Gambia im Großraum Banjul. Bei meiner ersten Durchfahrt weiter im Osten hatte ich kaum ein Auto gesehen. Wieder hörte der Verkehr schlagartig auf, als ich Richtung Senegal, Casamance abbog.

Zurück im Senegal: Casamance

Da das Wochenende bevorstand und ich in Ziguinchor vor Montag kein Visum bekäme, war ich Richtung Kafoutine ans Meer abgebogen. Das Camp bei Steffi, einer Deutschen, war so schön ruhig, dass ich wenig Bedürfnis hatte, diese Oase zu verlassen. Ich ging meiner zweitliebsten Beschäftigung nach: in der Hängematte liegen und schlafen. Ich weiß nicht warum, aber in letzter Zeit war ich nur müde. Erst am Sonntag erkundigte ich die nähere Umgebung zu Fuß. Es gab viele Pensionen, in wunderschönen tropischen Gärten, sahen aber sehr verlassen aus. Anscheinend war es aber nur um diese Jahreszeit so. Das Meer war leider nicht zum Schwimmen geeignet, die Strömung war zu stark und wahrscheinlich das Wasser zu kalt. Unglaublich viele Fischer haben sich hier niedergelassen. Leider mag ich ja keinen Fisch. Nach drei Nächten fühlte ich mich fit genug, um weiter zu fahren. Wieder ging es auf schmalen Deichen zwischen Mangroven und an Pelikanen vorbei.

Da Montag war, fuhr ich in Ziguinchor gleich zur Botschaft von Guinea-Bissau. Ich kam dort zwar schon um 14:30 Uhr an, sie war aber schon geschlossen. Also gleich weiter zum Camp Casamance. Schnell baute ich mein Zelt auf und genoss die kühle Ruhe. Leider gab es hier keine Hängematten.

Fischer zwischen Mangroven

Eigentlich sollte ich mein Visum für Guinea-Bissau sehr schnell bekommen. Ich hätte bepackt gleich zur Botschaft fahren können und danach gleich weiter. Nochmals einen Tag Ruhe wäre aber auch nicht schlecht und wer weiß, ob es mit dem Visum tatsächlich so gut klappen würde. Kurz nachdem die Botschaft aufmachte, war ich dort. Zehn Minuten später war ich – mit Visum – wieder draußen. So schnell ging es noch nie und es hat nur 20.000 CFA-Francs (etwa 30 Euro) gekostet. Mit dem Geldabheben hatte es dafür etwas länger gedauert. Zuerst musste ich wieder bei meiner Bank anrufen, um die Karte entsperren lassen. Dann konnte ich Geld holen. Aber ich war froh, dass es überhaupt klappte. Glücklich, mit Visa für die nächsten zwei Länder ausgestattet, konnte ich Ziguinchor verlassen. Zwanzig Kilometer später stand ich auch schon vor der Grenze nach Guinea-Bissau.

Guinea-Bissau

Hinter mir lagen schon vier afrikanische Länder, einige tausend Kilometer, das meiste nur Wüste. Auch Senegal war so kurz vor der Regenzeit nicht allzu grün. Dann Guinea-Bissau … Mein erster Eindruck war: Wow, ist das grün hier! Es ging wie durch einen grünen Tunnel, durch Wälder voll mit Cashew-Bäumen. Aus dem grünen Blättermeer leuchteten knallrot die reifen Früchte hervor. Wie ein Halbmond hing der Kern unten an der Frucht. Nur dieser wurde bei der Ernte eingesammelt und weiterverarbeitet. Um den für uns genießbaren Cashew-Kern zu bekommen, wird die Bohne geschält und geröstet. Ich hatte mehr Interesse an der Frucht selbst. Meist wurde sie auf dem Boden liegen gelassen und den Schweinen, oder mir, überlassen. Sie ist sehr weich und voll von herrlichem, süßsäuerlichem Saft. Flecken lassen sich kaum vermeiden. Da man sie nicht mehr heraus bekommt, habe ich schöne Souvenirs. Einige Frauen pressten mit einer interessanten Holzvorrichtung den Saft aus den Früchten. Auch wenn es nicht nach hygienischem Standard war, gönnte ich mir ab und zu einen Becher. Er ist leicht säuerlich, das Beste gegen den Durst.

In den wenigen Orten, durch die ich kam, war Markt. Die sowieso schon enge Straße war dann nur noch einspurig. In beiden Richtungen ging dann gar nichts mehr. Hier wurde so ziemlich alles verkauft. Falls mein marokkanisches Vorderrad schlapp gemacht hätte, hätte ich hier ohne Probleme ein neues bekommen.

In Bissau war ich nur kurz auf der Nigerianischen Botschaft. Hier sollte man am besten das Visum für das Land bekommen. Mir wollten sie kein Visum ausstellen, überredeten mich, es in einer Stadt näher an Nigeria zu versuchen. Ob das mit den Unruhen im Nigerdelta zusammenhing?

Mein Versuch in der Stadt bis zum Fluss durchzukommen, scheiterte kläglich. Der Verkehr war mal wieder ein einziges Knäuel aus Karosserien. Nichts ging mehr. Nicht einmal ich mit meinem vollbeladenen Fahrrad kam durch. Auch hier konnte ich bei Einheimischen in ihren Gehöften schlafen. Die Verständigung war allerdings etwas schwierig. Die offizielle Amtssprache ist portugiesisch. Normalerweise kam ich mit meinem bisschen Spanisch durch. Aber auf dem Land sprachen sie nur eine ihrer afrikanischen Sprachen.

Die Frauen waren von morgens bis abends mit der Cashew-Ernte, kochen, waschen, kehren und wenn dann noch Zeit blieb, die Kinder zu versorgen, beschäftigt. Viele Männer hingen weitgehend nur herum. Natürlich gab es auch andere, die wirklich ackerten, im wahrsten Sinne des Wortes. Aber es war doch auffällig, dass ein Großteil der Männer anscheinend nichts zu tun hatte. Schon als kleines Mädchen lernt man, seinen Pflichten nachzukommen. Bei den Brunnen sah ich nur weibliche Wesen, mit großen Zwanzig-Liter-Kanistern. Auch die Kleinen, wenn die kurzen Ärmchen kaum bis zum Rand des Eimers reichten, trugen das große Gefäß auf dem Kopf. Nur wenn ich auftauchte, waren natürlich auch Männer zur Stelle.

Die Leute machten einen viel ärmeren Eindruck als in Senegal, aber kaum jemand bettelte mich an, kein Kind verlangte Geld oder Geschenke. Hier wurde mir nun „Blanco" hinterhergerufen. Meist ist es ein ganzer Vers: „Blanco bellele, blanco mao. Blanco bellele, blanco mao". Ich möchte nur wissen, wer das den Kindern immer landesweit beibringt. „Bellele" heißt müde. Seit Marokko wurde ich ständig gefragt, ob ich müde sei.

Eines abends fragte ich an einer Mosche, ob ich hier zelten könne. Fast die Hälfte der Bevölkerung sind Moslems. Mir wurde gleich ein Klassenzimmer der Koranschule angeboten. Auch hier waren viele Kinder. Auch sie waren natürlich neugierig, waren aber ruhig und sehr nett. Leider gab es kein Wasser. Der Brunnen war total trocken. Um Wasser zu bekommen, mussten sie zum Brunnen ein paar Dörfer weiter. Leider passierte es sehr häufig, dass Wasser, da es zu leicht zugänglich war, verbraucht war, bevor die nächste Regenzeit einsetzte.

Es sollte einen Grenzübergang bei Contabene nach Boké, Guinea, geben. Da ich nach Conakry, der Hauptstadt Guineas, musste, würde das die Strecke erheblich verkürzen. Nur war die Grenze und die Straße dorthin nirgendwo eingezeichnet. Ich fragte überall nach und immer wurde es mir bestätigt, dass es eine Grenze geben würde, die auch für Touristen offen sei. In Contabene fragte ich den Polizisten nach dem Weg zur Grenze.

„Gleich da vorne abbiegen." – „Wo?" – „Da!"

Er führte mich dahin und zeigte direkt auf einen schmalen Waldweg. Ok, das war nun die „Straße". Ich hätte es eher „Pfad" genannt. Aber wenn er meinte … Ich fuhr dann mal los. Nur ein paar hundert Meter weiter kam der Guinea-Bissau Checkpoint. Als der Zuständige meinen Pass durchschaute und all die Visa sah, lachte er nur, machte seinen Stempel rein und ließ mich weiter ziehen. Nach neun Kilometern sollte die Grenze sein. Gut, der Spaß konnte beginnen.

Guinea Conakry

Nach neun Kilometern durch den Wald kam tatsächlich ein Schild, das darauf hinwies, dass ich nun in Guinea war. Außer einem Dorf mit Mangobäumen und Kühen gab es allerdings nichts. Wo, bitte, war der Checkpoint? Ich müsse da weiter, hieß es. Hier fand ich tatsächlich Leute, die französisch (hier wieder die Amtssprache) sprachen. Nochmals neun Kilometer. Sehr viele Touristen schienen diesen Grenzübergang nicht zu nehmen. Ich sah praktisch auf den ganzen 20 Kilometern niemanden, außer Einheimischen, die auf beiden Seiten der Grenze mit Cashewsammeln beschäftigt waren. Ehrlich gesagt, sehr wohl fühlte ich mich nicht dabei, in dem Land zu sein, ohne zu wissen, wo ich den Einreisestempel bekam. Die Leute von Guinea-Bissau hatten mich zwar hinaus gelassen. Ließen sie mich auch in Guinea hinein?

Mädchen bei der Arbeit

Nach abermals neun Kilometern kam wieder ein Dorf. Ein Mann geleitete mich bis zur Immigration, wo ich ohne Probleme meinen Einreisestempel bekam. Die Polizisten waren sehr nett, auch wenn ich sie ihres Schlafes beraubte. Vielleicht waren sie ganz froh, etwas zu tun zu haben.

Irgendwie war ich davon ausgegangen, dass nach der Grenze wieder eine „normale" Straße käme – weit gefehlt. Jetzt verstand ich auch, warum mir jeder sagte, wie weit es bis Boké, der ersten größeren Stadt in Guinea, war. Es war dort, wo wieder der Teer anfing – 116 Kilometer. 20 Kilometer hatte ich hinter mir, nochmals 30, dann würde die „Straße" besser werden. Es gab unglaublich viele Palmen. Auch in Guinea wurde immer mehr abgeholzt, um Palmen für Palmöl zu pflanzen – ein unglaublich um sich greifender Markt. Es gibt kaum mehr ein Produkt, wo kein Palmöl drin ist – von Nutella bis Spülmittel. Hier gab es noch die „originalen" Palmölfrüchte. Sie werden geröstet und eine rote, scharfe Soße daraus gemacht.

Etwa alle fünf bis zehn Kilometer kam ich durch Dörfer, wo ich Wasser bekam und auch übernachten konnte. Teilweise war es so sandig, dass auch andere, einheimische Radfahrer ohne Gepäck ihre Problem hatten und ihr Rad schoben. Man warnte mich vor einer Flussüberquerung, die in acht Kilometern kommen sollte. Das konnte mich nun wirklich nicht mehr abschrecken. Der erste Anblick war imposant – ein sehr breiter Fluss. Es kam gerade ein Radfahrer durch. Wenn er es schaffte, schaffte ich es auch! Dank einer Familie, die voraus ging und mir den besten Weg durch den Fluss zeigte, war es gar nicht mehr so schwierig. Nur mit den rutschigen Steinen musste ich aufpassen.

Vieles erinnerte mich an Australien, die rote Erde und die gepunktet gemusterten Häuser, die von den Aborigines stammen könnten und die ich nur hier sah. Auch Brandrodung wie hier war bei den australischen Ureinwohnern üblich. Dass in dem Qualm und Rauch Kinder spielten, fand ich nicht so witzig. Sie hatten aber sofort verstanden, als ich ihnen erklärte, dass das nicht so gesund sei.

Vierzig Kilometer hinter der Grenze, nach Dabiss, wurde der Weg etwas besser. Es konnten wieder Autos und Mopeds durchbrausen und mächtig

Staub aufwirbeln. Nicht nur weil es später wieder sehr heiß wurde, war die Zeit vor neun Uhr morgens am schönsten. Da war auch noch alles ruhig. An meinem letzten Morgen auf dieser Piste hatte es tatsächlich angefangen zu regnen. Mein erster Regen seit … wie lange? Ich konnte mich nicht mehr daran erinnern. Da hatte ich nochmals mächtig Glück gehabt, dass der Regen nicht früher eingesetzt hatte. Auf dieser Piste, die letzten paar Kilometer vor Boké, konnte ich gut im Regen fahren. In Boké tauschte ich zuerst einmal Geld. Dann konnte ich auch endlich mal wieder eine SIM-Karte kaufen. Mehr als eine Woche, seit Ziguinchor, war ich ohne Internet, das tat aber auch ganz gut.

Wie gehabt, übernachtete ich auch weiterhin bei Familien. Manchmal war es doch sehr laut. Sie hatten einfach einen anderen Tagesrhythmus als ich. Dass ich um 20 Uhr spätestens 21 Uhr ins Zelt ging und dann auch schlief, verstand kaum jemand. Es wird bis Mitternacht noch herumgeschrien, was bei ihnen eine normale Kommunikation war. Trotzdem, ich würde diese Übernachtungen vermissen, denn dann kam Conakry. In der Nähe der 1,6 Millionenstadt brauchte ich erst gar nicht an einen Platz zum Zelten zu denken. Die letzte Nacht, bevor ich bei Caroline in der Innenstadt war, verbrachte ich

Sand, Sand, Sand – da kommt man nur noch schiebend voran.

in einem Nachtclub in einem Vorort, eine etwas andere Erfahrung, war aber gar nicht so schlimm. Der Besitzer war eigentlich Apotheker. Er flog viel in der Welt herum, um Medikamente aus China und Europa nach Guinea zu bringen. Schmuggel? Wer weiß. Im Nachtclub war nicht viel los. Es hatte kaum mehr jemand Geld, um abends auszugehen. Wenn nicht eine Geburtstagsveranstaltung gewesen wäre, wäre es ganz ruhig gewesen.

Der Teer auf dem Weg in die Stadt war wie der Strom in der Nacht, mal da – mal weg – mal da – mal weg … Immerhin war es das erste Mal seit Zuiginchor, dass es überhaupt Strom gab. In der Stadt sah ich immer mehr Menschen mit Albinismus. In vielen afrikanischen Ländern wurden sie auf dem Land gejagt. Ihnen wurde unter anderem unterstellt, Ebola verbreitet zu haben. In der Stadt fühlen sie sich sicherer. Unter den Schwarzen fallen sie natürlich viel mehr auf als in Europa.

Für mich lief an der Hauptstadt des Landes kein Weg vorbei. An die deutsche Botschaft hatte ich mir meine neue Kreditkarte schicken lassen. Außerdem brauchte ich neue Visa, zumindest für die Elfenbeinküste, mein nächstes Land – dachte ich. Meine erste Tat in Conakry war ein Anruf bei der deutschen Botschaft. Von meiner Kreditkarte gab es noch keine Spur. Oje, eigentlich hätte sie schon hier sein sollen. Fürs erste konnte ich bei Caroline, einer jungen Französin, wohnen, die hier für eine Consulting-Firma arbeitet. Sie fuhr selbst in Conakry mit dem Fahrrad zur Arbeit. Es war Donnerstag. Bevor die Kreditkarte nicht da war, konnte ich kein Visum beantragen, denn ich musste wissen, wann ich in das nächste Land einreisen würde. Dazu musste ich wissen, wann ich hier los käme.

Conakry hat mir zuerst überhaupt nicht gefallen, obwohl es vom Verkehr her nicht ganz so chaotisch wie Dakar war. Es war aber genau so verdreckt. Am Strand sah man vor lauter Müll keinen Sand. Um zu schwimmen, wich man auf die vorgelagerten kleinen, unbewohnten Inseln aus. Die waren dann wirklich schön. Dank Caroline und später Comê, meinem zweiten Gastgeber, fühlte ich mich schnell wohl. Und es wurde mir auch gar nicht langweilig. Ich genoss es, mal was ganz anderes zu tun, zum Beispiel Mango-Marmelade kochen. Es war Erntezeit, überall gab es die besten, größten und saftigsten Mangos.

Meine Geldsituation spitzte sich so langsam zu. Meine neue Kreditkarte war noch nicht da und meine alte konnte ich vier Wochen nach dem Vorfall auch nicht mehr entsperren lassen. Für mich kam es sehr gelegen, dass die Ökonomie im Lande sehr schwach war und ich auf dem Schwarzmarkt viel mehr Guinea-Francs bekam als auf der Bank. US-Dollar hatte ich noch genug.

Auch ohne meine Kreditkarte in Sicht, machte ich mich am Montag endlich zur Botschaft der Elfenbeinküste auf. Ich konnte ja wenigstens mal fragen, was ich alles dafür brauchte. Was ich zu hören bekam, war gar nicht so erfreulich. Alle Grenzen von Guinea an die Elfenbeinküste waren noch wegen Ebola geschlossen. Auch über Liberia konnte ich nicht einreisen. Wenn ich in die Elfenbeinküste wolle, müsste ich fliegen. Oder über Mali reisen. Das musste ich mir alles in Ruhe überlegen.

Caroline hatte ein paar Tage frei. Ich begleitete sie zu ihrer ersten Fahrradtour allein außerhalb der Stadt. Durch ihre Fahrten zur Arbeit war sie an den Verkehr gewöhnt. Nur ihr Fahrrad war den Herausforderungen nicht gewachsen. Immer wieder fiel ein Pedal ab. Nach 20 Kilometern fanden wir einen erstaunlich kompetenten Fahrradmechaniker, der sogar ein neues Tretlager auftreiben konnte. Als es dann so aussah, als ob alles jetzt ok wäre, drehte ich wieder um. Für Caroline wurde es jetzt wirklich wunderschön. Sie konnte in der schönen, grünen, bergigen Landschaft weiterfahren – ich kehrte in den Tumult von Conakry zurück.

In Conakry bezog ich mein zweites Domizil bei Comê von „Warm Showers", einer Übernachtungs-Plattform für Radfahrer. Es war immer noch keine Kreditkarte da. Ich gab auf, ließ die neue Kreditkarte sperren, beantragte eine neue, die ich dann per DHL Express nach – ja, wohin nun? – schicken lassen wollte.Die Entscheidung vertagte ich, da ich am Wochenende wieder eine prima Ablenkung hatte. Zuerst regnete es endlich mal wie aus Kübeln. Am Sonntag sah es viel besser aus, und Comê nahm mich in einem Boot mit zum Fischen. Das erste Mal, dass ich dazu kam, im Meer zu schwimmen. Am Montag war ich dann wieder in der Botschaft der Elfenbeinküste. Es bestand noch eine Chance, mit einem „Laissez passer"-Schein durch die Grenzen zu kommen. Nein, wurde nicht genehmigt.

Markt am Rande von Conakry

„Und wenn ich hier ein Visum bekomme und über Mali einreise?“ Das würde mir den Weg zur Hauptstadt von Mali, Bamako, sparen. – „Wenn sie an der Grenze sehen, dass das Visum in Guinea ausgestellt wurde, könnten Sie auch Probleme bekommen.“ – „Aber sie können doch auch sehen, dass ich ein Visum von Guinea im Pass habe – und dann?“ Daraufhin zuckte er nur mit den Schultern. Somit war für mich die Elfenbeinküste passé.

An Mali grenzen noch andere Länder, zum Beispiel Ghana. Auch in der Botschaft von Ghana war ich nicht sehr erfolgreich. Die Dame meinte, ich könne hier nur ein Visum bekommen, wenn ich in Guinea einen Wohnsitz hätte, außerdem bräuchte ich eine Einladung, außerdem noch dies und das … Das konnte ich (vorerst) auch vergessen.

Das Mali-Visum hingegen war kein Problem. Ich hatte das Gefühl, sie waren froh, dass überhaupt noch Touristen in ihr Land kamen. Als der Botschaftsangestellte sah, dass ich auch in Mauretanien gewesen war, meinte er, ich hätte doch auch schon von dort nach Mali kommen können. Ich meinte nur, dass ich nicht glaubte, dass dies derzeit sehr ratsam sei. Da könnte ich recht haben, erwiderte er nur. Nach vier Stunden hatte ich mein Visum. Endlich konnte ich meiner Bank Bescheid geben, dass meine Kreditkarte zum DHL Express Office nach Bamako geschickt werden sollte. Nach fast zwei

Wochen verließ ich Conakry wieder, ohne Kreditkarte und nur mit einem Visum für Mali. Wie es weiter ginge, würde sich in Bamako zeigen.

Die erste Strecke raus aus Conakry ging an Müllbergen vorbei. Die Abwasserkanäle wurden für die Regenzeit vorbereitet. Damit das Wasser dort auch Platz findet, wurde der ganze Unrat, der sich während der Trockenzeit dort ansammelte, entfernt. Wäre interessant zu wissen, was weiterhin mit ihm passierte – wahrscheinlich wurde er verbrannt. Dann kam aber das schönste Gebiet von Guinea, Fouta Djallon, die ersten richtige Berge seit Marokko. Es ging sehr steil bergauf. War ich in den zwei Wochen in Conakry, wo ich auch viel gefahren bin, aber ohne Gepäck, so unfit geworden? Das musste sich wieder ändern.

Die erste Nacht schlief ich bei einer Polizeistation auf der Veranda. An der Wand stand das„Vater unser“ auf Englisch. Sonntags ist hier die Sonntagsschule untergebracht. Es gab einige christliche Gemeinden in dem überwiegend moslemischen Land, was aber keinerlei Probleme verursacht.
Je höher ich kam, desto angenehmer wurde die Temperatur. Vor allem nachts war es angenehm kühl. Ich konnte wieder gut im Zelt schlafen. Zu essen fand ich am Straßenrand genug Mangos und Bananen, unglaublich, was hier alles wuchs. Ab und zu wurden auch hartgekochte Eier, Avocados und Brot angeboten.

Wenn ich in einem Gehöft einer Großfamilie zeltete, kam ich mir wie ein Clown oder Magier vor. Umzingelt von zwanzig bis dreißig Kindern, zauberte ich aus meiner Tasche mein kleines Haus, mein Zelt. Meistens zauberte ich mich selbst auch sehr früh weg. Auch wenn die Menschen lang nach mir schlafen gingen, am Morgen waren sie auch sehr früh wieder wach. Egal wo oder in welchem Land: In Afrika wird morgens als erstes der Hof gekehrt. Natürlich von Frauen. Spätestens von dem Geräusch wurde ich geweckt. Die moslemischen Männer gingen als erstes in die Moschee.

Es war kurz vor Ramadan. Als ob jeder noch vor dem Fastenmonat heiraten wollte, war eine Hochzeit nach der anderen. Ich kam gerade einen Berg hoch, da wurde ich von Frauen mit Gesang und Tanz empfangen. Sie waren auf dem Weg zu einer Trauung. Wie so oft hatten auch sie ein lebendiges Huhn dabei.

Der Abendhimmel im Fouta Djallon war gigantisch. Durch den knallroten Sonnenuntergang blitzten die Wetterleuchten aus verschiedenen Richtungen. Es wollte überhaupt nicht mehr aufhören. Obwohl es schon lange Regenzeit war, wurde ich davon weitgehend verschont. Höchstens nachts kam etwas runter. Erst vor Dabola erwischte es mich beinahe. Mitten in den Bergen wurde es auf einmal ganz schwarz. Die nächste Stadt war nur noch sieben Kilometer entfernt. Wer würde sie zuerst erreichen, ich oder das Gewitter? Mein Vorteil war, dass es den Berg hinunter ging. Mit den ersten Sturmböen, aber vor den ersten Tropfen erreichte ich die ersten Häuser und konnte mich gleich auf eine Veranda flüchten. Der Besitzer meinte, ich solle auch das Fahrrad hochstellen. Er musste gewusst haben, wie es hier in kürzester Zeit aussah. Der ganze Vorplatz war ein See. Plötzlich sah ich ein Kleinkind in den Fluten waten. Erschrocken rief ich, zeigte auf das Kind, war gerade dabei mich in die Fluten zu stürzen. Der Mann meinte nur seelenruhig „Das ist nicht meins.“ Ich konnte es nicht fassen. Aus dem Nachbarhaus kam die Mutter herausgestürzt und schnappte das Kind, das sofort einen Klaps auf den Hintern bekam. Nach diesem Unwetter fuhr ich nur noch in die Stadt in ein Hotel. Strom und fließend Wasser, was für ein Luxus.

Als der Ramadan anfing, war der sonst so betriebsame Markt auf einmal leer und verlassen. Wenigstens, wenn ich vorbei kam. Zur Fastenzeit wurde nur von fünf Uhr bis sieben Uhr verkauft. Da war ich zwar schon wach, aber noch nicht auf dem Markt. Wie war ich froh, als ich doch noch ein paar Abtrünnige sah, die den ganzen Tag am Wegesrand Mangos verkauften. Um zu essen und zu trinken, hatte ich mich irgendwo außerhalb des Ortes verzogen. Wenn ich allerdings gerade sehr durstig etwas zu trinken gekauft hatte, fragte ich, ob es etwas ausmachte, wenn ich gleich trinken würde. Egal ob Moslem oder nicht, es war immer ok. Dann hatte ich es langsam vergessen zu fragen, weil immer mehr das Fasten nicht einhielten. In manchen Dörfern fand auch der Markt zu normalen Zeiten statt. Frauen verkauften selbstgemachte Erdnussbutter. Paradiesisch. Für ein paar Cents konnte ich meine Dose auffüllen lassen.

Nach Dabola wurde es zwar ebener, der Teer hörte dafür aber auf. Die Straße wurde neu gemacht und es wurden, wie üblich, auf der fast fertigen Straße Barrikaden aufgestellt, die man als Zweiräder gut umfahren konnte.

Um Kankan zu umgehen, nahm ich nach Kouroussa eine Piste entlang des Nigers. Das war mit die beste Strecke in ganz Guinea. Auf dem festen Untergrund konnte ich sehr gut fahren und es gab so gut wie kaum Verkehr. Einmal kam mir ein Tanklastwagen entgegen. Anstatt wie üblich auf die Hupe und das Gas gleichzeitig zu drücken und viel Staub aufzuwirbeln, wurde er langsamer. Damit aber noch nicht genug der Rücksichtnahme: Der Fahrer hielt sogar an und gab mir fünf Beutel Wasser, 2,5 Liter. Da war ich baff, so was hatte es ja noch nie gegeben. Ich solle das Wasser auf dieser Strecke nicht trinken, es sei nicht gut – vielen Dank! Hier in der Gegend kamen kaum Touristen durch. Wenn ich auf dem Markt auftauchte, gab es gleich ein Singen und Tanzen, ein wahres Fest. Entlang des Nigers ist das Land sehr fruchtbar. Überhaupt jetzt nach den ersten Regenfällen war alles in einem strahlend hellen grün, fantastisch. Vom Fluss sah ich allerdings kaum etwas.

Bei der Einmündung der Piste in die Route National war wieder ein größeres Dorf. Verwahrloste Kinder spielten im Müll. Sie sprachen kein Wort Französisch, die Amtssprache, das, was man eigentlich in der Schule lernt. Ich fragte einen Jugendlichen, der mich in gutem Französisch ansprach, warum sie nicht zu Schule gingen. Sie sollten doch auch Französisch lernen – „Das sind doch nur Flüchtlingskinder!"

Es gab viele Hinweisschilder auf Grundschulen. Immer wieder wurde vermerkt, dass diese Schule in Kooperation mit Deutschland entstanden war. Ich weiß nicht, wie viele Schulen mit deutscher Hilfe gebaut wurden und werden. Aber wird darin auch unterrichtet? Vor allem in ländlichen Gebieten eher selten. Leider ist mit dem Schulbau nur ein kleiner Teil erledigt. Dürfen die Kinder in die Schule? Nicht nur bei Flüchtlingskindern ist das fraglich. Wie viele Kinder müssen daheim helfen oder Dinge auf der Straße verkaufen?

Die Straße kam dem Fluss sehr nahe. Es herrschte ein reges Treiben. Kleider und Körperwäsche – das Übliche. Bis Siguiri war der Verkehr noch wunderbar ruhig. Dann fingen auf einmal der Verkehr und das Chaos an. Es war so unglaublich, dass ich nicht in die Innenstadt wollte. Auf der Straße konnte ich schön darum herum fahren. Danach war es aber immer noch nicht besser. Keine gute Gegend um wild zu zelten. Ein Hotel kam aber auch nicht mehr. Meine Rettung war dann eine katholische Mission, Don Bosco.

Ich bekam ein Zimmer im Schwesternhaus und war so während des starken Gewitters und Sturmes gut aufgehoben.

Der stärkere Verkehr zog sich noch etwa 60 Kilometer hin, dann kam wieder eine Siedlung. Ob sie hier auch Flüchtlingslager hatten? Mir fiel ein, auch hier wird nach Gold geschürft. Es war wirklich keine angenehme Gegend. Schnell fuhr ich weiter und stand nach exakt sechs Wochen zum zweiten Mal mit sehr gemischten Gefühlen vor der Grenze zu Mali. Der Gedanke, keine Grenze mehr zwischen mir und Boko Haram zu haben, fand ich nicht sehr angenehm. Allerdings wurde mir versichert, im Süden sei es ungefährlich.

Mali: Die große Überraschung

Sechs Wochen später als bei meinem ersten Versuch, hatte es den Vorteil, dass nun Regenzeit war. Die Temperaturen waren wesentlich angenehmer und alles leuchtete fantastisch grün. Der Nachteil: Es war der Anfang von Ramadan. Bisher war es kein Problem gewesen, aber in Mali? Alle Reisende, die ich bisher getroffen hatte, waren problemlos durch Mali gekommen. Auch aktuellen Berichten zufolge sollte es südlich von Bamako, der Hauptstadt, nicht gefährlich sein. Also los – schließlich war ich schon durch andere, nicht ganz sichere Länder geradelt – und was war heutzutage schon noch ganz sicher.

Da die letzte Zeit in Guinea nicht sehr angenehm war, bin ich am Spätnachmittag noch über die Grenze, in der Hoffnung, dort etwas zum Übernachten zu finden. Die Grenzbeamte waren äußerst freundlich, nicht so wie beim letzten Mal. Diesmal hatte ich ja auch mein Visum. Einer sprach sogar Deutsch, das man im Gymnasium als Fremdsprache wählen kann. Auf meine Frage, wo ich hier zelten könnte, meinten sie, in acht Kilometer käme ein „Gesundheits-Checkpoint". Dort könne ich mein Zelt aufstellen. Das passte.

Im Vergleich zu Guinea war Mali traumhaft. Leere Straßen, alles ruhig und grün, nur Vögel zwitscherten und natürlich war um diese Zeit wieder schönstes Abendlicht. Es war erstaunlich, wie sich das Aussehen der Leute verändert hatte. Ich sah wieder sehr großgewachsene Menschen wie im Senegal, Tuaregs mit ihren blauen Tüchern, Leute mit Rasta-Zöpfen, nur keine Weißen.

Der Gesundheits-Checkpoint war nicht zu übersehen. Wahrscheinlich war hier mehr los, als Ebola noch eine richtige Gefahr war. Jetzt hatte der Pfleger nicht mehr viel zu tun. Mein Zelt durfte ich vor dem großen Unicef-Zelt aufstellen, das nicht benutzt wurde. Dass es direkt neben der Straße war, war mir hier egal. Es kam kaum mehr ein Auto. Auch die Leute, die hier wohnten, ließen mich in Ruhe, keiner kam und bettelte mich an. Auch hier kein „Donnez-moi …".

Mit Freuden stellte ich am nächsten Tag fest, dass der Markt in den Dörfern trotz des Ramadans ganz normal stattfand. Auch hier war nicht jeder Moslem. Sogar meine Erdnussbutter gab es. Außerdem Wasser, Mangos, Avocados und hartgekochte Eier. Auch hier musste ich nicht darben. Die Ausgelassenheit der Bevölkerung hatte mich die Gefahr im Lande bald vergessen lassen und ich genoss es immer mehr. Auf einmal wurde es sehr touristisch, wie es seit Senegal nicht mehr der Fall war. In Sibi gab es massenweise Unterkünfte, Hotels und Tour-Agenturen. Der Grund konnte sich auch sehen lassen: Die schönsten Felsen, die spektakulärste Landschaft seit Marokko, die Monts Mandingues. Von der Straße aus sah man den Rand dieser Hochlandschaft. Durch die Erosion hatten sich aus dem roten Sandstein Spitzen und Klippen herausgebildet. Jeder Form wurde ein spezieller Mythos angedichtet.

Großes Zelt mit kleinem Zelt

In Sibi bekam ich meinen leckeren, erfrischenden Bissap-Saft wieder. Dieser Saft wird aus einer Art Hibiskus gewonnen. Eingefroren in kleine Plastiktütchen ist er der beste Durstlöscher. Trotz des Saftes und der vielen Herbergen hielt mich nichts in der Stadt. In meiner letzten Nacht vor Bamako wollte ich nochmals in dieser wunderbaren Umgebung wild zelten. Je später der Nachmittag, desto roter die Felsen. Schließlich fand ich ein fantastisches Plätzchen hinter Büschen am Fuße der Felsen zum Zelten. Später kam ein Jäger vorbei. Er war mehr erstaunt mich hier zu sehen als ich und lief schnell weiter.

Auf meinem Weg in die Hauptstadt war mir eine Hundertschaft von Infanteristen begegnet. Alle mit kugelsicherer Weste und einige mit Maschinengewehr. Auch Frauen waren darunter. Die Meisten der Soldaten waren guter Dinge und haben sich an den Früchten am Wegesrand erfrischt. Ein Zeichen, dass in diesem Land doch nicht alles so in Ordnung war.

Die Hauptstadt Bamako war eine große Überraschung! Von all den afrikanischen Hauptstädten bisher war es die sauberste, grünste und am wenigsten chaotische Stadt. So wie der Niger durch die Stadt floss, floss auch der Verkehr, zumindest in den meisten Straßen. Ich fragte mich, warum hier nicht das gleiche Chaos an jeder Kreuzung wäre, wie in Dakar und Conakry. Dann fiel es mir auf, es gab Ampeln! Die sogar funktionierten, denn es gab Strom! Anscheinend gab es auch hier Ausfälle, mir war aber nie etwas aufgefallen.

Ich wollte in das „Sleeping Camel“, der Treffpunkt für Reisende. Zum Glück hatte ich die Koordinaten dieser Unterkunft. Die Straße gleich hinter der Deutschen Botschaft fand ich sofort. Aber ich fand kein Schild, kein Zeichen, nichts. Da ich erst mit dem Manager per E-Mail Kontakt hatte, wusste ich, dass es irgendwo hier sein musste. Dann rief mich ein Wachmann zu sich und öffnete mir das Tor, durch das ich hinter die hohen Mauern kam. Da war es, das „Sleeping Camel“. Als Vorsichtsmaßnahme wurden sämtliche Hinweisschilder entfernt, dafür Wachposten aufgestellt. Zu Fuß kam man nur durch eine Schleuse rein. Der Wachposten außen rief den Wachposten innen an, der drückte einen Knopf, dass die äußere Tür aufging. Wenn die Person in der Schleuse war und die Außentür zu, wurde die Tür nach innen geöffnet. Sag mir noch einer, in diesem Land sei alles problemlos. Warum machte man wohl sonst diesen Aufwand?

Zur Mittagszeit und am Abend, überhaupt wenn ein Fußballspiel übertragen wurde, war das Restaurant am „Sleeping Camel" voll. Dieses Hostel war bei allen Europäern, die hier lebten, sehr beliebt. Es wäre ein gutes Ziel für einen Anschlag gewesen, mit der Deutschen Botschaft gleich daneben, die wie ein Hochsicherheitstrakt mit Nato-Zaun gesichert war. Auf den Außenseiten der Botschaft sind überall „Fotografieren verboten"-Schilder angebracht.

Fünf Tage war ich wieder auf „Botschafts-Tour", um meine Visa einzusammeln. Und natürlich beim DHL-Büro wegen meiner Kreditkarte. Noch bevor ich in Bamako angekommen war, bekam ich eine Nachricht, dass ich Post abholen konnte. Gleich am Montagmorgen bekam ich den PIN-Code für die neue Kreditkarte. Daraufhin schickte die Bank die Kreditkarte los. Am Mittwoch morgen war die Karte da. Wow! Und ich hatte zwei Wochen in Conakry auf die Karte gewartet, die bis heute nicht angekommen ist.

Das Burkina-Faso-Visum war kein Problem. Das hatte ich in ein paar Stunden. Der Besuch der Botschaft von Ghana war hier viel angenehmer als in Conakry. Man ließ mit sich reden. Normalerweise bekam man nur im Land des Wohnsitzes das Visum. Da ich aber schon vor sechs Monaten aus Deutschland abgereist war und man frühestens drei Monate, bevor man in das Land reiste, das Visum bekam, war es mir nicht möglich, es in Deutschland zu besorgen. Eine Einladung von einer Organisation in Ghana hatte ich mir inzwischen besorgt. Dann musste ich nur noch einen handschriftlichen Brief abgeben, in dem ich nochmals erklärte, warum ich das Visum möchte. Mit vier Kopien des Formulars, jede mit Passfoto, gab ich den Antrag ab. Das Letzte, was man in so einer Situation tun sollte, ist sich beklagen oder jammern, egal wie lange es dauerte oder wie umständlich die Prozedur war. Es erstaunt mich immer wieder selbst, wie ich auf einmal nett und freundlich sein konnte, wenn es darauf ankam. Am nächsten Tag konnte ich mein Visum abholen. Das war mir schon Glückes genug, zwei Visa und eine neue Kreditkarte. Dann meinte Reuben, der einzige Reisende im Hostel außer mir – mit Motorrad unterwegs – er gehe noch zu den Nigerianern. Hier sollte man anscheinend am besten das Visum bekommen. Da bin ich doch glatt mit, füllte den Antrag auch aus und bekam auch das Visum. Bamako war somit das volle Erfolgserlebnis. Am Samstagvormittag konnte ich die Stadt Richtung Süden verlassen.

Der Norden, das Dogon-Land, hätte mich auch interessiert, nur mutete ich meinen Schutzengeln schon genug zu. Lieber auf dem schnellsten Wege nach Burkina Faso, vorbei an endlich wieder vollen Flüssen. Tier und Mensch freuten sich sehr. In Bamako hatte ich zwei harmlose Regenschauer abbekommen. Später schien wieder die Sonne. Die Straßen waren fantastisch, der Verkehr erträglich, die Temperaturen einfach ideal zum Radfahren.

Jetzt, wo ich eine neue Kreditkarte hatte und drei wertvolle Visa im Reisepass, machte ich mir Sorgen, dass sie mir gestohlen werden könnten. Das wäre sehr ärgerlich gewesen. So vor mich hin sinnierend, wie ich meine Schätze verstecken könnte, kam auf einmal ein junger Mann hinter mir her gerannt und brachte mir meine Sonnenbrille. Die hatte ich wohl irgendwo liegen gelassen. Und ich machte mir Gedanken, dass mir etwas gestohlen werden könnte ...

Nach Bougouri kam eine Mautstelle. Danach waren fast nur noch Mopeds und Radfahrer unterwegs, zwei, drei Reisebusse und natürlich die riesigen Jeeps der Hilfsorganisationen, allen voran die der UN, die mit Höchstgeschwindigkeit durch die Dörfer düsten.

Abends steuerte ich gerne ein „Centre de Sante“, ein kleines Krankenhaus, an. Hinter den Mauern fühlte ich mich sicher, hatte ein Dach, unter dem ich mein Zelt aufstellen konnte, und falls ich morgens mit Malaria aufgewacht wäre, wäre ich gleich in den besten Händen gewesen. Es hat allerdings nicht geregnet und ich blieb gesund. Der Arzt, meist war es nur ein einziger, schien 24/7 „Dienst“ zu haben. Die Ärzte in den Krankenhäusern waren immer zur Stelle, auch wenn nachts das Telefon klingelte. Bei einem Centre wohnte die Ärztin nebenan und verkaufte, nachdem das Krankenhaus offiziell geschlossen hatte, Essen vor ihrem Haus. Morgens vor sechs Uhr stand sie auf einmal im Unterrock da, um den ersten Notfall-Patienten zu versorgen. Am Abend zuvor meinte sie, sie beginne um acht Uhr.

Je weiter es Richtung Osten ging, desto hügeliger wurde es. Zwischen den größeren Städten gab es sogar dichteren Verkehr. Dank des Rückenwindes kam ich gut voran. Es war einfach fantastisch, ich fand ruhige schattige Plätzchen für eine Pause. Ab und zu schaute jemand vorbei, ging dann aber auch wieder. Es gab auch viele Radfahrer, auch Frauen in ihren langen, bunten Kleidern. Sie machten sich keine Gedanken über Fahrradkindersitz vorn oder hinten, oder Anhänger. Das Kleine wurde einfach, wie üblich, ins Tuch auf den Rücken gewickelt und los. Dann traf ich meinen ersten Reiseradler seit Marokko: Adil aus Marokko, der wahre „Abenteuer-Radler“. Allerdings war er gerade von Malaria geschwächt. Er wollte über Niger in den Tschad. Da ließ ich ihn doch lieber allein fahren. Bevor es zur letzten Etappe in Mali ging, machte ich in Sikasso einen halben Tag Pause und gönnte mir mal wieder ein Hotelzimmer. Eine Dusche war vonöten und ich genoss es, mal wieder in einem kühlen Raum zu schlafen. Bis zur Grenze blieb es weiterhin hügelig und grün, wie gehabt, nur kam der Verkehr total zum Erliegen.

Die Jahreszeit, Anfang der Regenzeit, im Juni, war optimal. Es war nicht mehr so heiß und alles so schön grün. Mali könnte ein fantastisches Radreiseland sein. Zur Zeit möchte ich lieber nicht direkt dazu raten.

Burkina Faso

An der Grenze tat es mir richtig leid, nicht länger in Mali geblieben zu sein. Ich hatte eine sehr schöne Zeit.

Zuerst einmal wurde ich von den Grenzbeamten in Burkina Faso gescholten, dass ich nicht den Pfad zu ihnen genommen hatte, sondern den direkten Weg. Oh je, das fing ja gut an. Später verlangte die Polizei, dass ich ihnen das „Carnete Gris“, die Fahrzeugpapiere für mein Fahrrad, zeige. Nach einiger Diskussion, dass es so etwas bei uns nicht gab, mein Fahrrad hat ja auch kein Nummernschild oder Motor, ließ er mich weiter ziehen. Als ich dann noch von zwei Jugendlichen angemacht wurde, als ich einfach in Ruhe Pause machen wollte, hätte ich am liebsten sofort das Land wieder verlassen. Ich war froh, dass ich nur eine kurze Strecke zur Grenze nach Ghana fahren musste. Trotzdem, ein kleiner Schlenker musste sein. Nachdem ich in Mali schön brav auf der „Route National“, auf den geteerten Straßen, blieb, bog ich jetzt auf eine Piste ab. Immer, wenn ich Erde unter den Reifen hatte, ging es mir auf einmal viel besser, wenigstens auf den ersten Kilometern. Wahrscheinlich, weil es dann noch weniger Verkehr gab und ich mich mehr auf den Weg konzentrieren musste … egal, meine Laune stieg um einige Grade. In Mali hatte es so ausgesehen, als ob die Mango-Saison langsam vorbei wäre. Hier gab es noch einige. Sie wurden allerdings noch grün geerntet und abtransportiert, waren deswegen nicht so lecker. Am Wegesrand lagen einige Überreste. Sie waren zwar nicht mehr grün, trotzdem nicht gerade für den Verzehr geeignet.

Landschaftlich war es so schön, dass ich voll Euphorie, trotz GPS, von meinem Weg abkam. Auf den schmalen Pfaden war noch gut zu fahren, nur kam ich über Felder und Gehöfte, wo wahrscheinlich noch keine Weiße durchgekommen waren. Hier sprach kaum mehr jemand Französisch. Immerhin konnte man in jedem Dorf wenigstens eine Person auftreiben, die mit mir kommunizieren konnte.

Der offizielle Straße später war schlimmer. Auf dem sehr unwegsamen Weg, auf dem nur Radfahrer oder Mopeds unterwegs waren, kam auf einmal ein Lastwagen herauf. Ganz erstaunt zog ich meine Kamera heraus und fotografierte das Geschehen. Der Lastwagen war noch weit weg, keine Person war zu erkennen. Auf einmal sprang ein junger Mann herum, schrie mich total aggressiv an, ich solle das Foto sofort löschen. Ich hatte schon Angst, er zerschmetterte mir die Kamera. Zum Glück werde ich in solchen Momenten auch wütend. Auch ich kann sehr laut schreien. Er ließ dann von mir ab und ich blieb mit pochendem Herzen stehen. So etwas ist mir seit Senegal nicht mehr passiert. Wie viele liegengebliebene Lastwagen habe ich in den anderen Ländern fotografieren dürfen. Deswegen fragte ich auch schon nicht mehr nach. Es sah so aus, als wäre dieses Burkina Faso nichts für mich.

Langsam wäre ich froh gewesen, wenn der Teer wieder anfangen würde. Es sah stark nach Regen aus und ich wollte nicht im Matsch und Schlamm enden. Da ich weder über mein GPS noch über die Landkarte herausfinden konnte, wann der feste Boden wieder anfing, musste ich mich einfach überraschen lassen. Und die Überraschung kam erstaunlich bald, gerade noch vor dem Regen. Exakt 50 Kilometer vor dem nächsten größeren Ort, Bonfora. Warum gerade hier, war mir auch gleich klar. Noch eine Kurve und ich stand vor den „Aiguille de Sindou“ – die nächste Überraschung. Das kam davon, wenn man einfach so ins Blaue fuhr. Auf meiner Karte sah ich, dass es in dieser Gegend mehrere Touristenattraktionen gab. Aber wusste ich, was „Aiguilles“ sind? So gut ist mein Französisch nicht. Wie spitze, meterhohe Nadeln stachen die Felsen hervor. Fast noch imposanter, als die Felsformationen in Mali. Dieser Schlenker hatte sich durchaus gelohnt.

Wie an jedem Touristenort gab es auch in dieser Gegend nicht nur geteerte Straßen, sondern auch genügend Touristenunterkünfte. Ich blieb am „Campement Kegnigohi“, am Lac Tengrela. Es war einer der seltenen Fälle, wo ich auch ein Abendessen bestellte. Es waren zwar nur Spagetti mit Tomatensoße, aber meinem Magen hatte es überhaupt nicht gefallen. In den frühen Morgenstunden fing er an zu rebellieren. Nähere Beschreibung kann ich mir hier ersparen. Es wird jeder schon einmal mitgemacht haben. Trotzdem fuhr ich weiter. Der Gedanke, in einem Land krank zu werden, in dem es mir nicht so gefällt, fand ich nicht sehr angenehm. Ich steuerte direkt Bobo-Dioulasso, eine größere Stadt, an, begab mich dort direkt in eine Auberge und wollte mich nur noch auskurieren. Auf Medikamente wollte ich vorerst verzichten. Normalerweise bekam ich so etwas auch so wieder in den Griff. Der Mann von der „Auberge Awadi“ war sehr hilfreich. Zuerst bekam ich ein großes Glas Coca-Cola. Das hilft ja meistens schon mal. Da ich nur wenige Tage in Burkina Faso war, hatte ich mir nicht extra eine SIM-Karte gekauft, hatte somit auch kein Internet. Da es in der Auberge auch kein Wi-Fi gab, hat er mich kurz ins Internetcafé gefahren – vielleicht sollte ich mein Urteil über das Land und die Leute nochmals überdenken.

In der Nacht gab es ein richtiges Donnerwetter, es hatte furchtbar geregnet und gestürmt. Am nächsten Tag war alles wieder vorbei. Die Luft war jetzt sehr angenehm frisch. Guter Schlaf war, neben Radfahren, die beste Therapie. Mit neuen Kräften und mit Rückenwind ging es schnell weiter. Nach der Abzweigung zur Grenze in Hamile kam auch der Verkehr zum Erliegen. Es waren hauptsächlich nur noch Radfahrer auf der Straße. Landschaftlich hat sich seit Mali kaum etwas geändert. Immer noch das ständige Auf und Ab durch die grüne Buschlandschaft. Auf einmal tauchte wieder einer der Siedlungen auf. Mittlerweile erkenne ich sie schon von Weitem, Goldgräber! Das hieß, um einen Platz zum Zelten zu finden, wollte ich lieber noch ein paar Kilometer fahren. Es war dann gar nicht mehr so weit. Wieder saß ein älterer Moslem vor seinem Dorf. Ich sagte mein Sprüchlein auf: Mein Name, was ich mache, dass ich einen Platz zum Zelten suche – und durfte bleiben. In der Nähe war ein Brunnen. Frauen und Mädchen kamen auf ihren Fahrrädern mit drei bis vier von den großen Kanistern, um Wasser zu holen. Unglaublich, was sie transportierten.

In dem Dorf standen kleine, runde Hütten auf Stelzen. Neugierig, was das sein könnte, lief ich darum herum und suchte einen Eingang. Da war aber nichts. Komisch. Ein netter junger Mann, der sehr gut französisch konnte, meinte, die Hütten wären zum Trocknen von „Mille". Er griff in eine Öffnung unter dem Dach und zog ein Kraut hervor. Es war so ähnlich wie Johanniskraut, nur nicht gelb, sondern eher lila. Drei bis vier Jahre wird es darin getrocknet. Ich bin immer wieder erstaunt, wie viel Wissen und Techniken die Menschen haben.

Obwohl es Sonntag war, stand der junge Mann schon kurz nach sechs Uhr vor mir und wollte sich verabschieden. Er müsse arbeiten gehen. „Was?" – „Auf dem Feld." Sie bauen hier Erdnüsse, Mais, Bohnen und sogar Baumwolle an. Ich ließ mir noch etwas Zeit und fuhr dann auch los.

Die Straße wurde in Richtung Grenze zu Ghana schlechter. Dafür waren jetzt nur noch Radfahrer unterwegs. Es wurde wieder sehr heiß. Dank des Rückenwindes kam ich gut vorwärts. Das würde sich ab morgen ändern. In Ghana ging es nur noch nach Süden.

Die Bekleidung der Leute änderte sich in zwei Richtungen. Auf dem Land war man wieder sehr traditionell gekleidet. Frauen unten herum nur mit Tuch, oben ohne, die kleinen Mädchen nackt mit einer leuchtend grünen Perlenkette um die Hüfte, die Jungs nichts. Die andere Richtung war total entgegengesetzt. Auf einmal hatten die Frauen auch Jeans und T-Shirts an. Die Haare waren geglättet, langgezogen und gefärbt. Jedenfalls sehr gewöhnungsbedürftig.

Mittlerweile hatte ich richtig gefallen an dem Land und den Leuten gefunden und wollte nochmals eine Nacht hier verbringen. Dank des Rückenwindes stand ich viel schneller als erwartet an der Grenze. Also weiter zu meinem neunten afrikanischen Land.

Ghana: Das andere Afrika!

Der erste Unterschied zu den bisherigen Ländern: die Amtssprache in Ghana ist Englisch, für mich ein großer Vorteil. Der zweite große Unterschied: Ghana ist überwiegend christlich. Ghana sei ein äußerst problemloses Land, wie sogar das Auswärtige Amt meinte.

Ich kam am Abend in Ghana an. Eine Frau hatte an der Grenze Dienst. Sie war so begeistert von mir, dass sie sofort meinte, ich könne doch bei ihnen im Garten zelten. Wie praktisch. Sogar eine Dusche („Eimerdusche") und Toilette konnte ich benutzen. Auch ein britisches Erbe: hier gab es wieder richtige Sitztoiletten. Das Land machte einen sehr fortschrittlichen Eindruck. Selbst in diesem hinteren Eck gab es Strom. Allerdings war die Straße die ersten 46 Kilometer nicht geteert. Dafür gab es schöne Wegweiser, sogar mit Kilometerangaben, in Afrika eine wahre Rarität. Und es gab Mülleimer und Müllabfuhr! Auch ein seltener Anblick. Es lag bei Weitem nicht mehr so viel Abfall herum. Leider hatten sie auch das Brot wie die Briten, das fast die gleiche Konsistenz wie die Schaumstoffmatratzen hatte. Mit den Mangos war nun auch Schluss. Durch sechs Länder hatten mich die Frauen am Wegesrand begleitet, die die süßen und saftigen Früchte verkauften. Wie werde ich sie und die Mangos vermissen.

An einer katholischen Kirche konnte ich mein Zelt aufstellen. Hier wohnten Gott und Allah Tür an Tür in Frieden und Eintracht. Der Islam war im Norden noch stark verbreitet.

Ich wollte einen Schlenker zum Bui-Nationalpark machen. Wohlweislich informierte ich mich vorher, was mich dort erwarten würde und erfuhr, eigentlich nichts mehr. Wegen der Staumauer am Schwarzen Volta wurde der ganze Ort Bui, der Übernachtungsmöglichkeiten geboten hätte, überschwemmt. Von dem Nationalpark ist in dieser Region kaum etwas übrig. Alle Tiere sind in den Norden geflüchtet, man sieht sie kaum mehr. Ein netter junger Mann, der mich an seiner Tankstelle übernachten ließ, war sehr erstaunt, dass ich so viele Informationen über den Park hatte. Dass ich das so einfach im Internet nachschauen konnte, wusste er nicht. Woher auch. In Bole fand ich ein nettes, ruhiges Guesthouse und blieb gleich zwei Nächte.

Mir ging es immer noch nicht sonderlich gut. Die Magen-Darm-Geschichte aus Burkina Faso hatte ich immer noch. Das zehrte mittlerweile ganz schön an meiner Energie. Ich nehme nur im Notfall Medikamente. Immodium wollte ich ganz vermeiden. Es gab hier kaum Apotheken, sondern nur „Over the counter"-Läden, wo es Medikamente gab, für die man keine Rezepte brauchte. Dort bekam ich ein Mittel, das wahrscheinlich schlimmer als Immodium war. Nachdem ich drei Tabletten genommen hatte, verschenkte ich die Packung. Ich fühlte mich nicht gerade besser.

Weiter ging es bergauf, bergab, wie ich es seit Mali kannte. Nur hier mit Gegenwind. Ab und zu tauchte ein bunter Vogel am Wegesrand auf. Auf den langen Strecken die einzig wahre Abwechslung. Als ein Krankenhaus auftauchte, ließ ich mich gleich untersuchen. Hier konnte man fast überall einen Malaria-Test machen lassen. Der war zum Glück negativ. Blutdruck und Puls waren auch ok. Dann konnte es ja nicht so schlimm sein. Ich bekam ein paar Medikamente und sollte mir Elektrolyte in der Apotheke holte.

Am Abend wollte ich an einer Entbindungsstation zelten. Die Hebamme lud mich aber in ihr Haus nebenan ein. Sie war dabei die Station aufzubauen, aber sie bekam kaum etwas vom Staat. Sie hatten keinen Rollstuhl und keinen Untersuchungstisch. Wenigstens haben wir jetzt Wasser, meinte sie.

Über Techiman fuhr ich nach Kumasi, wo ich die Bamboo-Bikes-Organisation besuchen wollte. Ich war gespannt, wann ich das erste Bambus-Fahrrad sehen würde. Irgendwann gab ich auf. Ich sah nicht einmal „normale" Fahrräder. Der Verkehr war eine einzige Katastrophe. Die Autofahrer reagierten sehr aggressiv, wenn ich auftauchte. Einer schrie mich an, ich sei hier in Ghana, da mache man so etwas nicht. Auf dem Weg zum Büro von Bamboo-Bikes-Organisation blieb ich im Verkehr stecken. Genervt drehte ich um. Etwas außerhalb der Stadt bekam ich in einem Studentenwohnheim ein leeres Zimmer. Ich traf eine Deutsche, die hier an der Uni arbeitete oder arbeiten sollte. Sie konnte kaum etwas machen, weil alles Material fehlte, nicht einmal Pipetten hätten sie. Sie waren in einer der Goldgräber-Siedlungen und hatten Proben genommen. Das ganze Gebiet war mit Quecksilber verseucht. Und dort spielten Kinder!

Per E-Mail hatte ich erfahren, dass die Leute mit den Bamboo-Bikes gar nicht in Kumasi Fahrrad fuhren, auch die Werkstatt sei woanders. Nur das Büro war in Kumasi. So war ich um eine Erfahrung reicher. Mich hielt hier nichts mehr und ich fuhr gleich am nächsten Tag weiter. Endlich hörte das ewige Auf und Ab auf und ich konnte einen richtigen Hügel erklimmen. Das bot dann wenigstens ein bisschen Aussicht auf die Gegend mit den Obstplantagen. In den anderen Ländern wuchsen die Mango- und Chashew-Bäume auf freier Wildbahn. Mir war es immer unklar, wem sie gehörten und wer ernten durfte. Es sah so aus, als ob jeder sich bedienen konnte. In Ghana gibt es klare Hinweise. Mangos wuchsen in fein säuberlichen Plantagen und überall waren Schilder: „Keep off". Die Ölbaumplantagen nahmen auch hier immer mehr zu. Meist war es allerdings noch die ursprüngliche Art des Anbaus und der Verarbeitung. Es wurde eine rötliche, scharfe Soße daraus gemacht. Unglaublich, was das für ein Aufwand war.

In einem Dorf suchte ich einen Platz zum Zelten. Eine Frau meinte, ich solle zum „assembly man". Das Problem war, kaum jemand wusste, wer der „assembly man" war. Schließlich wurde ich zum Vorstand der Pfingstgemeinde gebracht. Er war jung, wohnte mit der Großfamilie in einem Compound, wie es hier üblich ist. Auch sein Traum ist Deutschland. Er möchte dort studieren, wusste aber nicht, dass man in Deutschland deutsch spricht.

Die Straße zu dem Dorf war nicht geteert. Es standen Wahlen an. Die größte Forderung war, dass die Straße endlich gerichtet wird. Die Menschen kamen sich sehr vernachlässigt vor. Ich war erstaunt, dass sie hier Strom hatten. Selten sah ich entlang einer unbefestigten Straße Stromleitungen. Strom gab es bisher nur in den Großstädten.

Auch hier war meine Befürchtung, dass es regnen würde und ich im Schlamm stecken bliebe. Es hatte dann tatsächlich geregnet, aber ich bin nicht stecken geblieben. Dazu war es zu sandig. Dafür haben sich große Pfützen gebildet. Ich habe gleich ganze Arbeit geleistet: Ich bin mitten in eine Pfütze gefallen. Meine Kleidung und meine Packtaschen waren auf einer Seite sofort dreckig und durchweicht. Bei der Hitze war alles bald wieder trocken. Den Dreck konnte ich größtenteils abbürsten. Wäschewaschen war immer ein Problem. Ich wusste nicht, wann ich mal wieder dazu kommen würde.

Nur ein Teil einer typischen Großfamilie

Mittlerweile war ich schon fast sieben Monate unterwegs und war ganz schön weit gekommen. Die Leute konnten sich kaum vorstellen, dass ich von Deutschland bis hierher, Ghana, mit dem Fahrrad fuhr. Das verschaffte mir Respekt und einige Privilegien. Wie zum Beispiel im Kakum-Nationalpark. Es war so schön und ruhig, dass ich unbedingt hier zelten wollte. Als die Wärter hörten, woher ich komme, zeigten sie mir sofort einen Platz, wo ich mein Zelt aufschlagen konnte. Dass man von Deutschland nach Ghana mit dem Fahrrad fahren kann, übersteigt das Vorstellungsvermögen der meisten. Das erste Mal seit Langem konnte ich auf saftigem, grünen Gras schlafen, allein mit all den Tieren um mich herum. Um sechs Uhr morgens kam schon der erste Vogelbeobachter, ein älterer Brite, mit Kameras und Stativen bewaffnet und drei Guides um ihn herum. Es wurde Zeit, meinen schönen Schlafplatz wieder zu verlassen.

Meine letzten Kilometer vor der Küste. Schon vor Elmina war ich sehr begeistert, wie viele Radfahrer es auf einmal gab. Auch die Stadt übertraf all meine Erwartungen, eine der schönsten Städte Afrikas bis jetzt. Der Strand war erstaunlich sauber, die Altstadt war voll von bunten Häusern und Fischerbooten. Und dann natürlich auch das wunderschön gelegene, malerische Fort São Jorge da Mina, von den Portugiesen gegründet.

Ich war bei Nana eingeladen. Er ist Gründer von „Action for Compassion“. Es geht ihm nicht um ein reicheres Afrika, sondern um ein glücklicheres. Allen Kindern soll es ermöglicht werden, in die Schule zu gehen. Neben dem Unterricht werden zusätzliche Kurse angeboten, in denen sie sowohl Sport treiben als auch traditionelles Handwerk wie Weben oder Einbaumbauen erlernen konnten. Ich war total begeistert, wie viel sie schon mit sehr wenig Geld erreicht hatten.

Rechtzeitig zum Elmina-Festival kam ich in die Stadt. Das war wieder so ein absoluter Glücksfall bei meinem doch eher planlosen Reisen. Vorher hatte ich noch nie von diesem Festival gehört, geschweige denn, dass es gerade jetzt stattfand. Es dauert mehrere Tage und startete mit einem Bootsrennen, gefolgt von verschiedenen anderen Aktivitäten. Das absolute Highlight war der Samstag. Häuptlinge verschiedener Stämme in Ghana waren geladen. In einer langen Prozession wurden sie auf Sänften zuerst durch den Ort und dann auf den Hügel neben dem Fort getragen. Auch Frauen waren unter den Häuptlingen und sogar ein Weißer. Am Schluss kam noch der Präsident von Ghana. Ihn habe ich allerdings nicht gesehen, nur die unzähligen schwarzen Limousinen, das immense Polizei- und Militäraufgebot und den Vizepräsidenten. In Anbetracht des Spektakels blieb es relativ ruhig, es waren nicht allzu viele Leute und es gab kein Gedränge. Als dann nur noch Reden gehalten wurden, eine Laudatio an der anderen, zog ich mich in eine Bar auf die Burg zurück und genoss die tolle Atmosphäre. Beim Beobachten der Menschen fiel mir auf, dass fast alle Mädchen ab dem sechsten Lebensjahr kurzgeschorene Haare hatten. In den Schulen dürfen sie keine Frisuren haben. Ich fand das schade, denn sie sind in Sachen Frisur sehr kreativ, wie man an den fantasievollen Frisuren aus Zöpfen bei den Jüngeren sehen konnte.

Am Sonntag hieß es dann für mich wieder Abschied nehmen. Auf mich wartete ein längerer, Visa-bedingter Aufenthalt in Accra. Die Strecke entlang des Meeres nach Cape Coast war die schönste seit Langem. Vor der Stadt war es noch relativ eben und auf der Seitenstraße nicht allzu viel Verkehr. Neben mir war direkt der Sandstrand mit Palmen. In der Stadt ging es steil den Berg hoch. Ein Mädchen von etwa 14 Jahren stand am Straßenrand und fragte mich mit einem verständnislosem Blick „Why are you doing this?“, Warum machen Sie das? Ich musste so lachen, ich konnte kaum mehr weiterfahren.

Man muss einfach selbst fahren, um es verstehen zu können. Wenn ich nur nicht immer von den Autofahrern auf den Seitenstreifen gedrängt worden wäre. Dort lag der ganze Schrott und Abfall von den Autos und Lastwagen herum. Wegen der scharfen Teilen und spitzen Drähten hatte ich in Ghana so viele Platten wie selten. Eines Mittags machte es auf einmal „Peng“ und ich kam kaum mehr vorwärts. Ein Nagel steckte quer in meinem Reifen und streifte an dem Bremsblock. So etwas hatte ich wirklich noch nie.

Nach meinen Erfahrungen mit dem Verkehr in Kumasi hatte ich keine große Lust auf Accra. Zum Glück erwies sich die Hauptstadt als wesentlich fahrradfreundlicher als die Stadt der Bamboo-Bikes. Etwas außerhalb fand ich ein Hostel, wo ich sogar zelten durfte. Es war fantastisch und ruhig. Es gab eine Küche, wo ich kochen konnte und einen Innenhof mit großen Tischen. Die meisten Jugendlichen, die hier wohnten, waren Studenten aus aller Welt, die für eine Doktorarbeit Projekte durchführten, meist mit biologischem Bezug. Jeden Tag raste ich durch die Stadt von Botschaft zu Botschaft. Zuerst zur angolanischen. Ich hatte erfahren, dass andere Radreisende Probleme hatten, das Visum für Angola zu bekommen. Deswegen rechnete ich mit einem Aufenthalt von zwei Wochen in der Stadt. Mein erstes Gespräch mit der Dame war jedoch sehr positiv. Ich brauchte keine Einladung in das Land, sondern nur einen Brief an die Botschaft, in dem stand, warum ich nach Angola möchte, mit einer Wegbeschreibung, einer Hotelreservierung und 160 US-Dollar! Mittwochs gab ich den Antrag mit allen Papieren ab. In der folgenden Woche, Dienstag oder Mittwoch, sollte ich Bescheid bekommen, wann das Visum fertig sei. Welch Freude, ich dachte, es würde viel länger dauern. Nun hatte ich so etwas wie Urlaub. Ich konnte mir die Stadt anschauen, Blog schreiben, halt das Übliche. Dann kam es aber doch wieder anders! Der Anruf, ich könne mein Visum abholen, kam schon am Freitag. Das ging mir ja fast zu schnell! Ich hatte eine lange Liste, was ich noch tun wollte.

Am Wochenende konnte ich einiges erledigen und mir vor allem Accra anschauen. Auffallend war die Vielzahl unterschiedlicher christlicher Kirchen. In Accra waren es meistens die Pfingstgemeinden. Diese waren wieder in verschiedene kleine Gemeinden aufgeteilt, hunderte davon allein in Accra. Anstatt einer großen Kirche gab es eine Vielzahl von kleinen Kirchen. Die Moslems hatten größere, imposantere Bauwerke, obwohl sie in Accra die

Minderheiten bildeten. Natürlich waren auch viele Monumente und Parks in der Hauptstadt zu sehen. 1957 wurde sie schon unabhängig. Leider war Fotografieren an vielen Plätzen verboten. Einen Strand gab es auch. Der lud aber nicht zum Baden ein. Abgesehen davon, dass der Atlantik sehr kalt war und das Wetter auch nicht gerade sonnig, war der Strand einfach viel zu verschmutzt. Zum Schwimmen ging man vor die Tore der Stadt.

Mein Visum von Benin bekam ich gleich am selben Tag, am Montag, und konnte Dienstag, viel früher als erwartet, Accra wieder verlassen. Richtung Togo kamen noch einige sehr schöne Strände. Die einzige Stadt auf der Strecke war Keta. Hier standen noch die alten Häuser der Dänen und das Fort Prinzenstein. Nur kurze Zeit war das Fort Sammelstätte für Sklaven. Dänemark war das erste Land, das 1803 den Sklavenhandel verbot. Leider waren die schönen alten Häuser in einem sehr maroden Zustand. Geteerte Straßen waren auch kaum mehr vorhanden. Danach hörte die Zivilisation wieder fast auf. Die Straße verlief auf einer schmalen Landzunge zwischen Lagune und dem Meer. Es gab kaum mehr festen Boden unter den Füßen. Überall, wo noch ein Plätzchen frei war, befand sich ein Grab. Sehr merkwürdig. Manchmal waren die Gräber so dicht aneinander und so vernachlässigt, dass sie wie ein Müllhaufen aussahen.

Ein Zeichen, dass ein Mädchen in die Schule geht: sehr kurze Haare

Nördlich von Keta, nur wenige Kilometer vor Togo, wurde ich von einem jungen Lehrer eingeladen. Bevor ich am nächsten Tag weiter fuhr, zeigte er mir die Schule. Schon vor sieben Uhr waren einige Kinder da. Die einen kehrten den sandigen Schulhof, die anderen konnten sich für 10 Cents ein Frühstück, Reis oder Spaghetti, kaufen. Bis zu drei Jungs teilten sich einen Teller. Die Klassenzimmer sahen aus wie in Deutschland vor hundert Jahren. Bank und Tisch am Stück, Tafel, Frontalunterricht. Sogar auf dem Schulhof gab es Gräber. Die Kinder hüpften sorglos darauf herum. Auch eine Methode, mit dem Tod umzugehen. Auf der Meerseite hinter der Schule war ein Sandstrand mit Palmen, auf der Lagunenseite wurde Salz abgebaut. In mühsamer Handarbeit schöpfte eine junge Frau das Salz aus dem Meer. Der Vater hatte es schon so gemacht, die Tochter machte es und der Enkel wird es später genauso machen. Anstatt die Bodenschätze außer Landes zu bringen und teuer verarbeitet wieder zu importieren, sollten hier Fabriken entstehen, meinte der Lehrer. Die Afrikaner hätten nie gelernt, Selbstinitiative zu zeigen. Mussten sie ja auch nicht, es gab ja genug Hilfsorganisationen. Nur noch ein paar Kilometer trennten mich von der Grenze nach Togo.

Togo und Benin im Schnelldurchlauf

Die Hauptstadt von Togo, Lomé, zieht sich über die Landesgrenze hinweg. In Ghana heißt sie Afloa. Es ist eine riesige Stadt, dementsprechend war der Verkehr. Durch die Mitte geht die Grenze. Das Land ist so schmal, ein Sieben-Tage-Transitvisum, das man direkt an der Grenze bekam, war völlig ausreichend. Bei der Ausreise aus Ghana machten die Grenzposten mich darauf aufmerksam, dass ich nur ein „Single Entry"-Visum hätte, also nicht mehr zurück könnte. Wollte ich ja auch nicht, ich wollte ja weiter nach Benin. Worauf sie nur lachten, obwohl Togo gerade mal 70 Kilometer breit ist. Ich erwähnte lieber nicht, dass ich in Deutschland gestartet war. Das Visum an der Grenze zu bekommen war sehr praktisch, keine Behördengänge, Anträge, Wartezeiten. Einfach an die Grenze, Stempel rein, zahlen und weiter.

In Lomé standen mir wieder einige Botschaftsgänge an. Da es Donnerstag war, fuhr ich sofort zur Botschaft der Republik Kongo, auch Kongo-Brazzaville genannt. Der Weg dorthin war eine gute Vorbereitung auf die Straßen im Kongo – sie bestanden nur aus Sand und Matsch. Ich hatte das Gefühl, das Finden und Erreichen der Botschaft war der erste Test zur Erlangung des Visums für das Land. Kurz vor der Mittagspause kam ich an. Die netten Zuständigen halfen mir den Antrag auszufüllen. Nach der Mittagspause konnte ich mein Visum gleich abholen.

In Lomé gibt es drei Arten von Straßen: entweder vierspurig, vielbefahren, mit geteertem Belag. Oder Kopfsteinpflaster und nur eine Spur in jede Richtung. Oder überhaupt kein Belag. Zum Zelten fuhr ich aus der Stadt, zum Coco Beach. Er ist zwar etwas weiter entfernt, aber es hatte sich gelohnt. Welch Ruhe nach der hektischen, verkehrsreichen Stadt! Hier gab es alles, was ich brauchte: einen schönen Platz, um mein Zelt aufzustellen, eine Bar mit Internet, Ruhe, und ich bekam auch etwas zu essen.

Am Freitag fuhr ich zur Botschaft von Gabun. Sie war wesentlich einfacher zu finden. Es ging auf guten Straßen durch reiche Geschäftsbezirke. Auch hier waren die Banken die größten und modernsten Gebäude. Die Wachmänner waren gar nicht so begeistert, dass ich fotografierte. Was für ein Gegensatz zu den ärmlichen, verwahrlosten Gegenden. Auch hier lief es auf der Botschaft völlig reibungslos. Am Montag könne ich es abholen. Nachdem der Antrag abgegeben war, war Wochenende. Alle Botschaften waren geschlossen. Dafür konnte ich die üblichen Arbeiten einer Fahrradreisenden erledigen: Wäsche waschen, Fahrrad richten, Reise planen, Blog schreiben, soweit mein Computer noch mit machte – er mochte die Strapazen und die Temperaturen noch weniger als ich. Und Alice besuchen, deren Café „Chez Alice“ auf meinem Weg in die Stadt lag. Alice Mettler war schon vor etwa 30 Jahren aus der Schweiz hierher ausgewandert. Die mittlerweile über 70-Jährige führt eine renommierte Unterkunft für „Overlander“, über Land Reisende. Zum Zelten bevorzugte ich den Strand. Zur Unterhaltung und für ihren hausgemachten Eistee war ich immer wieder gerne vorbei gegangen. Die Einrichtung ihres Hauses ist eine Mixtur aus schweizerischen Kuhglocken und togolesischen Fetischen, Masken, Federn und einer Art von Fuchsschwänzen. So war auch dieses Wochenende viel zu schnell vorbei.

Am Montag ging es gleich morgens wieder in die Stadt. So früh wie möglich wollte ich an der Botschaft der Demokratischen Republik Kongo, auch

Kongo-Kinshasa, sein. Der Weg dorthin war in einem sehr gewöhnungsbedürftigen Zustand. Diesmal wurde mein Antrag gleich von vornherein abgelehnt. Ich wusste, dass Cotonou in Benin der bessere Ort für einen Antrag ist. Es war mir aber ein Versuch wert. Am Nachmittag konnte ich mein Gabun-Visum abholen. Wieder mit zwei neuen Visa im Reisepass konnte ich entlang des Meeres mit Rückenwind weiterfahren und war sehr schnell in Benin. Es lief so gut auf der ebenen Straße, dass ich am Abend schon in Cotonou war. Gleich am nächsten Morgen stand ich wieder vor einer Botschaft. Mal sehen, ob ich diesmal mehr Glück mit dem Visum für Kongo-Kinshasa habe würde. Die Angestellten waren sehr freundlich, baten mich gleich herein. Einer war sehr an meiner Reise interessiert. Ich bekam einige Informationen über Kongo. Dann wurde ich zum Botschafter vorgelassen. Ich konnte gleich das Formular ausfüllen. Um 15 Uhr konnte ich mein Visum abholen. So hatte ich genug Zeit um im nächsten Café mit Internet noch die wichtigsten Dinge zu erledigen. Meine Lust, mit dem bepackten Fahrrad in der Stadt herumzufahren, hielt sich in Grenzen. Am Nachmittag fuhr ich gleich wieder aus dieser riesigen Hafenstadt entlang der Route National heraus. Es gab einen Fahrrad- beziehungsweise einen Zweiradweg. Es wurde sehr eng. Mit meinem Gepäck nahm ich fast die ganze Breite ein. Die meisten Mopeds kamen trotzdem vorbei. Um den verkehrsreichen Grenzübergang am Meer Richtung Lagos zu umgehen, bog ich Richtung Porto Novo, der Hauptstadt von Benin, ab, vorbei an Ganvié, dem „Venedig von Afrika". Alle Häuser sind in einem See auf Pfählen gebaut. Anstatt Mopeds gibt es hier Stocherkähne. Bei Kétou verließ ich ohne Stress und Verkehr Benin wieder.

Nigeria

Vor kaum einem anderen Land wurde ich so gewarnt wie vor Nigeria. Die Medien brachten nur negative Nachrichten. Im Norden war Boko Haram, im Süden die Anschläge auf die Ölplattformen im Nigerdelta. Von anderen Reisenden wusste ich, in der Mitte kam man durch. Da ich nicht fliegen wollte, nahm ich auch Nigeria in Angriff.

Gleich bei der Einreise wurde ich mit Unannehmlichkeiten konfrontiert. Ein sehr beleibter Beamter meinte, er reduziere mein Dreimonats-Visum auf sieben Tage. Obwohl ich mich nicht lange in diesem Land zwischen Boko Haram und den Anschlägen aufhalten wollte, war mir klar, sieben Tage waren viel zu wenig. Nach einiger Überzeugungsarbeit, dass ich doch nicht in nur sieben Tage durch sein schönes, großes Land fahren könne, bekam ich 28 Tage und musste dafür auch noch dankbar sein. In Nigeria musste ich gegenüber der Obrigkeit mehr Respekt zeigen. Wenigstens am Anfang versuchte ich es noch.

Während der ersten zwanzig Kilometer kamen ungefähr zehn Kontrollen – die normale Polizei, die Grenzkontrollen, die Schmugglerkontrolle … alle eine andere Abteilung. Jede brauchte ungefähr 30 Minuten um alle meine Daten zu notieren. Als ob man die Prozesse nicht auch vereinfachen könnte. Bei einer Kontrolle wurde mein Gepäck durchsucht. Der Kontrolleur schien ein Spielchen mit mir zu treiben, wollte mein Opinel-Taschenmesser wegnehmen. Ich könnte es ja als Waffe benutzen ... In einem Land, in dem fast jeder mit einer Machete herum läuft, wäre ich massakriert, bevor ich mein Minimesser herausgeholt hätte. Ich bekam mein Messer wieder zurück. Zwischen den Kontrollen war ein stetiges Auf und Ab. Die Straßen waren aber erstaunlich gut und landschaftlich sehr schön, viel Grün. Später waren die Kontrollen nur noch ungefähr einmal pro Tag.

Die Einwohnerzahl in Nigeria ist höher als in anderen afrikanischen Ländern. Der Großteil der Einwohner lebt in den Großstädten. Meine erste Großstadt war Abeokuta. Auf einmal gehörten die guten Straßen der Vergangenheit an. Ein Schlagloch nach dem anderen, nach Regen schön mit Wasser gefüllt. Es war das reinste Chaos. Mithilfe der Polizei fand ich ein Hotel, das sich kaum ein Einheimischer leisten konnte. Trotzdem waren einige Schwarze da. Das Elend blieb auf der Straße. Nigeria ist im Grunde ein sehr reiches Land. Leider kommt kaum etwas von dem Geld aus den Bodenschätzen bei der Bevölkerung an. Sogar die Tankstellen haben kaum Überlebenschancen, in diesem erdölreichen Land gibt es kein Benzin. Es war erschreckend das alles zu sehen. Das Land war in einem elenden Zustand, entlang der Straße häufte sich die Armseligkeit und der Müll. Als ich am nächsten Morgen, sonntags, die Stadt wieder verließ, stauten sich die Autos kilometerlang stadteinwärts. Alle strebten in eine der riesigen Kirchen. Meine erste Begegnung mit der Bigotterie der Nigerianer.

Überall Müll in Nigeria

Das Jogurt-Eis, das es überall für ein paar Cents zu kaufen gab, hatte mich am Laufen gehalten. Dafür gab es extra Fahrräder mit Kühlbox. Ich konnte mir kaum vorstellen, dass man sich damit einen Lebensunterhalt verdienen kann.

Ich hatte gerade eine Pause an einer stillgelegten Tankstelle beendet, da raste ein weißer Mercedes-Sportwagen heran. Der hintere Spoiler streifte am Boden. Gefolgt wurde er von einem anderen Fahrzeug. Die Insassen sahen aus wie Polizisten in Zivil. Aus jedem Auto sprangen zwei Männer raus und schrien sich unheimlich an. Es entstand ein richtiger Kampf. Mir wurde es ganz anders. Schnell packte ich meine Sachen und fuhr weiter. Mein GPS leitete mich quer durch die Innenstadt von Ibadan, der nächsten Fünf-Millionen-Stadt. Obwohl es Sonntagnachmittag war, war ein starkes Gedränge in den Straßen. Überall war Markt. Ich war sehr froh, als ich durchgekommen und alles noch auf meinem Fahrrad war. Von einer Erhöhung aus hatte ich einen guten Überblick über die weit ausschweifende Stadt. Halb zerfallene Hütten soweit das Auge reichte. Als ich anhielt um zu fotografieren, meinte ein junger Mann, ich solle lieber weiter fahren, das hier sei keine sichere Gegend. Das tat ich doch zu gerne.

Die vielen Polizeikontrollen hatten auch etwas Gutes. Die Polizisten kannten immer eine gute Übernachtungsmöglichkeit in der Nähe. So hatte ich auch außerhalb von Ibadan eine sichere Bleibe. Zelten wollte ich in diesem

Land nicht. Ich fühlte mich zwar nie bedroht, aber die Leute machten nicht gerade einen einladenden Eindruck. Nirgends wollte ich fragen, ob ich zelten konnte. Es gab zum Glück genug Pensionen. Allerdings gab es selten Strom und fließend Wasser.

Wenn es nicht verbaut und zugemüllt war, war Nigeria ein sehr schönes Land, viel Grün, Berge, Felsen und manchmal Wasserfälle. Dann kam aber wieder der Verkehr mit vielen Lastwagen. Viele blieben auf der Strecke. Sie waren einfach zu überladen. So wurden sie mir wenigstens nicht gefährlich. Normalerweise überholten sie in einem sehr geringen Abstand. An den Polizeikontrollen, wo sie meinten, die Kontrollen seien ja nur für meine Sicherheit, erwiderte ich nur, es wäre mehr für diese getan, wenn sie die Lastwagen und Geschwindigkeit kontrollieren würden. Außerdem wagte ich zu bezweifeln, dass es eine Führerscheinpflicht gab. Es war wirklich nicht immer und überall gesund, Fahrrad zu fahren. Fast noch schlimmer als die Lastwagen waren die kleinen Moped-Dreiräder, die Tuk-Tuks. Die meisten Mopedfahrer hatten kein Gefühl dafür, dass der Aufsatz hinten viel breiter war. Manche streiften mich beinahe. Richtig spaßig wurde es, wo sich zusätzlich noch Fußgänger durch den Stau schlängelten. Da war dann für mich überhaupt kein Durchkommen.

Jeder hier schien mein Freund zu sein. Überall hörte ich „My friend, my friend!“. Nur als ich einen Platten hatte, war niemand mehr mein Freund. Alle fuhren grußlos vorbei. Das war mir dann auch sehr recht.

In den meisten afrikanischen Ländern musste ich mich beim Kauf einer SIM-Karte für das Handy registrieren lassen. Oft reichte einfach ein Name und vielleicht die Kopie des Reisepasses. Auch hier übertraf Nigeria alles. Wie sollte das auch funktionieren, wenn selten Strom da ist und auch keine Verbindung zum Telefonanbieter hergestellt werden kann? Obwohl ich ja noch keine Telefonnummer hatte, brauchte ich zwei Nummern für die Registrierung, eine Adresse in der Gegend, wo ich die SIM-Karte kaufen wollte, Fingerabdrücke und Fotos, die sie von mir machten und von dem Programm akzeptiert werden mussten. Ich hatte noch Glück, dass die Angestellte sehr nett war und schlussendlich ihre Adresse für die Registrierung eingetragen hatte.

Um schnell durch Nigeria durchzukommen, wählte ich den kürzesten Weg und wollte ungeteerte Straßen vermeiden. Im Süden war das nicht mehr möglich. Schon vor Aba sah ich, dass ich kaum die Hauptstraße verlassen konnte. Immer wenn ich abbiegen wollte, endete ich im Schlamm. Die Stadt Aba war eine einzige Katastrophe. Die Straße bestand nur aus Schlamm, Sand und Wasser mit Schlaglöchern und fehlenden Gullydeckeln. Ein Mann führte mich durch überschwemmte Straßen in ein erstaunlich nobles Hotel. Leider kam der Strom von einem Generator, der direkt unter meinem Fenster stand.

Am nächsten Morgen wollte ich so schnell wie möglich aus der halb überfluteten Stadt, nicht wissend, dass es danach noch schlimmer wurde. Am Stadtrand kam die erste Herausforderung. Lkw blieben im Sand und Matsch stecken.

„Das ist doch die Hauptstraße?“ - „Ja“. Ein Mann meinte, das sei Gottes Wille! Worauf ich erwiderte: „Nein, das ist nicht Gottes Wille, das ist eure Regierung!“ Kein Wunder, vergaben sie keine Visa mehr an Touristen.

Auch in Nigeria gibt es viele verschiedene Kirchen. Entlang der Straßen steht ein richtiger Schilderwald, der zu den verschiedenen Gotteshäuser hinweist. Wahrscheinlich durfte jeder, der möchte, seine eigene Kirche aufmachen. Und wurde dabei vom Staat unterstützt. Es war nicht nur sonntags Gottesdienst für eine Stunde. Nein, mindestens drei- bis viermal in der Woche trafen sich die Gläubigen für zwei bis drei Stunden in der Kirche. Für mich hörte es sich wie Gehirnwäsche an. Selbst wenn man nur mit dem Fahrrad daran vorbei fuhr, hörte man immer das Geschrei: „Das ist Gottes Wille, das ist Gottes Wille ...“ Dies wird hundert Mal wiederholt, dann „Er wird dir den Weg zeigen, er wird dir den Weg zeigen ...“. Dafür musste man auch Ablass-Zahlungen tätigen. Es wurde groß bekannt gegeben, wer wie viel zahlte. Da ließen sie sich nicht lumpen. Kein Wunder, herrschte so eine Ruhe im Land und keiner wehrte sich. Weit würden sie bei dem Polizei- und Militäraufgebot allerdings auch nicht kommen.

Als ich Richtung Ikot Ekpene weiter wollte, meinten die Leute, ich käme dort nicht durch. Für die Autos auf der Straße war wirklich kein Durchkommen. Ich konnte mich etwas abseits der Straße durch das Gebüsch schlängeln. Auch hier blieb ich ab und zu im Matsch stecken oder musste Steine und Wurzeln überwinden. Es wurde mir aber oft von Einheimischen geholfen, bis ich, wenigstens für kurze Zeit, Teer unter den Rädern hatte. Das Schlimmste hatte ich dann hinter mir. Es kamen nur noch viele Schlaglöcher. Von Weitem sah das Geschehen auf der Straße wie ein Auto-Tanz aus: links herum, rechts herum, geradeaus. Ich wunderte mich, dass bei all den Ausweichmanövern nicht viel mehr passierte.

Vor der Brücke über den Cross-Fluss fand ich eine kleine Übernachtungsmöglichkeit. Das Zimmer hatte ein privates Badezimmer. Die Lust am Duschen verging mir schnell, als ich sah, dass das Wasser direkt vom Fluss kam, in dem alle Geschäfte erledigt wurden.

Nach dem Zustand der bisherigen Straßen wollte ich mir die Straße durch den Cross-River-Nationalpark zur Grenze ersparen. Die Straße sollte noch schlimmer sein als bisher. Dienstags sollte eine Fähre von Calabar nach Limbé, Kamerun, gehen. Es war Montag. Schnell fuhr ich die letzten Kilometer nach Calabar. Fünf vor zwölf war ich bei der Botschaft von Kamerun und hatte eine halbe Stunde später mein Visum. Dann fuhr ich gleich weiter zum Hafen. Sofort kaufte ich ein Ticket für den nächsten Tag. Dabei machte ich Bekanntschaft mit einem der Inhaber der Fährgesellschaft. Er war so begeistert von meiner Reise, dass er meinte, ich müsse für mein Fahrrad nichts extra bezahlen. Er machte den anderen Männer im Raum auch noch deutlich, dass sie nichts für das Fahrrad verlangen dürften. Mit Freuden erfuhr ich, dass ich am Hafen oder auf der Fähre auch übernachten konnte. Sehr praktisch, es sollte sehr früh am anderen Morgen los gehen. Und so musste ich mir in Calabar nicht noch ein Hotel suchen.

Mein Gepäck ließ ich am Hafen und schaute mir die Stadt an. Es sollte die grünste und sauberste Stadt Nigerias sein. Um das Nationalmuseum stimmte das auch. Vom Museum hatte man einen schönen Blick über die Mündung. Aus zwei typisch afrikanischen Gründen konnte ich nicht in das Museum hinein. Es gab kein Licht, und sie hatten kein Wechselgeld. Im Rest der Stadt herrscht das gleiche Chaos wie überall.

Zurück am Hafen stellte ich fest, dass ich bei Weitem nicht die einzige war, die hier übernachtete. Es hatten sich schon einige Familien mit Decken niedergelassen. Die Bänke auf der Fähre waren mit Männern besetzt. Auf einmal erinnerte sich niemand mehr daran, dass ich nichts für mein Fahrrad zahlen müsste. Sie verlangten sogar mehr, als ich für das Ticket bezahlt hatte. Ich war schon lange genug in Afrika, dass ich wusste, ich kann hier einiges aussitzen. Über Nacht blieb mein Rad, bewacht und abgeschlossen, an Land.

Am nächsten Morgen bat ich die Frau, die mir das Ticket verkaufte, sie solle das bitte regeln. Und sofort kam mein Fahrrad ohne Extrakosten auf das Schiff.

Unglaublich wie viele Geldscheine bei der Ausreise aus Nigeria unter den Tisch wanderten. Da ich das ignorierte und nicht tolerierte, wurde ich direkt nach Geld gefragt. Die Posten bekamen nur mein Wechselgeld, nicht einmal 50 Cent. Sie lachten nur, aber ließen mich gehen. Dass sie meinen Reisepass behielten, gefiel mir gar nicht. Da sie auch die Pässe von allen anderen behielten, war das wohl die normale Prozedur.

Auch typisch für Afrika: Fragte ich drei Zuständige nach Abfahrtszeiten, bekam ich vier verschiedene Antworten. Die Spanne reichte von sechs Uhr bis zehn Uhr morgens. Um circa elf Uhr ging es los. Auf dem Schiff traf ich den ersten Weißen in ganz Nigeria, Eric, einen jungen US Amerikaner. Zuerst fuhren wir noch ein Stück auf dem Cross-Fluss. Da ging es mir noch gut. Dann erreichten wir das Nigerdelta. All die Ölplattformen, die zu der Zeit Ziele von Anschlägen waren, um uns herum. Eric fragte mich, ob ich glaubte, dass wir auch überfallen würden. „Es ist jetzt zu spät, sich darüber Gedanken zu machen." Die vorherige Fährgesellschaft Faco ging Bankrott, weil sie zu oft von Banditen überfallen wurde. Von einem Überfall in letzter Zeit hatte ich nichts gehört. Ängste konnten nicht aufkommen, denn die Seekrankheit kam über mich. Ich lag nur noch an Deck, in der Nähe der Reling. Nigeria war das einzige Land, in dem ich kein einziges Mal gezeltet hatte. Ich hatte nie das Gefühl, dass es gefährlich gewesen wäre, außer wegen des Verkehrs. Es ist jedoch mit Sicherheit eines der Länder, die ich nicht als Reiseziel weiterempfehle.

Kamerun

Nach der langen Bootsfahrt, die mir überhaupt nicht gut bekam, sind wir mit den üblichen zwei Stunden Verspätung in Limbé angekommen. Es war stockdunkle Nacht. Ich musste aufpassen, dass ich meine Siebensachen im Auge behielt. Die meisten hatten ihren Pass, den wir in Nigeria abgeben mussten, auf dem Schiff wiederbekommen. Ich nicht. Der Typ wollte Geld in der Währung von Kamerun (zentralafrikanische Francs), das ich natürlich nicht hatte. Ich verstand auch gar nicht, warum ich überhaupt etwas zahlen sollte. Anscheinend für den Einreisestempel – sehr merkwürdig. Seit wann kostet der etwas? Aussitzen war mal wieder angesagt. Irgendwann würden sie mir meinen Pass zurück geben müssen. Dem war dann auch so. Draußen wartete der Mechaniker vom Boot, der sehr von meiner Reise begeistert war. Er kümmerte sich darum, dass ich für meine restlichen nigerianischen Naira zentralafrikanische Francs bekam und dass ich bei seinem Freund Elvis übernachten konnte. Welch ein netter Empfang, überhaupt nach Nigeria. Von Elvis erfuhr ich auch den Grund, warum wir heil durch das Nigerdelta gekommen sind. Der neue Schifffahrtsbetreiber hatte den Piraten viele Bestechungsgelder gezahlt, sodass die Fähren jetzt unbeschadet durchkamen. Vielen Dank.

Am nächsten Tag fand ich am Meer ein Hotel, wo ich zwischen kleinen Hütten mein Zelt aufstellen durfte. Hier konnte ich mich von der Schnelldurchfahrt durch Nigeria ausruhen. Auch hier waren direkt vor der Küste mehrere Ölplattformen.

Es war eine Freude, einen funktionierenden Geldautomaten zu finden, an dem sich keine lange Schlange gebildet hatte. Der Geldautomat funktionierte, wie so vieles andere auch, da es Strom gab. Auch die SIM-Karte bekam ich ohne Probleme. Es hatte keine zehn Minuten gedauert. Im ersten Supermarkt seit Lomé, Togo, kaufte ich viel zu viel ein, aus lauter Freude, dass es mal wieder alles gab.

Limbé liegt am Fuße des Mont Cameroun, des höchsten Berges von Westafrika, 4095 Meter hoch. Während der Regenzeit fanden keine Besteigungen statt. Wenigstens bis zum Basislager in Buea wollte ich mit dem Fahrrad hochfahren. Ich nahm an, dass es auf den 24 Kilometern etwa 250 Meter hoch ginge. Wunderschön führte die Straße durch Teeplantagen. Gerade war Erntezeit, eine große Anzahl von Frauen und Männer waren auf den Plantagen und pflückten die obersten Blätter der Büsche ab. Bald merkte ich, mit den 250 Höhenmetern lag ich wohl etwas falsch. Der Nebel wurde immer dichter. Auf 950 Meter war ich dann in Buea. Sichtweite keine 50 Meter. Schnell drehte ich um und freute mich, als die Sicht bald wieder besser wurde und ich den Berg hinunter düsen konnte.

In Nigeria hatte ich überhaupt keine Fahrradfahrer gesehen. Ok, vielleicht ein oder zwei in der ganzen Zeit. Ich machte mir deswegen auch nicht die Mühe, einen Fahrradmechaniker zu finden. Kamerun war auch in dieser Hinsicht vielversprechender. In Douala, der größten Stadt des Landes, wurde ich gleich mehrfach fündig. Eine ganze Straße entlang reihten sich die Reparaturwerkstätten aneinander. Ritzel, Kettenblatt und Kette wollte ich endlich wechseln. Den Ritzelabzieher von Rohloff und alle Ersatzteile hatte ich dabei. Ich brauchte nur eine Kettenpeitsche. Der kleine Container, in dem sich eine Fahrradwerkstatt befand, sah nicht gerade vertrauenerweckend aus. Aber ich hatte genug Vertrauen in mich selbst, und wir konnten das Anleitungsvideo von Rohloff nebenher anschauen. Es war für uns alle eine Lehrstunde. Innerhalb von weniger als einer Stunde war alles erledigt und ich war mal wieder der glücklichste Mensch der Welt.

Der Regen hatte mich in zwischen eingeholt. Es machte überhaupt keinen Sinn, mich irgendwo unterzustellen, denn sobald ich weiter fuhr, fing es wieder an. Die Landschaft war, wie überall in Kamerun, fantastisch. Es gibt noch viel Grün, wie in einem Dschungel, und es wurde immer hügeliger. Unterwegs fragte ich Polizisten bei einer Radarkontrolle (ja, so etwas gab es hier wirklich), ob und wo ich hier mein Zelt aufstellen könne. Bei der Antwort traute ich meinen Ohren kaum. Kein „Das ist viel zu gefährlich hier“, sondern ein nettes „Eigentlich überall“. Gegenüber sei ein Krankenhaus oder auf dieser Seite eine Schule und davor wohne eine Familie. So landete ich schließlich bei der unglaublich netten Großfamilie. In kleinen Häuser waren alle Generationen untergebracht. Das Leben spielte sich draußen ab. An der Straße wurde das scharfe, selbstgemachte Palmöl, das zum Kochen verwendet wurde, verkauft. Auf der Veranda saß die Großmutter, putzte mit den

Enkeln Erdnüsse und Bohnen. Es hatte etwas sehr Harmonisches und Friedliches. Wie habe ich das in Nigeria vermisst. Einfach das Zelt bei Einheimischen aufstellen und so viel mehr von Land und Kultur mitzubekommen.

In jedem afrikanischen Land gab es viele afrikanische Sprachen. Die europäische Amtssprache (Englisch, Französisch oder Portugiesisch) lernte man erst in der Schule, da in der Familie eine afrikanische Sprache gesprochen wurde. Dies schien hier anders zu sein. Ein kleines Gebiet von Kamerun an der Grenze zu Nigeria war Englisch. Der Rest des Landes war Französisch, was hier auch in der Familie gesprochen wurde.

Yaoundé, die Hauptstadt von Kamerun liegt auf 750 Höhenmetern. So hoch ging es schon lange nicht mehr hinaus, wenn man mal vom Mont Cameroun absieht. Nicht nur wegen der Bergen wurde es für mich wieder eine Herausforderung. Der Verkehr wurde immer stärker, hauptsächlich mit Lastwagen; die Mopedfahrer, die neben mir fuhren, waren einfach lästig. Um Yaoundé waren die Leute distanziert und misstrauisch. Der Norden des Landes, sehr weit von der Hauptstadt entfernt, litt unter den Anschlägen von

Meine Helfer

Boko Haram. Irgendwelche Probleme im Süden Kameruns waren mir nicht bekannt. Trotzdem waren die Leute hier viel ängstlicher als irgendwo sonst.

Als ich an einer Kirche zelten wollte, war jeder damit einverstanden. Ich musste aber noch auf den Obersten warten, der nach drei Stunden kam. Ich wurde im Detail ausgefragt – ich könnte ja eine Terroristin sein. Eigentlichwollte ich in dem eingezäunten und bewachten Garten des Presbyterien-Guesthouses in Yaoundé zelten. Das sei viel zu gefährlich, ich müsse ein Zimmer nehmen, wurde mir gesagt. Das einzig Gute daran war, dass ich in dem Guesthouse endlich wieder Reisende traf. Paul und Jan aus Australien waren mit dem Motorrad in Afrika unterwegs, aber in der umgekehrten Richtung. Solche Abende mit Erfahrungsaustausch beim Bier hatte ich lange vermisst. Sobald es dunkel wurde, mussten wir ins Haus. Es wäre viel zu gefährlich, noch draußen zu sitzen – trotz Wachmann, Hunde und Zäune.

Am nächsten Tag, Dienstag, ging es wieder raus aus der Stadt. Dass am Montag ein Feiertag gewesen war, hatte ich überhaupt nicht mitbekommen. Ich wurde über eine lange Strecke von einem Militärfahrzeug begleitet. Es stoppte immer wieder, Soldaten sprangen heraus und durchsuchten vor allem die leerstehenden Häuser. Was war da los? Kurz darauf wurden alle Lastwagen von der Straße gewunken, ich auch. Mir wurde nur gesagt, ich müsse hier jetzt eine Stunde warten. „Warum?" – Keine Auskunft. So etwas ist für mich unbegreiflich. Dann kam eine Eskorte von Fahrzeugen mit Motorrädern vorn und hinten. Jetzt wusste ich es. Der Präsident fuhr zur Arbeit! Normalerweise war diese Prozedur am Montag, aber wegen des Feiertags war ich dienstags davon betroffen. Was war das für ein Präsident, der solche Vorsichtsmaßnahmen treffen musste, um zur Arbeit zu fahren? In anderen Ländern war ich kurz von der Straße gewunken worden, wenn der König oder Präsident vorbei kam. Aber eine ganze Stunde den Verkehr lahmlegen? Nach eineinhalb Stunden durfte ich weiter fahren. Am Abend konnte ich wieder ganz normal, ohne Argwohn und Misstrauen, neben den Hütten von Einheimischen unter Bananenstauden zelten.

Landschaftlich blieb es wunderschön. In dem urwaldähnlichen Gebiet kam immer wieder ein Dorf. Kamerun und Gabun haben die gleiche Währung: zentralafrikanischen Francs. In der letzten Stadt fand ich einen Geldautomaten und konnte mich wieder mit Bargeld eindecken. Ich wusste nicht, wie es nach der Grenze weitergehen würde.

Auf der Suche nach Wasser wurde ich am Abend wieder von einer Familie eingeladen. In mühsamer Handarbeit wurde die scharfe Soße aus Palmöl zubereitet. Zuerst hatten alle der Mutter geholfen, bis ich gekommen war. Dann war ich natürlich interessanter. Ich setzte mich zu der Mutter, im Gefolge die Kinder, damit sie wieder Hilfe hatte. Ein Mädchen hatte eine Schüssel im Schoß. Als ich den Inhalt sah, war ich froh, meine Nudeln dabei zu haben. Raupenartige Gebilde krabbelten darin. Ich traute meinen Augen nicht! Das wollten sie doch nicht etwa kochen und essen?

Gabun

„Gabun ist ein vergleichsweise sicheres Reiseland", meinte sogar das Auswärtige Amt. War Kamerun schon angenehm und grün, wurde es in Gabun noch besser.

Typischer Kochplatz

Ohne große Bedenken näherte ich mich der Grenze. Bisher lief ja alles mehr oder weniger problemlos. Umso erstaunter war ich, als der Grenzbeamte mich nicht gleich hineinlassen wollte. Ich fragte ihn, ob etwas mit meinem Visum nicht in Ordnung sei. Nein, nein, es sei alles in Ordnung. Es standen nur Wahlen an und sie rechneten mit Unruhen. Er müsse zuerst seinen Chef fragen, ob er mich einreisen lassen konnte. Ich zeigte mich von meiner besten Seite, gut ausgerüstet, vorbereitet, zeigte ihm auf meiner Karte eine Strecke nach Kongo-Brazzaville. Außerdem war ich afrikaerfahren. Gabun war mein vierzehntes afrikanisches Land. Das war überzeugend, ich wurde durchgelassen, musste mir aber in Bitam, der ersten größeren Stadt, meinen Einreisestempel holen.

Es war Samstag. In der Stadt liefen alle mit „Ali“-T-Shirts oder -Kappen herum. Der gegenwärtige Präsident hatte sehr aktive Wahlkampfhelfer.

An meinem ersten Abend machte ich eine fantastische Entdeckung: Ich steuerte ein Haus an, vor dem eine Gabun-Fahne stand. Ich fragte, ob es eine Polizeistation sei. Nein, hier wohne der Chef des Dorfes. Ich fragte nach einem Platz zum Zelten und bekam zur Antwort, das sei hier kein Problem. Da es so aussah, als ob es regnen würde, wurde mir der überdachte Versammlungsplatz angeboten. Da war am Abend niemand mehr und wurde auch nicht mehr gebraucht. Der Chef war übrigens eine Frau. Das praktizierte ich nun auch die nächsten Abende. Durch die Fahne war das Haus des Chefs, meist Chefin, leicht zu finden.

Im Norden Gabuns ging es durch dichten Dschungel. Hier waren Chinesen nicht nur dabei, Straßen zu bauen, sondern auch Bäume aus dem Wald zu holen. Das Gute an der großen Anzahl Chinesen war, ich wurde als Weiße nicht weiter beachtet. Mir wurde höchstens „Chinois“ oder „Nihao“ („Hallo“ auf Chinesisch) hinterher gerufen. Vermutlich dachten sie, wenn man in Afrika nicht schwarz war, musste man Chinese sein.

Im Gegensatz zu den anderen afrikanischen Ländern gab es hier keine Mopeds! Sehr sonderbar. Auf einmal war alles schön ruhig um mich herum. Auch sonstige Zweiräder, zum Beispiel Fahrräder gab es kaum. Sie wurden von „Einrädern“, Schubkarren, ersetzt. Darin wurde alles transportiert: Einkäufe, Wasserkanister, Kleidung, Geschwister … Entweder sind die Leute so arm, dass sie sich nicht mal ein Moped leisten können oder sie kaufen sich gleich ein Auto. Für Fahrräder sind die Distanzen zu lang und zu steil. Um von einem Ort zum anderen zu gelangen, musste ich einige Kilometer zurücklegen. Wenn nicht gerade die chinesischen Holztransporter auf der Straße waren, war es sehr ruhig. An der Straße wurde allerhand an „Bushmeat" angeboten. Es waren meist kleine Nagetiere, die sie im Busch gefangen hatten. Für viele das einzige Fleisch, das sie sich leisten konnten. Als ich die mindestens zwei Meter lange Gabunviper sah, auch hier im Busch gefangen, schwand die Lust zu zelten immer mehr. Zwischen den Hütten liefen einige Kinder herum. Sie bettelten aber nicht. Die Erwachsenen fragten nach Medikamenten, meist Schmerzmittel, täuschten oft Schmerzen vor, die sofort weg waren, als ich ihnen Paracetamol gab, ohne dass sie es einnahmen.

Auf einem der Hügel wies ein Schild darauf hin, dass ich gerade den Äquator überquerte. Es änderte sich aber nichts. Der Urwald und die kurzen, steilen Anstiege blieben. Sie wurden nur noch steiler. Ich war fix und fertig. Teil-

Gut zu erkennen: Das Haus des Chefs

weise musste ich schieben. Nach dem Anblick der riesigen Schlange wollte ich lieber nicht im Wald zelten. Ich schaffte es gerade noch bis in die nächste Siedlung. Auch hier erwartete mich eine Chefin des Dorfes, bei der ich zelten konnte. Ich lud sie zuerst einmal in die Dorfkneipe zu einem Bier ein. Das hatte ich mir heute verdient. Die Kinder des Dorfes kamen vom Fischen zurück. Ihre Beute war sehr ergiebig. Welch Freude, als sie ein paar an Lastwagenfahrer verkaufen und ein paar Francs verdienen konnten.

Mir wurde gesagt, es würde nun eben weiter gehen. Irgendwann stimmte es, nur nicht auf den ersten Kilometern. An der Abzweigung nach Libreville, der Hauptstadt des Landes, war eine Ansammlung von Geschäften, in denen ich endlich mal wieder das Nötigste bekam. Ich bog nicht nach Libreville ab, sondern fuhr Richtung Süden weiter. Langsam näherte ich mich dem Ort, der mir seit meiner Kindheit ein Begriff war. Nur, dass er in Gabun lag, war mir nicht bewusst. Lambaréné, wo Albert Schweitzer sein Urwaldkrankenhaus aufgebaut hatte. Heute gibt es am gleichen Ort ein neues Krankenhaus. Das alte Albert-Schweitzer-Krankenhaus ist ein Museum. Da er auch in dem Krankenhaus gewohnt hatte, bekam ich einen guten Überblick über das Leben und Schaffen des Urwalddoktors. Zur Herstellung einiger Medikamente hatte er extra einen Kräutergarten angelegt.

Lambaréné ist eine der wenigen größeren Städte in Gabun. Da ich noch in Kamerun genug zentral-afrikanische Francs bekommen hatte, bestand bisher keine Notwendigkeit für einen Geldautomaten. Nun wurde das Geld allerdings etwas knapp. Schon die Suche nach einer Bank machte mich sehr skeptisch. Es dauerte sehr lange, bis ich eine fand. Dann war sie kaum als solche zu erkennen, geschweige denn, dass sie einen Geldautomaten hatte. Ich solle es bei der Postbank versuchen. Dort war schon etwas mehr Publikumsverkehr. Die Angestellte machte allerdings einen leicht genervten Eindruck, als ich nach einem Geldautomaten fragte. So etwas gibt es in Gabun nur in Libreville. Uuupss?! In einem reichen Land wie Gabun? Es gab Dinge, die entziehen sich meinem Verständnis. Dollars oder Euros tauschen ging auch nicht. Ich solle es bei der Libanesischen Bank versuchen. Nach längerem Suchen fand ich diese im ersten Stock eines mehrstöckigen Gebäudes. Zuerst hieß es, nein, dann tauschte mir doch eine Bankangestellte, wahrscheinlich privat, 20 Euro in Francs. Das musste bis zur Grenze reichen. Fazit: Gabun ist ein sehr merkwürdiges Land. Auf den ersten Blick machte es einen fortgeschrittenen Eindruck. Das war anscheinend alles nur Fassade.

Während meiner Zeit in Lambaréné habe ich ausnahmsweise nicht beim Chef oder bei der Chefin gezeltet, sondern bei den Schwestern „Soeurs de Conception Immaculée". Für einen kleinen Obolus konnte ich dort in dem wunderschönen Garten zelten. Sie vermieteten auch Zimmer. Diese waren nicht nur mit Alis Wahlkampfhelfern, sondern auch mit europäischen Wahlbeobachtern belegt. Eine sehr interessante Mischung. Was Ali an Geschenken verteilte, ließ mich sehr wundern. Was sollen die Leute mit Tablets, wenn der größte Teil der Bevölkerung ohne fließend Wasser und Strom lebt?

Am Samstag, dem Tag der Wahl, verließ ich Lambaréné. Die Taschen waren wieder mit Vorräten gefüllt, der Geldbeutel dafür leer. Die Wahlbeteiligung musste sehr hoch gewesen sein. Überall machten sie sich auf den Weg. An den Wahlplätzen hingen Fotos der Leute, die dort wählen durften. Lange Schlangen waren davor. Von Krawallen war aber keine Spur. Wer sollte die denn machen? Die Bevölkerungsdichte von Gabun liegt bei 6,5 Einwohnern pro Quadratkilometer. In Deutschland sind es 230 Einwohner. Am Abend fragte ich den Chef des Dorfes, in dem ich nächtigen wollte, wer seiner Meinung nach das Rennen mache. Für ihn war klar, Ali. Er hatte erst eine Wahlperiode. Darum gönnten sie ihm nochmals eine. Dass er das Amt von seinem Stiefvater übernommen hatte und dass bei einer Wiederwahl das Land ein halbes Jahrhundert von einer Familie regiert wurde, kam nicht zur Sprache.

Eines Abends kam tatsächlich kein Dorf mehr. Wildzelten war mal wieder angesagt. Es war fantastisch ruhig. Die Landschaft hatte sich inzwischen geändert. Der Urwald wich einer savannenähnlichen Steppe. Auch wenn ich die Gespräche am Abend mit den Chefs genoss und sehr viel dabei lernte, ab und zu ein ruhiger Ort in der Natur tat auch ganz gut.

Zum Glück wurde ich schon vorher gewarnt – die letzten 40 Kilometer bis zur Grenze nach Kongo-Brazzaville waren nicht geteert. Am Anfang war es kein Problem. Dann setzte der Regen ein. Der erste Regen seit Langem. Es lief nichts mehr. Der Dreck setzte sich zwischen Reifen und Schutzblech fest. Meine Rettung: Die Polizei zehn Kilometer vor der Grenze. Hier bekam ich nicht nur ein trockenes Plätzchen, wo ich mein Zelt aufstellen konnte, sondern auch Bürste und Wasser, damit ich den schlimmsten Dreck gleich wegwaschen konnte. Allerdings ging es am nächsten Tag so weiter. Nichts lief mehr. Nach 200 Metern kehrte ich um. Ich hatte die glorreiche Idee, einfach mein Schutzblech hinten abzumontieren. Danach konnte mir der Dreck nichts mehr anhaben, ich konnte fahren! Nach der Grenze würden mir noch circa 200 Kilometer Piste bevorstehen. Unklar war aber, ob es besser oder schlechter werden würde. Wieder einmal ließ ich mich überraschen.

Da die Auswertung der Wahl in Afrika zwei bis drei Tage dauerte, war ich an der Grenze, bevor das Ergebnis bekannt wurde.

Republik Kongo (Kongo-Brazzaville)

Nachdem ich den Matsch von Gabun hinter mir hatte, erreichte ich dreckverschmiert die Immigration von Kongo-Brazzaville. Vier Station musste ich durchlaufen: die Polizei, Grenzbeamte, Einreisebehörde und Zoll. Auch hier wollten sie einen Versicherungsschein für mein Fahrrad. Nach einer längeren Diskussionen kam ich mal wieder so durch. In Gabun hatte man mir gesagt, die Straße würde hier noch schlimmer werden. Hier sagte man mir, sie würde jetzt besser werden. Es sollte jetzt nicht mehr so matschig, sondern mehr sandig sein. Der Regen kam mir zugute. Der Sand wurde dadurch verdichtet und besser befahrbar. Womit ich eher meine Probleme hatte, waren Wellblechpisten und Steine. Wenigstens konnte ich trotz allen Prophezeiungen fahren.

Es waren wieder mehr Ziegen als Fahrzeuge auf der Straße. Die Einheimischen waren zu Fuß unterwegs. Die Kinder hatten ihre Freude an mir. Wenn es viele waren, umzingelten sie mich und liefen mir hinterher. Ein einzelnes Kind hatte eher Angst. An einer Wasserpumpe, an der einige Kinder und Frauen waren, bekam ich sauberes Wasser. Als ich den Fotoapparat heraus geholt hatte, verschwanden auf einmal die meisten Kinder.

Die einzigen Fahrzeuge auf dieser unbequemen Piste waren Holztransporter. Ich hatte schon lange keinen Wald mehr gesehen. Woher hatten sie die

Baumstämme? Ein Arbeiter aus Malaysia meinte, an der Grenze zu Gabun, weiter im Osten, gäbe es noch Wald. Wie lange noch? Wenn so ein Holztransporter an mir vorüber donnerte, wurde es sehr unangenehm. Auf einen Schlag war ich von oben bis unten vom Staub und Sand so rot wie die Erde. Alles nahm mit der Zeit die Farbe der Erde an.

Es gab immer wieder Ortschaften. Dort bekam ich relativ sauberes Trinkwasser. Ab und zu konnte ich auch eine Kleinigkeit zum Essen einkaufen. Auch hier gab es immer einen „Chef du Village“ oder Krankenhäuser, wo ich übernachten konnte. Sie hatten einen Nachtwächter, Wasser und einen großen Hof, meist auch überdacht, wo ich mein Zelt aufstellen konnte. Außerdem waren Krankenschwestern immer gute Informationsquellen. An einem Krankenhaus gab es extra einen überdachten Platz, wo Kinder geimpft wurden. Dort standen zwei Pulte, von einer Schule ausgeliehen. Es gab hier noch einige Naturvölker in den Wäldern. Die Kinder gingen nicht zur Schule, kamen aber zum Impfen. Bei dieser Gelegenheit sollten sie wenigstens lernen, ihren Namen zu schreiben. Malaria war hier immer noch eine häufige Todesursache. Die Leute gingen zuerst zu ihrem Medizinmann. Bis sie dann in ein Krankenhaus kamen, war es meist zu spät.

Krankenstation mit Pulten: prima Campingplatz

Auch hier waren Chinesen kräftig dabei, Straßen zu bauen. Nach 250 Kilometern, bei Dolisie, hatte ich endlich wieder Teer unter den Reifen. Es gab auch schon eine neue, moderne Tankstelle, wo ich viele Leckereien bekam, vor allem kühle Getränke. Auf dem festen, glatten Untergrund lief es wieder fantastisch. Einfach genial, wenn 15 Kilometer pro Stunde nicht die Maximalgeschwindigkeit, sondern die Durchschnittsgeschwindigkeit war. Zuvor, an der Schotterpiste, kamen immer wieder Dörfer. Da war es war kein Problem, einen Platz für mein Zelt zu bekommen. Die neuen geteerten Straßen führen an den Dörfern vorbei. Früher baute man Straßen, um Orte zu verbinden. Heute baut man Straßen, um Orte zu umgehen.

Der Verkehr auf den Straßen ging gegen Null. Landschaftlich sehr schön, bergig, viel grün und sehr ruhig. Aber nichts los. Frauen, die Maniok an der Straße verkauften, verrieten mir, dass hinter den Bäumen, die es hier wieder gab, ein Ort war. Nur ein kleiner, unbefestigter Waldweg führte dahin. Hinter den Bäumen versteckten sich einige Hütten. Gleich wurde ich sehr nett empfangen.

In der Zwischenzeit war das Ergebnis der Wahlen in Gabun bekannt. Ali hatte gewonnen, was einige Unruhen mit sich brachten. Darüber war ich doch sehr erstaunt, weil meines Erachtens doch allen klar war, dass Ali wieder das Rennen machte. Da lachte Pierre, der Chef des Dorfes, nur und meinte: „Das ist Afrika. Keine Wahlen ohne Unruhen!“ Recht hatte er.

Entlang den Straßen bauten die Chinesen auch Schulen und Krankenhäuser. Beide sahen fast gleich aus. Schmale, lange, einstöckige Gebäude, ockerfarben gestrichen, mit blauen Dächern. Sie fügten sich farblich gut in die Landschaft ein. Die Schulen waren etwas kleiner. Krankenhäuser hatten Auffahrtsrampen. Egal, ob Schule oder Krankenhaus, nichts war in Betrieb. Es mangelte an allem: Geräte, Lehrer, Krankenschwestern. Aber Hausmeister oder Wächter gab es. Da die Gebäude außerhalb von Ortschaften waren, war es ein prima Platz zum Zelten, ruhig, mit prima Aussicht.

Weil die neue Straße an jedem Ort vorbei ging, kam ich sehr selten an einem Laden vorbei. Die alten Wege in die Orte waren sehr schlecht ausgeschildert und meist nur Schotterpisten. Bei Loutété verließ ich die Hauptstraße kurz, um endlich in der Stadt einkaufen zu können. Hier gab es neben einem Bahnhof mit richtigen Zügen auch eine Zementfabrik, etwas veraltet, aber sie war noch in Betrieb. Anscheinend waren beides eine Hinterlassenschaft der Deutschen.

Die neue Straße und deren Verlauf waren weder auf meiner Karte noch auf meinem GPS eingezeichnet. So kam es, dass ich eine ganz andere Strecke fuhr, als ich eigentlich wollte. Bis Brazzaville, über 140 Kilometer kam dann so gut wie nichts mehr. Wenn ich Glück hatte, sah ich Leute auf der Straße, die ich nach einem Ort fragen konnte, der versteckt irgendwo im Gebüsch war. Ich wunderte mich, was diese Straße hier sollte? Kein Verkehr, kein Ort, nichts! Nur für mich? Eine sehr neue Straße entlang des Kongo-Flusses, auf einer Brücke, führte direkt in die Hauptstadt. Allerdings war sie nur für Personenwagen, die nur Reiche hatten, offen. Taxis, Busse, Lkw und Mopeds mussten die alte Straße nehmen. Nachdem ich den an der Straße postierten Polizisten überzeugt hatte, dass mein Fahrrad ein Fahrrad und kein Motorrad sei, durfte ich auch auf die neue Straße. War das ein Genuss. So gut wie ohne Verkehr entlang des Kongos, etwa sechs Kilometer direkt in die Innenstadt. Allerdings standen unter der Brücke Hütten, in denen Menschen lebten. Sie fanden die neue Brücke sicher nicht so toll. Ich landete direkt in der Innenstadt, dem Verkehr, Stau und Dreck. Am „Hippocampe Hotel" konnte ich gratis mein Zelt aufstellen, ein spezieller Service für „Overlander".

Brazzaville wäre endlich mal wieder ein Ort gewesen, in dem ich es länger ausgehalten hätte. Nur gab es im weiteren Verlauf meiner Reise zu viele Unsicherheiten. Lassen sie mich in Kongo-Kinshasa rein? Wie werden sie mein Visum für Angola interpretieren? Kann ich lange genug bleiben, wenn ich erst in zwei Wochen einreise? In Brazzaville hätte ich keine Ruhe gehabt. Deswegen ging es am nächsten Tag gleich weiter. Die Hauptstadt Brazzaville und die Hauptstadt Kinshasa sind nur durch den Fluss Kongo getrennt. Es gab keine Brücke, nur Fährverbindungen. Als ich am Hafen angekommen war, sagte man mir, ich könne nicht hinüber, denn das große Fährboot, das mein Fahrrad transportieren könnte, sei kaputt. Dann wurde mir der Vorschlag gemacht, ich könne ein Boot mieten. Kostenpunkt: Circa 120 US-Dollar. Ich war lange genug in Afrika, um zu wissen, es gab auch eine andere Lösung. Abwarten und verschiedene Leute fragen. Schließlich nahm sich der Direktor der Fährlinie meiner an. Als er mein Fahrrad sah, meinte er: „Natürlich passt es auf ein kleines Boot". Ich nannte ihn meinen „Retter". Daraufhin war er mir noch viel wohlgesonnener. Er kümmerte sich um alles, auch um meinen Ausreisestempel. Anfangs wollten sie dafür 10.000 CFA-Francs (15 Euro), plötzlich ging es auch so. Ich kam auf die Liste für ein Boot und kam nach einer Stunde Warten an Bord. Mein Fahrrad passte sehr gut auf das kleine Boot. Leider wusste ich noch nicht einmal, ob sie mich in Kongo-Kinshasa überhaupt hinein ließen. Ich wollte gar nicht daran denken, was gewesen wäre, wenn nicht. Womöglich nochmals den ganzen Heckmeck mit dem Boot. Die Überfahrt dauerte nur 15 Minuten.

Demokratische Republik Kongo (Kongo-Kinshasa)

Auch Kongo-Kinshasa; dem Kongo, von dem ab jetzt die Rede ist, möchte, dass das Visum im Heimatland oder in dem Land des derzeitigen Wohnsitzes ausgestellt wurde. Mein Visum für Kongo-Kinshasa hatte ich in Benin bekommen. So mancher Reisende wurde an der Grenze deswegen wieder zurück geschickt.

Kaum wieder an Land, kämpften die Träger um mein Gepäck. Dabei wäre doch alles so einfach gewesen, wenn ich alles gleich wieder auf mein Fahrrad hätte landen können. Nun stand mir die Immigration bevor und gleich die Frage, ob ich in Benin meinen Wohnsitz hätte. Wahrheitsgemäß antwortete ich mit „Nein". Ich wurde in ein Büro geführt und verhört. Als Radfahrerin hatte ich eine guten Grund, warum ich mein Visum nicht schon in Deutschland beantragen konnte. Man bekommt ein Visum maximal drei Monate vor der Einreise und ich war schon mehr als neun Monate unterwegs gewesen. Der Immigrationsbeamte brummelte etwas über die Botschaft in Benin zu seinem Kollegen. Sie hätten mir gar kein Visum ausstellen dürfen. Ich musste alle Länder auflisten, in denen ich gewesen war und die ich noch bereisen wollte. Die vielen Visa in meinem Reisepass waren überzeugend. Vor allem das Visum für Angola, dem nächst gelegenen Land, in meinem Pass war sehr von Vorteil. Der Beamte wollte nur noch eine Hotelreservierung für Kinshasa sehen. Die hatte ich wohlweislich auch. Er verschwand für circa 15 Minuten und kam dann mit meinem Reisepass mit Einreisestempel wieder. Welch eine Erleichterung. Er war sehr nett, zeigte mir noch, wo ich mein Geld tauschen könnte.

Eine Frau aus Kinshasa, Esther, die auch von Brazzaville nach Kinshasa übersetzte, hat mich zu sich eingeladen. Sie wohnte ungefähr zehn Kilometer außerhalb von Kinshasa, in einer sehr ärmlichen Gegend. Das Haus in dem ihre Wohnung war, war groß und neu. Ihre Wohnung für die Verhältnisse hier sehr modern. Was ich allerdings nie verstand: Warum hatte man einen riesigen Fernseher und sonstige elektronische Geräte, wenn man vielleicht nur ab 18 Uhr Strom hatte, aber keine Küche? Es gab nur eine Gasflasche mit Brenner, keine Spüle, kein fließendes Wasser, keinen Abfluss, nichts. Nur viele Plastikschüsseln.

Mit einem Nachbarmädchen machte ich mich auf die Suche nach einem Internetcafé. Ich musste mein Hotel stornieren. Als wir uns durch den Verkehr der vierspurigen Straße kämpften, spürte ich eine Hand in meiner Hosentasche. Das war nicht meine Hand und sie hatte da nichts zu suchen. Neben meinen Füßen in Radschuhen mit Metall gingen Füße in Flipflops. Pech gehabt! Das muss ganz schön weh getan haben. Zuerst voll auf den Fuß, dann gegen das Schienbein. Und raus war die Hand aus meiner Hosentasche und der Inhalt, mein GPS, noch darin. Welcome in Kinshasa.

Am nächsten Morgen bin ich sehr früh wieder los. Zuerst musste ich die zehn Kilometer in dem Verkehr zurück nach Kinshasa und auf der anderen Seite Richtung Süden. Mein Interesse an der Stadt war gestillt. Ich wollte nur noch weg. Irgendwann hatte ich den Dreck und Verkehr hinter mir gelassen und es ging auf relativ guter Straße mit meist vollbeladenen Minibussen weiter.

Gegen Abend sah ich einen Wegweiser zu einer Art Kirche. Unten standen ein paar Männer. Ich fragte, ob da oben eine Kirche sei. Ja. Ob ich vielleicht da oben auch zelten könnte. Es wurde diskutiert und der Sekretär der Gemeinde geholt, der mich auf den Hügel führte. So ein schöner traumhafter Ausblick über den Urwald, überhaupt bei dem Abendlicht. Abseits der Straße war es auch schön ruhig. Dort oben war nicht nur eine Kirche, sondern das Mausoleum des Gründers der Kirche und eine Schule. Unsäglich arm. Der

Gemeinde im Kongo: Polizisten, Sekretär und Pfarrer

Leiter der Schule war ein sehr netter, lächelnder älterer Herr. Er baut immer wieder ein bisschen an seiner Schule, wenn er die Mittel dafür hatte. Oft ist der Pfarrer in Afrika der reichste Mann in der Gemeinde. Hier nicht. Auch der Pfarrer hatte total zerrissene Hosen an.

Neben dem Sekretär waren noch zwei Polizisten da, die das Mausoleum bewachten. Auch diese waren als solche kaum zu erkennen. Bei einem konnte man erahnen, dass das, was er an hatte, einmal eine Uniform war. Beide waren sehr klein und schmächtig. Sie wollten sich extra noch vor ihrer Polizeihütte fotografieren lassen. Es war ein Konstrukt aus Stroh, Lumpen, Plastikplanen und ein bisschen Wellblech. Wie lange sie noch halten würde? Am Morgen, als ich meinen Kaffee trank, kamen sie und drehten ihren Joint. Marke: Eigenanbau. Was anderes konnten sie sich nicht leisten.

Ich machte mich wieder auf den Weg. Bald war leider Schluss mit Teer, dann fing der Spaß an. Kongo-Kinshasa war wahrscheinlich das einzige afrikanische Land, in dem ich keine Chinesen sah. Vor allem nicht im Straßenbau. Am Anfang bestand die Straße aus noch relativ festem Sand mit ein paar Wellen. Selbst Busse konnten hier noch fahren. Damit war bald Schluss. Außer mir gab es nur noch Mopeds. Von „Straße" konnte keine Rede mehr sein. Wagte sich doch ein Lastwagen in diese Gegend, blieb er mit großer Wahrscheinlichkeit auf der Strecke. Vor allem, da sie meist total überladen waren, brachen sie komplett zusammen.

Je ärmer das Land, desto mehr Kinder. Von einem Dorf zum nächsten rannten sie mir hinterher, hängten sich an mein Fahrrad und versuchten etwas von meinem Gepäckträger zu ergattern. Am Abend war ich wieder bei einem „Chef du Village" wo ich auch sofort von mindestens dreißig Kindern umzingelt war. Die meisten standen nur da und starrten, obwohl ich nichts gemacht hatte. Am Anfang verstand ich es ja. Hier kam mit Sicherheit nicht oft eine Radfahrerin vorbei. Aber das ging stundenlang. Ich dachte, es müsste ihnen doch langweilig werden. Aber nein, keine Chance. Als ich ins Zelt verschwand, starrten sie auf das Zelt. Keiner schien sich um diese Kinder zu kümmern. Morgens stand ich um fünf Uhr auf, sodass ich wenigstens noch in Ruhe frühstücken konnte. Da saß schon das erste Kind und starrte mich an. Die Straße wurde furchtbar. Nun gab es auch keine Mopeds mehr. Nur die Kinder folgten mir. Von Fahren konnte nicht mehr die Rede sein. Wenn es nicht die Felswände hoch ging, bestand der „Weg" aus tiefem Sand oder tiefen Auswaschungen. Dann ging es um eine Kurve und tatsächlich, da kamen noch ein paar Hütten. Hier war der „Chef du Village" ein altes, armes Männchen, kaum Zähne, aber mit einem Lachen über das ganze Gesicht. Am Abend unterhielt er die Familie und Nachbarn am Feuer. Leider verstand ich sehr wenig. Es gab aber ein großes Gelächter. Ich war allerdings so müde, dass ich mich bald ins Zelt verzog.

Für die restlichen paar Kilometer bis zur Grenze nach Angola brauchte ich Stunden. Mein Fahrrad musste ich durch tiefen Sand schieben. Von Weitem, von einem Hügel aus, sah ich endlich die Grenze. Wieder einmal die Frage. Lassen sie mich rein? Und wenn ja, für wie viele Tage? In Afrika war ich mir trotz Visum nie so sicher.

Angola: Das große Unbekannte

Nach der Unabhängigkeit 1975 war Angola bis 2002 im Bürgerkrieg. Immer noch galt Angola als kritisch, es wurde von einer Reise abgeraten. Das Land

Fahrradfahren auf Sand, wahrlich eine große Herausforderung

machte auch keine Anstrengungen bezüglich Tourismus. Ein Visum war nur schwer zu bekommen.

Wie sah es nun aus, in dem großen unbekannten Land? Zwischen Kongo-Kinshasa und Angola sind einige Kilometer Niemandsland. Bis zum Grenzfluss wurde ich noch von einigen Kindern begleitet. Sie kamen nicht über die Brücke. Nach weiteren Kilometern kamen die ersten Wachposten. Sie ließen gleich alles liegen und stehen und halfen mir, das Fahrrad den Berg zur Immigration hoch zu schieben, ein sehr netter Empfang. Es war Sonntag, Mittagszeit. Kein Wunder, dass der Zuständige nicht da war. Ich wartete. Die wenigen Gebäude sind eine alte portugiesische Hinterlassenschaft. Leider durfte ich nicht fotografieren. Nach einer Stunde kam der Zuständige, schrieb alle meine Daten auf, samt den Ländern, wo ich war und wo ich noch hin wollte, und schickte mich ohne meinen Einreisestempel weiter. In Maquela sollte ich mir den Stempel holen. Mist, das waren noch circa 30 Kilometer; es war Sonntag und ich wusste nicht, ob sie auf hatten und wenn ja, wie lange.

Die Strecke nach Maquela war ungeteert, aber besser als im Kongo. Mit den vielen Steinen, Sand und Wellblech aber noch eine starke Herausforderung.

Teilweise war die Hälfte der Straße einfach weggebrochen. Nach 18 Kilometern wurde es zwar etwas besser, aber es begann das Afrika-übliche Auf und Ab. Kurz vor 18 Uhr erreichte ich bei Anbruch der Dunkelheit Maquela. Die Suche nach dem Immigrationsbüro konnte beginnen. Und das auf Portugiesisch, der Amtssprache in Angola. Ich wurde kreuz und quer durch den Ort geschickt. Gerade als die Beamten das Gebäude verließen, traf ich außer Atem, schweißüberströmt, ein. Sie hatten natürlich keine Lust mehr, alles aufzuschließen und mir den Stempel zu geben. Wenigstens verbrachte ich so meine erste Nacht in Angola nicht „illegal". Einer der Herren brachte mich zu einer Pension. Das war mir sehr recht.

Es war dunkel und eine Dusche war mal wieder angebracht. Eine Dusche gab es natürlich nicht, vor allem kein warmes Wasser. Wenigstens konnte ich mich etwas waschen. Obwohl ich wieder sehr müde war, konnte ich nicht schlafen. Eine Kakerlake war sehr aktiv. Außerdem war es das erste Mal seit Langem, dass ich in einem geschlossenen Raum war.

Am nächsten Morgen auf dem Weg zur Immigration konnte ich mir eine angolanische SIM- Karte besorgen. Das ging erstaunlich flott, ohne Registrierung wie in den anderen Ländern. Der nette Herr tauschte mir noch US-Dollar in angolanische Kwanza zu einem sehr guten Kurs. Man hatte mir gesagt, ich solle auf jeden Fall genug Dollar mitnehmen, denn auf der Straße bekäme ich einen wesentlich besseren Kurs als in der Bank. Ich fand das immer sehr bedenklich. Es war meist ein Zeichen, dass etwas in dem Land nicht so ganz in Ordnung war. Während ich auf meinen Stempel wartete, konnte ich endlich mal wieder meine E-Mails durchgehen. Der Beamte war mit meinem Stempel schneller als ich.

Ab Maquela war die Straßen geteert. Auch hier waren Chinesen schon schwer zugange. Weiter ging es mit mehr Auf als Ab. Irgendwie hatte ich angenommen, dass ich in Angola wieder in tiefere Gefilde käme, aber das Gegenteil war der Fall. Aus mir unerfindlichen Gründen hatte ich keine Karte für Angola. Trotz GPS und Google Maps hatte ich für jedes Land eine Landkarte, aber nicht für Angola. Weder über mein GPS noch auf Google Maps hatte ich irgendwelche Höhenangaben. So war ich mal wieder einigen Überraschungen ausgeliefert.

Ich war sehr erstaunt, wie entwickelt Angola im Vergleich zu Kongo-Kinshasa war. Es gab richtig nette Siedlungen, zwar sehr langweilig, alle Häuser gleich, aber manche hatten sogar Solarzellen. Strom und Wasser gibt es normalerweise auch hier in den Dörfern nicht. Als ich ein Foto machte, stand sofort ein Soldat da. Bevor er mir sagen konnte, dass ich das nicht durfte, fing ich an, ihn auszufragen. Es waren Wohnungen für Funktionäre. Meist Soldaten. Die Armee war hier oben sehr stark vertreten, die Polizei auch. Es gab auch einige Schulen und Krankenhäuser, sehr neu, aber leer.

Zu essen, überhaupt Brot, war Mangelware. Nur in größeren Orte konnte ich einkaufen. Palmwein, der Alkohol des armen Mannes, war selbstgemacht und gab es leider fast überall. Meist schlief ich wieder beim Dorf-Obersten. Hier war es viel ruhiger als im Kongo. Ich sah wesentlich weniger Kinder. Viele gingen auch zur Schule. Sie hatten sogar so etwas wie eine Schuluniform, lange, weiße Kittel, wie Ärzte. Das erste Mal sah ich auch, dass sie so etwas wie Hefte hatten. Die Stühle mussten sie selbst mitbringen.

Weiter ging es mit dem Auf und Ab, das mich wahrscheinlich noch durch ganz Afrika begleiten würde. Insgesamt ging es immer höher und es wurde nachts sehr kalt. Das hätte ich in Afrika auch nie vermutet. Die Straße wurde immer schlechter, mir auch. Die Qualität des „Trinkwassers“ war nicht die beste. Da sie ja nichts anderes hatten, wurde so ziemlich alles getrunken, was flüssig war. Ich hätte meinen Wasserfilter benutzen sollen. Abkochen half auch nicht immer.

An einer Polizeikontrolle konnte ich wieder zelten. Die diensthabende Polizisten waren sehr nett und freundlich. Ihnen schien es direkt Spaß zu machen, dass sie mal etwas anderes tun konnten. Nur mir wurde es sehr übel und ich fror. Ich würde doch jetzt nicht krank werden! Natürlich fuhr ich am nächsten Tag weiter. Vor einem langen Anstieg befand sich ein Restaurant, aber nicht einmal die Besitzer hatten noch etwas zu essen. Danach kamen höchstens kleine Bantu-Dörfer. Da waren auch keine Läden. Sie waren Selbstversorger.

Die Landschaft war wieder bezaubernd, Berge, Felsen und Sträucher. Leider war auch hier Brandrodung in vollem Gange. Diesmal war das Feuer sehr dicht an der Straße. Der Wind blies die ganze Hitze auf mich zu. Auf der brachen Fläche wurde wie fast überall Maniok angepflanzt. Ich war fix und fertig, als ich endlich wieder ein paar Leute sah. Ich fragte, ob ich irgendwo was zu essen haben könnte. Nur ein Mann hat mich verstanden. Er meinte, im nächsten Ort, nicht mehr weit, auf dem Berg, gäbe es ein Restaurant. Er half mir sogar, mein Fahrrad den Berg hochzuschieben. Tatsächlich, da war ein Restaurant. Der Besitzer sprach französisch. Sehr nett. Ich bekam Reis mit Tomaten. Meinen Retter habe ich auf ein Bier eingeladen. Es war wahrscheinlich das nobelste „Restaurant" weit und breit. Gleich daneben war ein Polizeiposten, wo ich zelten konnte. Ich hätte nie geahnt, dass ich in Afrika so frieren würde. Auf dieser Höhe wurde es nachts furchtbar kalt. Ich war über meinen dicken Schlafsack wieder sehr froh.

Am nächsten Tag ging es mir immer noch nicht gut. Ich war immer noch entkräftet. Eigentlich hätte ich schon lange eine Pause gebraucht. Allerdings hatte ich keine Ahnung, wie es in Angola weiter gehen würde. Dazu kam, dass ich im Oktober für vier Wochen nach Deutschland zurück wollte. Das erste Land, in das ich ohne Probleme wieder einreisen konnte und auch die Flüge bezahlbar waren, war Sambia. Also hatte ich einen Rückflug von Lusaka aus gebucht. Zeitlich hätte es gut gereicht, wenn nichts dazwischen

Brandrodung kann ganz schön heiß werden

gekommen wäre. Aber langsam war ich unter Zeitdruck. Ich hoffte nur, dass die Straßen fahrbar blieben. Als mir die Polizisten anboten, sie könnten ja einen Lastwagenfahrer fragen, ob er mich mitnehmen könne, lehnte ich nicht ab. So landete ich in dem riesigen Sattelschlepper von Samuel. Auf die Plane, unter der sich unendlich viele Zementsäcke befanden, wurde mein Fahrrad gebunden. Er fuhr sehr weit in meine Richtung und ich konnte lange mit ihm mitfahren. Allerdings ging es auf den schlechten Straßen nur sehr langsam vorwärts. Zum Glück konnte man mit dem Sattelschlepper nicht schnell anfahren und abrupt abbremsen. In stetig langsamer Geschwindigkeit ging es es um die Schlaglöcher herum. Und es ging noch weiter den Berg hinauf.

Ja, ich hatte geschummelt. Aber lieber schummeln als den Flug verpassen.

Samuel hat von 1992 bis 1998 in Deutschland, in Rostock, bei den Dieselwerken gearbeitet. Danach musste er Deutschland wieder verlassen. Das Gute an solchen Mitfahrgelegenheiten ist, man erfährt doch wieder ganz andere Dinge über das Land. Es war doch nicht alles so schön und fortschrittlich, wie es von außen aussah. Die Korruption war auch hier weit verbreitet, der Staat sehr verschuldet, darum standen Schulen und Krankenhäuser leer.

Ich hatte es natürlich auch sehr bereut, durch diese wundervolle Landschaft nicht mit dem Fahrrad fahren zu können. In Kuito, einer Kreisstadt, gab es einen richtigen Supermarkt, wo ich meine Vorräte wieder aufstocken konnte. Es gab sogar einen Bahnhof und richtige Züge! Dem hätte ich mehr Beachtung schenken sollen. Ich erfreute mich nur, nach der langen Autofahrt wieder auf dem Fahrrad zu sitzen. Voll der Zuversicht, dass es mir jetzt locker bis zum 9. Oktober nach Lusaka reichen würde, startete ich in Kuito auf bester, neuer Straße. Aber wie es so ist, es sollte alles anders kommen. Nach circa 40 Kilometern war Schluss. Noch hoffte ich, dass es nur eine der langen chinesischen Baustellen war, und ich bald wieder auf Teer fahren könne.

In einem kleinen Dorf konnte ich in einer Schule übernachten. Die jungen Lehrer waren sehr engagiert und motiviert. Einer der Lehrer half seiner Freundin beim Kochen und wusch das Gemüse. So etwas hatte ich in ganz Afrika noch nicht gesehen. Ein Mann machte keine Frauenarbeit! Auch wenn er absolut nichts zu tun hatte und die Frau und Mädchen sich abschufteten. Es schien, hier wuchs eine andere Generation heran. Leider meinten die Lehrer, die Baustelle ginge auf jeden Fall noch neun Kilometer, bis nach Catabola, so weiter. Soviel sie wussten, käme keine Teerstraße mehr.

In einem kleinen, alten portugiesischen Städtchen, Camacupa, hatte es einmal Teer gegeben. Das gehörte schon lange der Vergangenheit an. Die Gebäude machten es sicher auch nicht mehr lange. Eigentlich wollte ich hier eine Pause machen. Daraus wurde leider nichts, ich hatte wieder einen Platten. Umzingelt von Kindern, flickte ich mein Rad. Ein paar Polizisten kamen und meinten, ich solle auf die Polizeistation kommen, der Chef wolle mit mir sprechen. In ganz Angola, vor allem in den abgelegeneren Gegenden, wollte der Polizeichef mich sehen. Das war keine Strafe oder Pflicht, sondern eine Ehrerbietung. So viele Touristen kamen hier sicher nicht vorbei. Ich hatte gerade alles schön ausgebreitet, es war windig und ich wollte hier nicht weg, bevor ich mein Rad nicht geflickt hatte. Ich sagte, ich könne kein Portugiesisch, was das Interview immer sehr mühsam machte. Die Polizisten zogen wieder ab. Als ich nach dem Flicken dann los wollte, kamen zwei Männer. Einer hat mich einfach fotografiert. Wie ich es in Afrika lernte, machte mich das inzwischen auch sehr wütend. Als ich dann meine Kamera heraus zog, liefen die Kinder rasch weg. Schnell fuhr ich aus der Stadt. Plötzlich wurde ich von zwei Mopeds angehalten. Auf einem saß der Polizeichef, auf dem andern der Fotograf hinten drauf. Der Fotograf war auch der Übersetzer für die üblichen Fragen, woher ich komme, wohin ich fahre und so weiter. Nur dieses Mal fragten sie mich noch: „Haben Sie eine Waffe dabei?" Lachend antwortete ich: „Ich weiß ja nicht einmal, wie man damit umgeht." Aber anscheinend hatten mich Leute mit einer Waffe gesehen. „Haben Sie eine Kamera dabei?" – „Ja", sagte ich und zog meinen Fotoapparat heraus. Da lachten sie. Anscheinend wurde die Kamera für die Waffe gehalten. Kein Wunder, dass die Kinder so schnell davonrannten. Im Nachhinein tat es mir sehr leid. Danach durfte ich weiter ziehen.

An der Grenze zum Kongo gab es einige Hinweisschilder wegen Tretminen. Mir wurde gesagt, die gäbe es nur noch hier im Norden. Umso erstaunter war ich, als ich ein gänzlich evakuiertes Dorf sah. Überall waren die roten

Fähnchen, auf denen „Perigo Minas“ (Gefahr Minen) stand. Ein rotweißes Band sperrte das Dorf ab. Zwischen den Hütten standen Zelte vom Roten Kreuz. Auch diese machten einen sehr verlassenen Eindruck. Schnell weiter und vielleicht besser nicht wild zelten. Lieber wieder zum „Chef du Village“.

Schon länger fuhr ich an Einheimischen vorbei. Ich weiß nicht, welche Strekken sie zurücklegen mussten, um Wasser und Feuerholz zu holen. 20 Kilometer waren es sicherlich. Hier waren auch Männer daran beteiligt. Trotz alledem, so schwer sie es auch ohne Strom und Wasser hatten, am Abend wurde vor jeder Hütte ein Feuer gemacht, gekocht, geredet und gelacht. Die Konversation ging durch das ganze Dorf, von Hütte zu Hütte. Ich lag mittendrin in meinem Zelt, lauschte und verstand natürlich nichts. Welch ein sozialer Zusammenhalt .

Die Straße wurde immer schlechter. Sie bestand fast nur noch aus Sand. schon manches Fahrzeug war hier auf der Strecke geblieben. Panzer säumten die Straßen, Zeugen des Krieges. Die Kinder hatten davon nur noch indirekt etwas mitbekommen. Trotzdem waren sie wegen der vielen Minen und amputierten Leute immer noch davon betroffen.

Eines der größten Probleme für mich war, dass mir keiner sagen konnte, wie gut oder schlecht die Straße im weiteren Verlauf war. Die Leute hier reisten nicht. Vielleicht wussten sie, wie es bis zum nächsten Dorf aussah, aber weiter nicht.

In Cuemba wurde ich wieder von der Polizei empfangen. Als Dolmetscher wurde Jaime, ein junger Lehrer, gerufen. Seine Eltern flüchteten nach Sambia, wo er geboren wurde und englischsprachig aufwuchs. Erst vor ein paar Jahren kam die Familie zurück. Die Polizisten sagten mir, die nächste Strecke würde sehr sandig werden, es ginge durch einen Wald mit Löwen, und 65 Kilometer weit käme nichts, auch kein Wasser. Wie es danach aussah, konnte mir niemand sagen. Ich solle besser in Cuemba bleiben und am nächsten Tag weiterfahren. Jaime begleitete mich, Brot und Wasser zu kaufen. Als wir zurückkamen, war es spät geworden. Auch weil ich die Unterhaltung mit dem jungen Lehrer genoss, beschloss ich, zuerst einmal zu bleiben. Ich schlug mein Zelt im Hof der Polizei auf. In Cuemba gibt es einen Bahnhof.

Die Personenzüge fahren dienstags und mittwochs. Es war Mittwoch, als ich ankam, der letzte Zug in der Woche war gerade weg. Am Abend hielt ein Güterzug, der auch in sehr begrenzter Anzahl Passagiere mitnehmen konnte. Leider war er schon besetzt.

Am nächsten Tag wollte ich versuchen, selbst nach Munhango durchzukommen. Ich füllte meine Wasserflaschen, kaufte noch etwas Brot und startete voller Zuversicht am nächsten Morgen. Jetzt hatte ich doch schon so viel hinter mich gebracht, dann würde ich das doch auch noch schaffen! Auf dem ersten Abschnitt gab es noch nicht viel Sand. Es waren große Steine, die das Fahren immens erschwerten. Für die ersten 15 Kilometer brauchte ich zwei Stunden. Kein einziges Fahrzeug begegnete mir in dieser Zeit, obwohl es eine Hauptverbindungsstrecke war. Ich setze mich unter einen Baum, genoss die Ruhe, überlegte und fuhr wieder zurück. Wenn das so weiter ginge, bräuchte ich zumindest wesentlich mehr Wasser. Am Tag darauf neuer Start mit circa 14 Litern Wasser und extra viel Essen. Ich rechnete damit, dass ich bis zum nächsten Dorf, Munhango in 56 Kilometer, zwei Tage bräuchte. Nachdem ich die Strecke vom Vortag hinter mich gebracht hatte, fing der Sand an. Zuerst konnte ich wenigstens ab und zu fahren, damit war auch bald Schluss.

Tretminen sind immer noch ein großes Problem

Ich musste mein Fahrrad durch tiefen Sand schieben. Es wäre wirklich vernünftiger gewesen zu warten und in der nächsten Woche den Zug zu nehmen. Aber Vernunft war noch nie meine Stärke ...

Dann kam tatsächlich ein Auto! Das erste überhaupt, der Krankenwagen aus Cuemba. Hinten war alles ausgebaut. Auf dem blanken Boden saßen drei Pfleger. Mein Fahrrad kam in die Mitte und ich auf die Seite. Ich dachte und hoffte, sie führen bis Munhango. Sie bogen aber vorher bei ein paar Hütten ab. Von dort waren es immer noch 24 Kilometer bis Munhango. Ich war eigentlich der Meinung, ich würde es noch schaffen, es war ja erst Mittagszeit. Ich schob los. Jeder Versuch zu fahren scheiterte. Es war so mühsam aufzusteigen, um nach zehn Metern wieder abzusteigen. Nach 12 Kilometern, fünf Stunden später, gab ich auf. Mir tat alles weh, ich war fix und fertig. Ich hatte keine Bedenken, mein Zelt direkt neben der Sandpiste aufzustellen. Es kam mit Sicherheit kein Auto mehr, es gab keine Fußspuren, hier war niemand. Außer Tiere, es gab viele merkwürdige Spuren, aber keine, die wie Löwentatzen aussahen. Auf dem Sand war auch nichts, was man niederbrennen hätte können. Vor Buschfeuer hatte ich mehr Angst als vor Löwen. Feuer habe ich schon zu oft gesehen. Nachdem ich gegessen hatte, schlief ich sofort ein. Das war das fantastische an der abgeschiedenen Gegend. Diese absolute Ruhe.

Am nächsten Morgen tat mir alles weh und ich hatte vom Schieben Blasen an den Fingern. Nichtsdestotrotz, auf mich warteten die letzten 12 Kilometer nach Munhango, wo ich zur Mittagszeit ankam. Wieder einmal war der erste Gang zur Polizei. An Weiterschieben war natürlich nicht zu denken. Ich musste mir etwas anderes einfallen lassen. Hier hatte ich erfahren, dass es so für die nächsten hundert Kilometer weiter ging. Warum konnte man mir das nicht schon in Kuito sagen, dass diese Strecke unpassierbar war?

Es wurde die Chefin der Polizei geholt, die mich sofort zu sich einlud. Wir waren der gleiche Jahrgang und waren uns gleich sympathisch. Das war wirklich absoluter Luxus. Sie wohnte in einem der Neubauten für die Funktionäre, voll ausgestattet mit Ledersofa, riesigem Fernseher und richtigem Bad mit Badewanne. So etwas hätte ich in Angola nie vermutet und schon gar nicht in dieser Einöde. Es gab aber kein fließend Wasser und Strom erst spät am Abend. Der Rest des Dorfes bestand aus Trümmern, Hinterlassenschaft der Kriegszeiten. Ruth hatte die ganze Zeit hier oder in Cuemba verbracht. In dieser Gegend hatte es schwer gewütet. Nirgends hatte sie hingehen können. Nicht zu Fuß, da alles voll von Tretminen war, und nicht mit dem Auto, da das gleich beschossen wurde.

Seit ich in Angola war, entzündete sich jeder kleinste Kratzer an meinen Beinen. Ich versuchte es bisher mit Desinfektion und Antibiotika-Creme, mit wenig Erfolg. Es wurde die Krankenschwester gerufen, die im „Posto de Saude“ meine Wunden säuberte und richtig verband. Dazu gab es noch eine Aufbauspritze. Das Ganze hat furchtbar weh getan. Ich wollte mir nichts anmerken lassen, da sie sicherlich Schlimmeres durchgemacht hatten.

Obwohl die Polizisten in Cuemba meinten, hier gäbe es überhaupt nichts, kein Wasser und keinen Laden, bekam ich doch alles. Selbst ein Bier konnte ich mir als Belohnung für die Strapazen kaufen. Am Abend wurde gekocht. Für mich gab es Reis mit Bohnen. Für die anderen gab es Fufu, den Brei, den ich seit Guinea immer wieder angeboten bekam. Je nach Land heißt er

Zelten direkt auf der Sandpiste

anders. Dazu gab es bittere, grüne Blätter als Gemüse. Es war nicht mein Fall, hätte es aber auch gegessen.

Mit den Polizisten hatten wir ausgemacht, dass sie Bescheid geben, wenn ein Fahrzeug durchkäme, das mich mitnehmen könnte. Da der Verkehr hier gleich Null war, war damit an diesem Tag nicht mehr zu rechnen. Am Morgen, es war so gegen sechs Uhr, ich wollte mich gerade nochmals umdrehen, wurde ich gerufen. Schnell, schnell, ein Lkw war da und konnte mich mitnehmen. Da wurde sogar ich ohne Kaffee aktiv. Wer wusste, wann die nächste Möglichkeit käme. Sofort wurde mein Fahrrad auf Kisten mit Tomaten hinter all die Kanister gebunden. Und es gab mal wieder eine Verabschiedung. Dann saß ich in einem der ältesten Lkw, die ich je gesehen hatte. Der Start einer langen abenteuerlichen Fahrt.

180 Kilometer bis nach Luena. Ob das gut ging? Der Lkw stammte sicher noch aus Vorkriegszeiten. Es war praktisch nur noch Karosserie, die Sitze waren nur eine Plane. Wieder einmal hatte ich das langsamste Fahrzeug erwischt. Abgesehen davon, dass der Lkw furchtbar Krach machte und trotz Sand ganz schön hoppelte, konnte ich die Fahrt und die Landschaft genießen. Es gab dichten Wald und es sah wirklich so aus, als ob jederzeit ein Löwe aus dem Gebüsch springen könnte.

Sogar der Lkw schaffte es kaum im Sand den Berg hoch. Das Autofahren hier war Schwerstarbeit, mit dem riesigen Lenkrad, ohne Servolenkung durch die Prärie. Die Gänge gingen kaum rein, kosteten viel Kraft. Der erste Gang wurde mit ganzer Wucht gegen das Armaturenbrett reingehauen. Der Beifahrer musste immer wieder im Motor Wasser nachfüllen. Leider konnte ich mich wegen Sprachschwierigkeiten kaum mit den beiden unterhalten. Als das Auto nicht mehr anspringen wollte, wurde schnell der Motor mitten im Sand zerlegt. Ob es ein größeres Problem sei?, wollte ich wissen. Nein, nein, und schon war alles wieder zusammengebaut und das Auto sprang wieder an. Es war schon dunkel, als wir in Luena angekommen waren. 14 Stunden für die 180 Kilometer, mit dem Auto! Unter normalen Umständen wäre ich mit dem Fahrrad fast schneller. Bei meiner Schiebegeschwindigkeit hätte ich dafür zwölf Tage gebraucht. In Luena waren die Straßen geteert!! Welch herrlicher Anblick.

Natürlich war die Polizei wieder meine Anlaufstation. Nicht nur zum Übernachten, sondern auch, um die besten Informationen für die weitere Strecke herauszufinden – dachte ich. Ja, bis zur Grenze nach Sambia, auf dieser Strecke, die ich fahren möchte, wäre alles geteert. Voll Freude fuhr ich los. Allerdings nicht lange. Mir war überhaupt nicht gut. Die lange abenteuerliche Autofahrt hatte ihre Nachwirkungen, mir war schwindelig und übel. Auch meine Wunden wurden nicht besser, sie taten weh. Ich setzte mich an den Straßenrand um auszuruhen. Ein Mopedfahrer kam vorbei, hielt an, setzte sich zu mir. Er war ganz ruhig, belästigte mich nicht mit den ewig gleichen Fragen, sondern war nur da. Ich war ihm so dankbar dafür. In Luena gäbe es ein Krankenhaus, meinte er, ich solle doch dahin zurück. Das wollte ich überhaupt nicht. In die andere Richtung käme lange nichts. Ich wollte gar nichts, nur im Schatten sitzen. Bevor der Mann weiter fuhr, bot er mir eine Maniok-Wurzel an. Man konnte sie auch roh essen. Ich lehnte dankend ab. Wer weiß, was was er sonst noch zu essen hatte, außer den Keksen, die ich ihm schenkte. Nach zwei Stunden ging es mir besser und ich kam bis Canaje. Schon von Weitem sahen sie mich kommen und holten sofort den Pfleger. Er hatte eigentlich schon Feierabend, schloss aber das Gesundheitszentrum wieder auf. Wie üblich in den Dörfern gab es auch hier weder Wasser noch Strom. Da ich inzwischen zehn Wunden hatte, dauerte es etwas, es wurde dunkel. Ich leuchtete ihm mit meinem Kindle. Nach vollbrachter Tat gingen wir in die Cantina. Ich lud den Pfleger und seinen Assistenten zum Bier ein. Dazu wurde Essen serviert, wieder dieser Brei aus Maniok und Shima, mit Tomaten. Als Licht musste die Batterie-Lampe reichen. Ich hatte zum Glück meine Stirnlampe inzwischen aus den Radtaschen geholt. Das Bier durfte ich bezahlen, das Essen nicht. Dazu wurde ich eingeladen.

Bevor ich am nächsten Tag weiter fuhr, war ich nochmals im Gesundheitszentrum. Der Pfleger gab mir Paracetamol und ein Rezept für Dyclophenac und Antibiotika. Die sollte ich im Krankenhaus in Lucusse holen. Ich bedankte mich vielmals, bezahlen musste man in Angola für die Behandlung nichts. Ich schenkte ihm dafür eine meiner Stirnlampen, damit er in Zukunft auch im Dunkeln behandeln konnte.

Hier war viel Wald abgebrannt worden, um Maniok anzubauen. Ob das gut war? Ich wusste aber nicht, was sonst auf dem sandigen Boden wachsen könnte.

Es war Mittagszeit, als ich in Lucusse ankam. Eigentlich wollte ich nur eine längere Mittagspause machen, meine Medikamente holen und weiter, obwohl mein Fuß in der Zwischenzeit so geschwollen war, dass ich kaum mehr in meine Radschuhe passte. Der Pfleger im Krankenhaus war ein kleines, zahnloses Männchen, der sofort ein Teil der Medikamente holte. Die Antibiotika bekamen wir vom „privaten“ Arzt. Seine Frau verkaufte Medikamente, die auf irgendwelchen obskuren Wegen aus China in das Land kamen. Eric, der Arzt, hatte seine Ausbildung im Kongo gemacht, als er dort als Flüchtling war. Er sprach deswegen nicht nur französisch, sondern hatte dort auch eine wesentlich bessere Ausbildung bekommen als die Pfleger von den „Posto de Saude“. Er versorgte meine Wunden gleich fachmännisch und verbot mir, meine Schuhe vorerst anzuziehen. Das war auch kaum mehr möglich.

Eric begleitete das Team von MAG (Mines Advisory Group), die Minen suchten und entschärften. Etwa 400 Minen hatten sie in den letzten Jahren entschärft. Es gab aber noch ein großes Gebiet, was sie kontrollieren mussten. Damit sind sie die nächsten Jahre beschäftigt. Precious, Erics Frau, lebte in Sambia, im Asyl. Zwei ihrer drei Söhne waren noch mit ihrer Mutter dort. Sie wollten noch nicht wieder zurück. Es war alles einfach zu schrecklich. Sie wollten zuerst die Wahlen 2017 abwarten.

Es waren einige im Flüchtlingslager in Sambia gewesen, ich wurde öfters auf Englisch angesprochen. Ein Lehrer kam extra vor seinem Unterricht vorbei. Er unterrichtete Englisch, wurde dafür aber nicht bezahlt. Der Staat hatte dafür kein Geld. Er überlegte sich, zurück in das Flüchtlingslager nach Sambia zu gehen, da war es ihm viel besser gegangen. Damit war er nicht der einzige.

Nach einer Nacht Zelten an der Polizeistation, setzte ich mich an den Posten, wo die Fahrzeuge kontrolliert wurden. Da ich nicht Radfahren konnte, hoffte ich, wenigstens von einem Auto mitgenommen zu werden. Der Termin für meinen Rückflug saß mir im Nacken. Man sagte mir gleich, ich solle mir keine großen Hoffnungen machen. Es führe kaum einer diese Strecke. Komisch, es war eine Hauptstraße zur Grenze, bisher geteert. Tatsächlich verbrachte ich den ganzen Tag dort, schrieb Tagebuch und unterhielt mich mit den Leuten. Die Polizisten hatten wirklich einen lockeren Job. Wenn ein Auto kam, fuhr es nur in den Ort.

Erst am Abend, ich war hungrig und gerade dabei, meinen Kocher anzuwerfen, kam ein Auto, das mich mitnehmen konnte. Einerseits war ich froh, dass ich endlich wegkam, andererseits war ich hungrig und wollte nicht gerade in der Dunkelheit fahren. Mir blieb nicht viel übrig. Mein Fahrrad wurde auf Paletten von Bierdosen und Softdrinks geladen. Ich durfte im Fahrerhaus des Toyota-Allrad-Pick-ups Platz nehmen. Kaum aus dem Ort hinaus, merkte ich sofort, warum niemand diese Strecke fuhr: Sand! Ich konnte es nicht fassen! Wurde mir doch beteuert, dass bis zur Grenze alles geteert sei. Nein, die nächsten 200 Kilometer war wieder nur Sand. Dieser feine, tiefe Sand, wie ich ihn schon zur Genüge kannte. Ich war froh, dass ich wegen meines Fußes nicht in Versuchung geraten war, das zu fahren!

Da es selbst mit dem Jeep schwierig war, auf der Straße zu fahren, preschte Oskar, der Fahrer, wie wild durch die Gegend, durch das meterhohe Gras und im Slalom um die Bäume. Er machte dabei einen netten, vertrauenerweckenden Eindruck. Schnell merkte ich, er fuhr die Strecke nicht zum ersten Mal. Natürlich blieb eine Reifenpanne nicht erspart. Unglaublich schnell hatten Oskar und sein Helfer Emanuel das Rad gewechselt. Und das bei Dunkelheit im Sand. Sie waren wirklich sehr erfahren.

Mitten in der Nacht kamen wir an einem Haus in einem Dorf am Sambesi an. Alle, die noch im oder auf dem Auto waren, legten sich in dem Haus schlafen. Also tat ich das auch. Wenigstens für ein paar Stunden. Am Morgen fragte ich Emanuel, wo denn jetzt die Grenze sei. Früher wurde mir gesagt, sie sei gleich nach dem Sambesi. Was ich zu hören bekam, war eine der üblichen Überraschungen. Es seien nochmal 56 Kilometer bis zur Grenze – im Sand! Ich war schockiert! Ich hatte es so satt und fragte mich, wann diese Irrfahrt wohl zu Ende wäre. In Luena hatte man mir noch gesagt, es sei alles bis zur Grenze geteert. Emanuel beruhigte mich gleich, ich könne mit ihnen mitkommen. Das Auto wurde auf dieser Seite des Flusses gelassen. All die Waren wurden in einen Einbaum geladen, mein Fahrrad auch und über den Fluss gebracht. Auf der anderen Seite warteten wir auf einen anderen Pick-up, der uns bis zur Grenze brachte.

Das Ganze war ein Familienunternehmen. Oskar und Emanuel kauften in Luena die Waren ein, fuhren bis zum Sambesi, wo ein drittes Familienmitglied einen Einbaum besaß, ein viertes Familienmitglied wartete auf der anderen Seite einen Pick-up und an der Grenze betrieb ein fünftes Familienmitglied einen Laden. Ein- bis zweimal die Woche machten sie diese Fahrt. Alle Familienmitglieder mit ihren Familien lebten vom Gewinn, der bei ein paar Cent pro Getränkedose lag. Aber anscheinend reichte es. Es gab sonst keine Jobs.

Und wieder war ein Tag vergangen. Ich zeltete hinter dem Laden und schob mein Fahrrad am nächsten Tag über die Grenze. So vielen Menschen in Angola bin ich zu tiefstem Dank verpflichtet. Es waren immer wieder Leute da, die mir weiterhalfen. Das machte das Land, trotz allen Schwierigkeiten so liebenswert. Ich wünsche dem Land, alles Gute, die Leute haben es wirklich verdient.

Sambia: Der Nordwesten bis Lusaka

Nach all den schwierigen Ländern Westafrikas – Nigeria, Kongo, Angola –, sollte jetzt mit Sambia ein unproblematischeres Land kommen. In Sambia sind alle Straßen geteert, jedes Dorf hat Strom und Wasser – wurde mir gesagt. Alles wäre besser.

Der erste große Unterschied zu den vorherigen Ländern war, dass ich hier direkt an der Grenze mein Visum bekam. Ich wollte lieber nicht darüber nachdenken, was gewesen wäre, wenn sie mich, wie in Mali, wieder zurückgeschickt hätten. Die ganze Strecke wieder zurück. Nicht auszudenken. Anscheinend hatte der Grenzbeamte es hier nicht so oft mit Touristen zu tun. Er musste zuerst alles zusammensuchen. Woher sollten sie auch kommen? Er meinte, ab jetzt wäre alles wieder gut, die Straße wäre nur noch zehn Kilometer ungeteert. Machte das Spaß, mal wieder Rad zu fahren! Es gab sogar andere Fahrradfahrer. Tatsächlich war ab Chavuma Teer!

Als erstes wollte ich mir Sambisches Geld, Kwatcha, besorgen. Weit außerhalb des Ortes war tatsächlich eine Bank. Allerdings gab es keinen Geldautomaten und Geld wurde auch nicht getauscht. Ich solle es in einem Geschäft im Ort versuchen.

Dort wurden nur 50- oder 100 Dollar-Noten getauscht. Ich hatte aber nur 20-Dollar-Noten und kleiner. Da war nichts zu machen. Ohne Geld machte ich mich auf den Weg in die nächst größere Stadt Zambezi, etwa 80 Kilometer entfernt. Zum Glück gab es Wasserpumpen, wo ich relative sauberes Trinkwasser bekam. Meine Vorräte an Essen gingen auch langsam zur Neige. Es reichte aber gerade noch.

Zum Übernachten wollte ich zu einer Mission. Die Nebenstraße war nicht geteert. Ich fragte einen Autofahrer, ob die Strecke sehr sandig würde. „Nein, nein, sie bleibt sehr fest, gut fahrbar." Nach zwei Kilometern steckte ich im Sand. Das wollte ich mir jetzt unter keinen Umständen antun. Wenigstens fand ich in dieser Abgeschiedenheit einen Schlafplatz. Am nächsten Morgen ging es zurück auf die Teerstraße.

Am Samstagvormittag kam ich in Zambezi an. Mein erster Gang: Krankenhaus. Sofort kam mir ein junger Mann, Josef, entgegen, fragte, ob er mir helfen könne. Der Arme. Wahrscheinlich hätte er mich das nicht gefragt, wenn er gewusst hätte, was auf ihn zukam. Zuerst wurden die Wunden wieder gereinigt und verbunden. Was mir sofort auffiel, es gab Strom und Wasser. Das Licht brannte, obwohl es taghell war. Ansonsten fehlte alles, Verbandsmaterial, Schere, Desinfektionsmittel. Ob diese Zustände so viel besser waren als in Angola? Zum Glück hatte ich noch Verbandsmaterial und Desinfektionsmittel dabei. Inzwischen rief Josef seinen Freund auf der Bank an. Sie hatten offen und sie tauschten US-Dollar. Mit frisch verbundenen Wunden ging es hoffnungsvoll auf die Bank. Leider tauschten auch sie nur gewisse US-Dollar-Noten. Alle meine Scheine wurden durch einen Tester geschoben. Nur ein Fünf-Dollar-Schein wurde akzeptiert. Dies war nur noch zum Heulen. Ich hatte Hunger und wollte endlich mal etwas einkaufen. Der junge Mann von der Bank hatte wahrscheinlich Mitleid mit mir und tauschte mir eine 20-Dollar-Note, die nach ihrem Tester falsch sein sollte, und die akzeptierte Fünf-Dollar-Note. 25 Dollar reichen in Sambia ein Weilchen. Als Erstes lud ich Josef in ein Café ein. Er hatte sich mittlerweile ein paar Stunden mit mir herumschlagen müssen. Nachdem Josef sich verabschiedet hatte, blieb ich noch und diskutierte mit den Leuten meine weitere Strecke. Es war wirklich mühsam. Fragte ich drei Leute, bekam ich vier verschiedene Meinungen. Auf jeden Fall war die Strecke, die ich fahren wollte, nicht geteert. Die Frage war nur, wie sandig sie war. Die geteerte Strecke war ein weiter Umweg und ich wollte doch so schnell wie möglich in Lusaka sein.

Ich musste wirklich einen erbärmlichen Eindruck gemacht haben. Ruth, die Besitzerin des Cafés lud mich ein, in ihrem Haus zu schlafen. Zuvor bekam ich Shima (der wohlbekannte Brei) und Kasava-Blätter (das einzige „Gemüse“, das sie hatten) mit Huhn. Ihr Ein-Zimmer-Haus stand im Garten ihrer Eltern. Es war eine typische Großfamilie. Unzählige Leute waren dort. Ruth überließ mir ihr Haus samt einer Tüte mit Softdrinks und Keksen. Am nächsten Morgen war sie schon wieder im Laden. Sie arbeitete 12 bis 14 Stunden am Tag. Ich wollte mich nur kurz verabschieden und bekam dann noch eine Tafel Schokolade geschenkt! Meine erste Schokolade seit … – ich wusste es nicht mehr. Wie kann ich mich bei Ruth jemals revanchieren? Weiter ging es auf fantastischer Teerstraße. Ich wusste es so richtig zu schätzen. An der Abzweigung hörte tatsächlich der geniale Belag auf. Ich konnte aber noch gut fahren, also weiter. Es wurde immer schwieriger. Ich überdachte meine Entscheidung, aber die Teerstraße führte zuerst nochmals Richtung Norden. Also weiter im Sand. Ich hoffte, dass es wieder besser würde.

Als ein kleiner Lkw hielt, der auch als Personentransport fungierte, und ich gefragt wurde, ob ich mitfahren wollte, fackelte ich nicht lange. Sie verlangten zuerst 150 Kwatchas. Ich hatte nur noch 100 und fragte, ob es in Lukulu einen Geldautomaten gäbe. Sie meinten nur, ja, ja, und luden schon mein Fahrrad auf die Laderampe. Später stellte sich heraus, sie wussten gar nicht, was ein Geldautomat ist.

Die Straße wurde wieder eine schlimme Sandpiste. Von wegen, in Sambia ist alles besser und die Straßen geteert. Nach der Fähre über den Kabompo-Fluss stieg ein älterer Herr zu. Er sprach ausgesprochen gut Englisch. Peter war der Vater von Mike, dem Fahrer, und ehemaliger Lehrer. Vor nicht allzu langer Zeit waren hier Wahlen, natürlich mit Unruhen. Peter war überhaupt nicht gut auf den Präsidenten zu sprechen. Alles Geld würde nach Lusaka und in den Osten gesteckt, dahin, wo der Präsident herkam. Der Westen konnte schauen, wo er blieb. Darum waren die Straßen nicht geteert, es gab in den Dörfern weder Wasser noch Strom und es mangelte an Lehrern. Bevor wir in Lukulu ankamen, fragte Peter, wo ich denn übernachten wolle. Natürlich hatte die Fahrt wieder die üblichen Stunden länger gedauert und es war schon dunkel. Ich meinte nur, ich wisse es nicht. Woraufhin er mich einlud. Er besaß mehrere Häuser. Ein größeres Haus, mit Strom, hatte er vermietet, um das Schulgeld für seine Kinder bezahlen zu können. Mit seinem Sohn und seiner Tochter, die hier in die Schule gehen, wohnte er in einer kleinen Hütte.

Natürlich gab es in Lukulu keinen Geldautomaten. Es wollte auch niemand mehr Geld von mir. Dafür ließ ich einige meiner Sachen da. Am nächsten Morgen packte ich. Aber es ging mir überhaupt nicht gut. Mir war es schlecht und ich war völlig energielos. Peter schaute mich nur an und meinte, ich solle doch hier bleiben. Dazu musste er mich nicht lange überreden, ich legte mich gleich wieder hin. Den ganzen Tag verbrachte ich mehr oder weniger in der Hütte. Nur am Abend war ich mit Peter auf dem Markt, lud ihn zu einem Drink ein.

Öffentliche Verkehrsmittel waren hier Lkw, die in die eine Richtung Waren transportierten und in die andere Leute mitnahmen, oder beides zusammen. Peter und Mike erkundigten sich, wann am nächsten Tag ein Lkw Rich-

„Modernman Bakery" von Ruth in Sambesi

tung Kaoma führe. Soweit war die Straße noch eine Sandpiste. Schon um sechs Uhr sollte einer fahren. Prima, dann kann ich vor Mittag in Kaoma sein, dachte ich. Mike und Peter brachten mich zu der Stelle, wo der Lkw, der noch Zement geladen hatte, abfahren sollte. Jetzt fing das Warten an. Anstatt um sechs Uhr ging es um halb elf Uhr los. Ich hatte nichts gefrühstückt, keinen Kaffee. Und ich hatte kein Geld, um mir etwas zu kaufen.

Es herrschte brütende Hitze, als es endlich auf die 195 Kilometer lange Strecke ging. Der Lkw hielt immer wieder an, um Sachen, meist Stroh und Holzkohle, oder Passagiere aufzuladen. Die Hoffnung, dass wir noch bei Tageslicht ankämen, schwand dahin. Da ich davon ausgegangen war, dass wir um die Mittagszeit ankommen würden, hatte ich kaum etwas zu trinken und nichts zu essen dabei. Manchmal hielt der Lkw an kleinen Märkten, aber ich hatte ja kein Geld. Mir ging es immer schlechter und versuchte mich irgendwie zusammengekrümmt hinzulegen. Unglaublich, dass das hier die normale Art zu reisen war. Gegen 22 Uhr, es war stockdunkel, etwa 20 Kilometer vor Kaoma, brach eine Achse beim Lkw. Sie konnten heute nicht weiter fahren. Ein junger Lehrer, auch einer der armen Passagiere, der mich schon länger beobachtet haben musste, stoppte einen Jeep für uns und sorgte dafür, dass mein Fahrrad umgeladen wurde. In der totalen Dunkelheit hatte ich kaum etwas gesehen, ich ahnte nur, dass eine Tasche fehlte. Das war mir egal, ich wollte einfach nur weg und nach Kaoma. In der Tasche waren nur alte Dinge, die ich nicht unbedingt brauchte. Nach der Fahrt auf dem Lkw war der Sitzplatz hinten auf dem Jeep direkt Luxus. Sehr schnell waren wir in Kaoma. Marcel, der Lehrer, zeigte mir zuerst die Geldautomaten. Der erste funktionierte natürlich nicht, beim zweiten hatte ich mehr Glück. Was für ein Gefühl, nach fünf Tagen endlich genug Geld in der Tasche zu haben! Danach klapperte er mit mir die Gasthäuser ab, bis wir ein Zimmer für mich gefunden hatten. Mittlerweile war es fast Mitternacht. Marcel war eine weitere Person, die mir so viel geholfen hatte.

Diesmal stimmte es. Bis Lusaka war nun alles geteert. Am Spätnachmittag erreichte ich den Kafue-Nationalpark. Schon vor dem Gate und der Rangerstation fühlte ich mich unwohl. Zu dieser Tageszeit werden die wilden Tiere aktiv. Es war kein Verkehr mehr. Einsam fuhr ich durch das Buschland und achtete immer darauf, ob nicht irgendwo ein Löwe lauerte. Die Ranger der

Station hätten mich sogar weiter ziehen lassen. Sie meinten nur, ich solle Ausschau nach den wilden Tieren halten und ihnen nicht in den Weg fahren. Wenn ich im Zelt sei, wäre ich sicher. Aber ich sollte erst nach 50 Kilometern, hinter dem Fluss, mein Zelt aufstellen. Ich zeltete jedoch lieber bei den netten Rangern und ihren Familien. Sie waren ganz stolz, dass hier eine Weiße übernachtete. Am nächsten Tag konnte ich ausgeruht den Park in Angriff nehmen. Außer Affen sah ich allerdings nur in der Ferne eine Herde Bisons. Landschaftlich war es sehr schön, Buschland mit Felsen.

Am nächsten Abend fragte ich mich, ob sie auch in Sambia einen „Chief of the Village“ hätten. Der von mir darauf angesprochene junge Mann begleitete mich zu ihm. „Nicht mehr weit, nicht mehr weit“, sagte er immer wieder. Nur, ich fand es inzwischen schon weit, und mir war es fast peinlich. Es ging weg von der Straße in den Busch, wo schließlich ein paar Männer unter einem Baum saßen und diskutierten. Sogar der Chef des Dorfes lebt im Westen von Sambia in armseligen Hütten, ohne Strom und Wasser. Seine Frau kochte wie üblich auf offenem Feuer. Auch hier wurde ich sehr herzlich empfangen und konnte mein Zelt in der Nähe der Hütten aufstellen.

Auf gut geteerten Straßen, zwischen Baobab-Bäumen ging es weiter Richtung Lusaka. Langsam fingen die Zivilisation und Einkaufsmöglichkeiten an. Welch ein Genuss, wenn ich einfach etwas kaufen konnte. In Lusaka kam der wahre Kulturschock, ein Einkaufszentrum am anderen. Und Weiße! Musste ich die ersten 500 Kilometer ohne Geldautomaten auskommen, gab es hier all 50 Meter einen. Bisher gab es keinen richtigen Laden, hier gleich zwei riesige Supermärkte unter einem Dach.

Wie geplant, traf ich trotz aller Widrigkeiten am Samstag, den 8. Oktober, bei Ed und Alex, meinen Warmshower-Gastgebern, ein. Marcelo, ein Radreisender aus El Salvador, war schon zu Gast.

Am Montag, Tag des Abfluges, ging es mir wieder einmal so schlecht, ich konnte mich kaum bewegen, mir war nur schwindelig. Marcelo packte mein Fahrrad in die Box. Am Abend ging es zum Glück wieder etwas besser. Alex brachte mich auf den Flughafen. Als Gepäck zum Aufgeben hatte ich nur meine Bike-Box. Außer meinem Fahrrad nahm ich nur ein paar Kleider mit.

Sicheres Zelten bei Ranger

Alles andere konnte ich in Lusaka lassen. Mein Fahrrad brauchte eine Generalüberholung, wie ich auch. Nach stundenlangem Warten auf dem Flughafen, hieß es, wir könnten nicht fliegen. Etwas am Flugzeug wäre kaputt. Alle Passagiere wurden nach und nach in das Interkontinental in Lusaka gebracht. Das war nun wirklich Luxus pur. Alles auf Kosten der Fluggesellschaft. Es war allerdings lange nach Mitternacht, als ich dort mein Zimmer beziehen konnte. Dafür konnte ich dort den ganzen nächsten Tag verbringen. Bei dem Frühstücksbuffet gingen mir die Augen über. Wie lange hatte ich schon keinen Käse und Schinken mehr gesehen? All das Obst und die Milchprodukte. Woher kam das alles auf einmal? Ich musste an all die Einheimischen denken, die nicht einmal sauberes Trinkwasser hatten. Apropos Wasser, ein Schwimmbad gab es natürlich auch. Erst am Nachmittag wurden wir wieder zum Flughafen gebracht. Diesmal verlief alles reibungslos. Adieu Lusaka. Zur Buchmesse und für Lesungen meines Buches flog ich für vier Wochen nach Deutschland zurück. Natürlich auch, um mein Fahrrad und mich ein bisschen zu verwöhnen.

Sambia: Von Lusaka zu den Victoriafällen

Die Wiedereinreise nach Sambia war, wie erwartet, sehr unproblematisch. Am Flughafen bekam ich sogar gleich ein „Double-Entry"-Visum, mit dem ich zweimal einreisen konnte. Mein Fahrrad und das bisschen Gepäck kamen unbeschadet an. Bei Ed und Alex in Lusaka wartete der Rest.

Ich hatte mich in den vier Wochen in Deutschland trotz der vielen Termine sehr gut erholt und wieder etwas zugenommen. Mein Fahrrad wurde total überholt.

Marcelo, den ich vor vier Wochen in Lusaka getroffen hatte, war immer noch in der Gegend. Wir beschlossen, ein Stück zusammen zu fahren, ein großer Unterschied zur bisherigen Reise. Seit Marokko hatte ich keine Mitfahrer. Wir verabredeten uns für den nächsten Tag an am Ausgang der Stadt. Kaum fuhr ich in Lusaka auf der Hauptstraße, rief jemand von hinten. Es war ein junges chinesisches Paar auf dem Fahrrad. Sie waren auch auf dem Weg nach Südafrika. Durch Lusaka wurden sie mit einem Jeep vorn und einem Jeep hinten eskortiert. Ich schloss mich ihnen an und kam so sehr sicher zu meinem Treffpunkt.

Hier schien es wirklich wieder mehr Radfahrer zu geben. Die Straßen waren gut asphaltiert und man bekam abwechslungsreicheres Essen.

Am zweiten Tag war ich müde. Marcello machte auch nicht gerade einen fitten Eindruck. Viele Pausen waren angesagt vor allem, als am Vormittag Geschäfte auftauchten, wo man Kaffee bekam. Eine weiße Frau kam herein und sprach uns an. Wir könnten zu ihr kommen. Sie erzählte uns von ihrem Haus. Sofort war uns klar, dass wir die Einladung gerne annehmen wollten. Schwimmbad und gutes Essen, wer würde so etwas ablehnen? Ich hatte es jetzt nicht mehr eilig, musste keinen Flug mehr erreichen. Gerade vor der großen Hitze erreichten wir das Haus inmitten der Zuckerrohrplantage. Was für eine Idylle, was für ein großes Haus! Julie und ihr Mann waren Südafrikaner und er Manager der Plantage. Zuerst gab es ein leichtes Mittagessen, dann ab in den Pool. Was für ein Luxusleben! Ich musste immer an die Leute denken, bei denen ich im Nordwesten Sambias war. Was für ein Unterschied!

Sie hatten kein Wasser, keinen Strom und nur Shima zu essen. Und hier gab es alles. Wir verbrachten noch den ganzen Sonntag am Pool und mit gutem Essen. Wer weiß, wann wir nochmals so eine Einladung bekämen?

Nach den genussvollen, müßigen eineinhalb Tagen war es höchste Zeit weiterzufahren. Ich war gar nicht fit und hätte mich am liebsten unter den nächsten Baum gelegt.

Auf dem Weg nach Livingstone fragten wir bei Farmen oder Krankenhäusern, ob wir zelten könnten, was uns immer gestattet wurde. In Choma, einer größeren Stadt, fanden wir eine Radiostation mit schönem großen Garten. Auch ein netter Platz zum Zelten! Wir boten ihnen für eine Übernachtung im Garten ein Interview. Es ist für die meisten Afrikaner unverständlich, warum man sich so eine Radreise antut. Deswegen war es für unseren Interviewer von großem Interesse, seinen Zuhörern des Rätsels Lösung ein Stückchen näher zu bringen. Und wir hatten eine ruhige, sichere Nacht.

In kleineren Dörfern war ersichtlich, dass in der Gegend kaum etwas wächst. Tomaten und Zwiebeln waren auch hier weitgehend das einzige, was man auf dem Markt bekam.

Die Straße von Lusaka nach Livingstone, im Südwesten zu den Victoriafällen, ist eine der Haupttouristenstrecken, sie war fantastisch ausgebaut, und auf einmal gab es auch Wohnmobile. Sie kamen hauptsächlich aus Südafrika. Die Einheimischen, vor allem Kinder, fahren Fahrrad, wenn sie eines haben. Nicht alle hatten eines um den langen Weg zur Schule zu fahren. Aber nicht nur die Schulwege sind meist sehr lang. Auch Händler und Krankenschwestern haben lange Wege. Das Fahrrad ist eine große Hilfe. Damit man sich robuste Fahrräder leisten konnte, wurde das „World Bicycle Relief"-Projekt gegründet. Sie verteilen extra konzipierte, sehr robuste „Buffalo Bicycles". An denen ist kaum etwas dran, was kaputt gehen kann.

In Livingstone, der Stadt an den Victoriafällen, war mal wieder alles zu haben: Große Shopping Malls und eine Auswahl an Herbergen. Marcelo und ich entschieden uns für das „Fawlty Towers". Wir konnten da zwar nicht zelten, aber es gab ein Schwimmbad und gutes Internet.

Es herrschte eine große Trockenheit. Der Sambesi, der Fluss der Victoriafälle, hatte kaum mehr Wasser. Es gab praktisch kein Wasser mehr, das fallen konnte. Trotzdem fuhren wir hin. Wenn man schon mal da war, sollte man sich die Fälle nicht entgehen lassen. Es war interessant, zu sehen, wie die Felsen hinter dem Wasservorhang aussahen. Die Schluchten der Wasserfälle sahen auch ohne Wasser imposant aus. Etwa hundert Meter tiefer war ein kleines Rinnsal. Oberhalb der wasserlosen Fälle konnte man problemlos herumlaufen. Auf der anderen Seiten des Sambesi-Flusses liegt Simbabwe. Von der Entfernung sah man, dass es dort etwas mehr Wasser gab.

Am nächsten Morgen hatten wir die Wasserfälle direkt vor der Haustür – es regnete in Strömen. Trotzdem fuhr ich weiter, mir kribbelte es wieder in den Beinen.

Die über hundert Jahre alte Victoria-Falls-Brücke verbindet Sambia mit Simbabwe. Sie wurde auch durch Bungee-Jumping berühmt. Es war leider gerade niemand da, der sich in die Tiefe stürzte. Wenn man mit dem Fahrrad unterwegs ist, hat man genug Adrenalinschübe, da braucht man solche „Abenteuer" nicht. Für mich war das nächste Abenteuer Simbabwe.

Ausgetrocknete Wasserfälle

Simbabwe: Ein kurzer Abstecher

Simbabwe ist ein Land, das nicht nur durch die Diktatur Mugabes schwer gebeutelt wurde. Fast alle weißen Farmer sind von ihren Ländereien vertrieben worden. Die Farmen wurden an Freunde und Familie Mugabes verteilt, die überhaupt kein Interesse an Landwirtschaft hatten. Die Erträge gingen drastisch zurück. Seit Jahren herrscht Dürre im Land. Es wächst praktisch nichts mehr. Das Land gehört mittlerweile zu den ärmsten der Welt.

Ich wollte nur ein kurzes Stück zwischen den Victoriafällen und Botswana durch Simbabwe fahren.

Gleich hinter der Victoria-Falls-Brücke ist der kleine Ort „Victoria Falls". Hier waren gleich einige Bankautomaten. Sehr erfreut war ich, dass ich US-Dollar an dem Automaten bekam. Ich fand allerdings nicht heraus, wie ich an die lokale Währung kam. Schließlich fragte ich den Wachmann. Der lachte nur und meinte, die Simbabwe-Währung sei abgeschafft worden (Stand November 2016). US-Dollar seien nun das offizielle Zahlungsmittel. Euro und andere Währungen der westlichen Welt würden teilweise akzeptiert werden. Das war wirklich kein gutes Zeichen für das Land.

Nachdem ich mein Fahrrad in der Lodge abgestellt hatte, machte ich mich gleich zu den Victoriafällen auf. Hier sah es ganz anders aus als auf der Sambia-Seite. Überall stürzte viel Wasser in die Tiefe. Die Gischt machte das Fotografieren ohne Unterwasserkamera teilweise unmöglich. Wirklich sehr merkwürdig, da die Victoriafälle in Sambia und Simbabwe am gleichen Fluss, dem Sambesi, sind und auch in Simbabwe eine starke Trockenheit herrscht. Nicht nur weil Sonntag war, auch weil die Fälle hier natürlich viel interessanter waren, war wesentlich mehr los als in Sambia. Es waren viele Einheimisch da.

Am nächsten Tag kam Marcelo nach und wir fuhren wieder zusammen weiter. Die Bevölkerung und der Verkehr ließen dramatisch nach. Außer Buschland und ab und zu ein paar Hütten kam nichts mehr. In den Läden gab es kaum mehr etwas, vor allem keine Getränke. Erst in einer Safari Lodge konnten wir kurz Pause machen und etwas kaltes trinken. Hier gab es sogar ein Schwimmbad, und die Unterkünfte waren in kleinen Rundbauten. Zu dieser Zeit war niemand da. Normalerweise übernachten hier Jäger, die alles mögliche schießen, sogar Giraffen. Das ist auch etwas, was ich nie verstehen werde: Wie kann es Spaß machen, Tiere zu töten?

Die Temperaturen stiegen wieder auf über 50 Grad. Auf dem Fahrrad und mit Fahrtwind war es gerade noch erträglich. Immer wieder wurden wir gefragt, ob wir nicht Angst vor wilden Tieren hätten. Ich hätte so gerne ein paar Giraffen gesehen. So sehr wir uns auch umschauten, wir sahen nichts. Entlang der Straße kamen uns nur ein paar Elefanten im Gebüsch entgegen. Sie zogen weiter, ohne uns zu beachten.

Da es nicht so aussah, als ob es auf der geteerten Straße noch spannend werden würde, wollte ich auf einer Piste eine Schlaufe durch einen Nationalpark machen. Am Abend fragte ich in einem Dorf nach der Straße zum Hwange-Nationalpark. Sie lachten nur und meinten: „Da wollt ihr doch nicht mit dem Fahrrad hin!“. Anscheinend wimmelte es dort nur so von Löwen. Zuerst ließ ich mich nicht davon abbringen. Es war die letzte Gelegenheit, in Simbabwe in einen Park zu fahren. Auf dem Weg wurden wir

Im Simbabwe waren die Fälle voller Wasser

ebenfalls von ein paar Leuten gewarnt. Es gäbe hier viele Löwen. Dann hatte mein Fahrrad einen Platten. Nicht gerade ein geeigneter Ort, den Reifen zu flicken, wenn hinter den Büschen Löwen lauern können. Am Sinamatella Gate zum Nationalpark wurden wir endgültig gestoppt. Zwei nette Rangerfrauen sagten: „No bicycle and no motorbike in the park." Da half auch kein gutes Zureden. Nein bleibt Nein. Vor zwei Tagen wären sogar Löwen bis außerhalb des Tors gekommen. Nach einer Stunde gaben wir auf und fuhren durch das Kohleabbaugebiet wieder zurück. Todmüde und schwarz durch den Kohlestaub landeten wir am Abend bei einer Caritas Mission. Es hätte hier so viel wachsen können, wenn es geregnet hätte. Jetzt waren nur noch Reste des Gemüsegartens zu sehen. Es überlebten wenige Caritas-Einrichtungen in Simbabwe.

Am nächsten Tag hatte Marcelo einen Platten an dem anderen. Seine Felge war gebrochen. Uns blieb nichts anderes übrig, als immer wieder flicken.

Vor Bulawayo gab es nichts außer Wald und vielen Mücken, die sich an unserem Schweiß labten. Endlich, an dem Tag als wir nach Bulawayo kamen, regnete es! Es kühlte von circa 50 Grad auf 18 Grad ab. Das war auf einmal ganz schön kalt. Nass und verfroren kamen wir am „Burkes Backpackers Paradise", etwas außerhalb der Stadt, an. Wir konnten unsere Zelte geschützt unter einem Dach aufstellen. Außerdem gab es den Luxus einer Küche und eines Aufenthaltsraumes. Von einer Reisegruppe bekamen wir die Reste des Abendessen. Wahrer Genuss und Wohltat für uns. Endlich mal wieder Fleisch und Gemüse!

Die zweitgrößte Stadt Simbabwes hat uns so gut gefallen, dass wir länger blieben. Mit den vielen viktorianischen Häusern machte es einen sehr britischen Eindruck. Es waren hier auch sehr viele Weiße zu sehen. Marcelo suchte nach einer neuen Felge und einem Schlauch für sein Fahrrad. Wie in fast allen afrikanischen Ländern war es auch hier sehr schwer Ersatzteile zu bekommen. Er bekam nur eine gebrauchte Felge.

Ein Zeichen über die wirtschaftliche Situation eines Landes sind die Schlangen vor den Geldautomaten. Es war unglaublich. An jedem Automaten, wo es noch Geld gab, standen mehr als zwanzig Leute. Jeder konnte nur noch

70 Dollar herauslassen. Ein paar Wochen später kam überhaupt kein Geld mehr heraus, die Regierung hatte keine Dollar mehr.

Zur Überraschung bekam Marcelo eine Nachricht, dass er sein Visum für Botswana an der Grenze erhalten könne. Sechs Wochen hatte er in Lusaka darauf gewartet und schließlich aufgegeben. Mit seinem Reisepass von El Salvador hatte er viel größere Schwierigkeiten als ich. Jetzt konnten wir auch zusammen weiter nach Botswana fahren. Durch ein wunderschönes Villenviertel mit großen tropischen Gärten ging es auf die Straße zum Matobo- Nationalpark. Die Stadt muss einmal sehr reich gewesen sein.

Eigentlich ist der Nationalpark wegen der Felsformationen bekannt. Mir wird er wegen eines Chamäleons in Erinnerung bleiben. Es saß einfach da mitten auf der Straße. Auch wenn kaum Autos kamen, konnte ich es ja nicht dort sitzen lassen und wollte es in das Gras scheuchen. Das Tier überlegte es sich aber anders und kletterte hinter meine Fahrradtaschen. Nun konnte ich schlecht weiter fahren. Das Tier fauchte wie wild, als ich es mit einem Stock dazu bewegen wollte, mein Fahrrad wieder frei zu geben. Was mir schließlich auch gelang.

Fahrradflicken zwischen Löwen

Auf uns warteten 15 Kilometer Schotterpiste. Für mich sind sie immer eine nette Abwechslung, Marcelo versuchte sie zu vermeiden. Mit seinen schmaleren Reifen hatte er mehr Probleme und vermehrt Platten. Eine Schule war wieder unsere Rettung. Unter einem Dach konnten wir unsere Zelte aufstellen. Marcelo unterhielt die Kinder, während er sein Fahrrad reparierte. Die Rektorin war sehr nett und erkärte uns ihre „Visions and Missions“. Ihr Auftrag ist es die Kinder im „Ubuntu“ zu fördern. Ubuntu ist nicht nur eine Linux-Version. Es ist eine afrikanische Lebensphilosophie, man soll füreinander sorgen. Es beinhaltet Achtung, Respekt voreinander und die Gastfreundschaft, die mir schon so oft zuteil wurde.

Und wieder standen wir vor einer Grenze, diesmal nach Botswana. Die Ausreise aus Simbabwe war überhaupt kein Problem. Stempel in den Pass und weiter.

Botswana

Botswana ist wegen seiner reichhaltigen Tierwelt nicht nur bei deutschen Touristen sehr beliebt. Wie sieht es aber abseits der Lodges und Game Parks aus?

Die Einreise nach Botswana war für mich schnell und unkompliziert. Ich musste nicht einmal etwas bezahlen. Anders sah es für meinen Fahrradfreund Marcelo aus El Salvador aus. Er hatte schon einiges auf der Botschaft in Lusaka bezahlen müssen. Und, wo bitte liegt „Salvador“? An der Grenze fanden sie es in ihrer Länderliste nicht. – Es heißt „El Salvador.“ Wie einfach es doch war, mit deutschem Pass zu reisen. Nach einigem Herzklopfen kam auch Marcelo über die Grenze. Da es verboten war, Früchte und Tierprodukte wegen der Maul- und Klauenseuche nach Botswana einzuführen, machten wir zuerst einmal an der Grenze ein Picknick, aßen alles auf, was wir nicht mitnehmen durften.

Unsere gemeinsame Fahrt endete endgültig in Francistown. Marcelo wollte direkt weiter nach Südafrika, ich wollte nach Namibia. Selten treffe ich Radfahrer, mit denen ich so gut und so lange auskomme.

Für mich ging es Richtung Nordwesten, Richtung der Diamantenstadt Orapa. Es war wunderschön, kaum Verkehr, aber auch keine Ortschaft, wo ich etwas zu essen oder trinken bekommen hätte. Die Punkte auf meiner Landkarte waren nur Hütten hinter Büschen. Auch hier wurde ich wieder gefragt, ob ich keine Angst vor wilden Tieren hätte. Leider hatte ich außer den Elefanten immer noch keine gesehen.

Gerade, als ich mich fragte, wann wohl der nächste Laden käme, hielt ein Auto an. Ich bekam eine Flasche Wasser, eine Dose Pepsi und zwei Äpfel. Vielen Dank an den netten Herrn! Sofort setzte ich mich in den Schatten und verzehrte alles. Als auch das kühle Wasser weg war, hielt das nächste Auto und füllte meine Flaschen nach. Bisher hatte ich noch nichts von Autofahrern bekommen, nun innerhalb von zwei Stunden dreimal. Ging es mir gut!

Um die Diamanten-Stadt musste ich einen großen Bogen machen. Ich hätte ja ein paar Steinchen mitgehen lassen können.

Da es in Letlhakane endlich wieder einen Supermarkt gab, hatte ich einen noch größeren Umweg in Kauf genommen. Hier waren nur Schwarze und Farbige unterwegs. Die Stadt hatte etwas Aggressives, Verwahrlostes, war dreckig und laut. Vor dem Spar-Supermarkt konnte ich mein Fahrrad vor den Augen eines Wachmannes abstellen. Schnell machte ich meine Besorgungen, aber dann nichts wie weg hier. Monatelang war ich in Ländern, wo ich nur Farbige und Schwarze sah. Es war aber nie so unangenehm wie hier.

Als Kontrast kam nach zirka sechs Kilometern ein wunderschöner Campingplatz. Alles war auf einmal grün und es gab Wasser. Ich blieb gleich zwei Nächte. Ab und zu wurde es dunkel, es blitzte und donnerte. Leider fielen nur ein paar Tropfen. Das Land hätte den Regen so nötig.

Sehr eben ging es weiter an Salzpfannen entlang. Wieder ein anderer Kontrast. Es gab kaum mehr Grünes, Wasser auch so gut wie keines mehr. Dafür umso mehr Esel. Noch nirgends hatte ich so viele Esel gesehen wie hier. Die paar Kühe dazwischen waren sehr mager. Wie sollten sie sich auch in dieser Trockenheit ernähren ? Als ein Sturm aufkam, flüchtete ich zwischen ein paar Hütten. Es waren Bauern, die auch ein paar magere Kühe hatten.

Eine 17-Jährige hatte ihre eigene Hütte, sie war gerade mal 2,5 auf 2,5 Meter groß, ein Raum. Darin stand ein Bett und viele Taschen mit Kleidern. Das Zimmer teilte sie mit einem kleinen Bruder und einem Cousin. Es gab kein fließend Wasser und keinen Strom. Als ich das Wasser in den Kanistern sah, fragte ich lieber nicht danach. Es war sehr gräulich. Welch ein Gegensatz zu der anderen Welt, die der Touristen, die mit ihren großen Autos vorbeidüsten und in den Lodges übernachten.

Da entlang der Landstraße keine Läden kamen, bog ich nach Rakops ab. Das war wieder nur ein Trauerspiel: Die Regale in den Läden waren fast leer. An Obst und Gemüse fand ich nur ein paar Tomaten und Zwiebeln. Ein deutsches Touristenpaar mit Mietwagen suchte vergeblich nach Diesel. Nicht einmal hier, bei der einzigen Tankstelle auf 350 Kilometern war welcher zu haben.

Mein Verlangen, später zur Kalahari abzubiegen, hielt sich sehr in Grenzen. Diese sandige, wüstenartige Gegend hielt mich davon ab, die geteerte Straße zu verlassen. Meine Erlebnisse in Angola und Sambia saßen mir noch zu tief in den Knochen. Von der Straße aus sah die Gegend total unbewohnt aus. Aber kaum dass ich mich irgendwo hinsetzte, um in Ruhe eine Pause zu machen, war ich nicht mehr allein. Hinter fast jedem Busch stand eine Hütte. Zwei Jungs, die ihre mageren Ziegen hüteten, kamen und meinten, sie hätten Hunger. Da es ja kaum etwas zu kaufen gab, hatte ich nur noch Brot. Jeder bekam ein paar Scheiben. Sie setzten sich sofort hin und aßen das trockene Brot. Sie mussten wirklich Hunger gehabt haben. Da ich nicht mehr genug Wasser hatte und nicht Wildzelten wollte, ging ich am Abend in eine Lodge. Hier konnte ich alles haben, selbst ein gefülltes Schwimmbad gab es.

Ständig wurde ich gefragt, ob ich keine Angst vor den wilden Tieren hätte. Die Menschen meinten Elefanten, Löwen und was weiß ich nicht was. Elefanten ließen mich in Ruhe, wenn ich sie in Ruhe ließ. Löwen hatte ich noch keine gesehen und glaubte auch nicht, dass mir welche begegneten. Niemand warnte mich vor den kleineren Tieren wie Skorpionen. Ich fand diese viel gefährlicher, weil ich sie leicht übersehen konnte. Jeden Stein musste ich ganz vorsichtig aufheben. Auch wenn ich mein Zelt zusammenpackte, musste ich aufpassen. Ab und zu befand sich so ein Tier darunter.

Bei einem Polizeicamp hätte ich nie vermutet, dass die Häuser bewohnt wären. Die Fensterscheiben bestanden größtenteils nur aus Zeitungspapier. Aber in jedem der kleinen Häuser mit zwei bis drei Zimmern lebten drei bis vier Polizisten. Nur ein paar hatten Strom. Fließend Wasser gab es nicht. Toiletten waren auf der anderen Straßenseite. Alle waren wieder sehr nett. Eine Polizistin arrangierte, dass ich mich in ihrem Raum waschen konnte. Einer der Polizisten war sehr aufgebracht, dass ich in dieser Gegend allein mit dem Fahrrad unterwegs wäre, wo es doch hier nur so von Löwen wimmele. Ich hatte allerdings immer noch keinen gesehen und er auch nicht.

Nach der langen Zeit der Entbehrung wurde in Maun, der ersten größeren Stadt, zuerst einmal der Supermarkt gestürmt. Am Morgen war das erste Mal gewesen, dass mir auch mein Benzin für den Kocher ausging. Die zweite Tasse Kaffee musste ich kalt trinken. Hier konnte ich endlich ein paar Tage ausruhen und mein Fahrrad gegen ein Mokoro, ein Einbaum-Boot, eintauschen, mit dem es in das Okavango-Delta ging.

Das inländische Delta, wo das Wasser in der Kalahari versickerte, ist mit seiner speziellen Flora und Fauna einmalig. Ein Polar, ein Stocherkahnfah-

Hungrige Jungs

rer, stieß das Boot durch die Kanäle. Gleich nach dem Start beäugte uns ein Flusspferd, das um diese Tageszeit nur alle paar Minuten zum Luftholen das kühle Nass verließ. Sehr ruhig und entspannend ging es entlang der Adern des Deltas. Am Anfang der Regenzeit waren die Wasserwege, die von den Flusspferden angelegt worden waren, gut sichtbar. Später sollten diese unter einer einzigen Wasserschicht verschwinden. Immer wieder flatterte ein großer Wasservogel aus dem hohen Ried. Pelikane, Kormorane, Marabus, Reiher, Störche oder verschiedene Gänse.

Um in dieses Gebiet vorzudringen, braucht man einen Guide. Nur er weiß, wo es gefährlich werden kann. Flusspferde waren tagsüber unter der Wasseroberfläche. Bei Dunkelheit kamen sie zum Grasen an Land. Auch Krokodile hausten in den Gewässern. Sie waren aber vergleichsweise ungefährlich. Es war bewölkt und leicht windig. Somit ging es bei sehr angenehmen Temperaturen durch das glasklare Wasser. Kein Müll lag hier herum, keine Industrie, keine Chemie, einfach unberührte Natur. Die Einheimischen trinken das Wasser direkt aus dem Fluss, ohne Probleme. Was sich sonst noch darin befand, sah ich im Boot von einheimischen Fischern. Einige welsartige Fische lagen darin. Guten Appetit, nichts für mich. Nach zwei Stunden erreichten wir unser Lager. Es war nicht das einzige entlang des Wasserweges. Obwohl es keine ideale Jahreszeit für den Besuch des Okavango-Deltas war, war einiges los. Wir hatten Glück, dass der Regen dieses Jahr sehr spät einsetzte. Die beste Zeit für einen Besuch ist Mai bis August. Dann ist es auch wesentlich kühler. Zelte aufbauen, ausruhen. Um 16 Uhr wurden die Tiere wieder aktiver, wir auch.

Auf der Wiese vor unserem Camp sprangen Antilopen vorbei. Gegenüber dem schmalen Kanal war schon der erste Elefant. Es sah so aus, als ob er gleich auf mich zukommen wollte, drehte dann aber doch ab. Leider fing es an zu regnen. Die Tiere mussten nicht mehr zu bestimmten Wasserlöchern, sondern fanden auch in entfernteren Gegenden Wasser. Uns stand ein langer Fußmarsch bevor. Dank der sehr guten Augen meines Guides sahen wir ein paar Tiere, hauptsächlich Elefanten und einige Kudus. Sehr beeindruckend fand ich eine Gnuherde. Ich kann mich nicht erinnern, schon einmal Gnus gesehen zu haben. Sehr beeindruckend und massig präsentierte sich die Herde, mit den Jungen zum Schutz in der Mitte. Von anderen Tieren,

Auch Zebras kreuzten unseren Weg.

Giraffen, Bisons, Flusspferde, Zebras, sahen wir nur Spuren. Bisons habe ich in Kafue-Nationalpark in Sambia gesehen. Giraffen hätte ich sehr gerne noch gesehen. Nachts hörte ich die Rufe der Löwen. An den Spuren sahen wir,

Elefant im Okavango-Delta

Mein erstes Gnu

dass nachts einiges um unsere Zelte los gewesen sein musste. Überall waren Spuren von Flusspferden und Büffeln.

Es ging wieder früh los. Auch ohne Kaffee wurde ich aktiv, das passiert wahrlich nicht oft. Aber es hatte sich gelohnt. Diesmal sahen wir Zebras. Zuerst zwei auf einer Wiese, dann kamen noch drei aus dem Gebüsch geschossen. Wie Pferde sausten sie dahin. Was für ein Anblick. Ich genoss meinen Kaffee, während ich durch die Kanäle zurück geschoben wurde. Als Zugabe sahen wir auf dem Rückweg eine Antilopenherde. Es waren alles Weibchen. Von den Männchen sah man nur die Hörner, die sich den Weg durch das hohe Gras bahnten. Die Weibchen folgten langsam. In dem Wasserloch vor Boro begrüßte uns wieder das Flusspferd.

Zurück auf dem Campingplatz, hatte ich meine spezielle Erfahrungen mit der Tierwelt. Wie fast überall, wo Touristen waren, gab es auch hier unzählige Affen und Eichhörnchen. Sie warteten nicht mehr, bis man sie fütterte, sie holten sich ihr Essen selbst. Eine Tasche nach der anderen hatten sie durchgebissen und dann noch das Gefäß der Erdnussbutter. Auch an den Mülltonnen tobten sie sich aus. Der ganze Müll war verstreut.

Nach der langen Pause tat es wieder richtig gut, auf dem Fahrrad zu sitzen. Allein auf meinem Gefährt fühle ich mich immer noch wohler als zwischen den Touristen. Von Maun ging es wieder Richtung Norden, westlich entlang des Deltas. Auch hier kreuzten einige Tiere meinen Weg. Sie waren aber klein und harmlos, zum Beispiel Schildkröten. Ihnen nützt ihr Panzer auch nicht mehr viel, wenn ein Auto kommt. Hier habe ich tatsächlich das erste Mal gesehen, wie ein Mistkäfer die Kugel rollt, und zwar rückwärts mit den Hinterbeinen. Was ich so alles auf der Straße lernte!

In den nächsten Nächten zeltete ich an Krankenhäusern und Schulen. Erstaunlich, dass es mir immer erlaubt wurde, als ob es das Normalste der Welt wäre. Mich wunderte immer, dass innerhalb der kleinen Ortschaften so viel Verkehr und außerhalb überhaupt nichts los war. Das bedeutete ja, dass sie nur innerhalb der Ortschaften unterwegs waren, also nur Kurzstrecken, die besser mit dem Fahrrad zurückgelegt werden könnten. Die Ärzte und Krankenschwestern meinten, wenn man einen Job habe, müsse man es auch zeigen und Auto fahren. Bevor die Krankenschwester den Kilometer nach Hause lief, nahm sie lieber ein Taxi. Was würden denn sonst die Nachbarn sagen? All die Vorteile eines Fahrrades kamen nicht gegen die gesellschaftlichen Erwartungen an. Trotzdem kam einer der Ärzte am nächsten Tag zu mir und sagte, er hätte es sich nochmals überlegt. Er würde sich ein Fahrrad kaufen.

Es waren gerade Schulferien. Das große Schulgelände war schon voll mit Zelten. Es waren Arbeiter, die Kühe gegen Maul- und Klauenseuche impften. Da viele Kühe freilaufend waren, stellte ich es mir schwierig vor, alle impfen zu können. Sie lachten nur und meinten, vielleicht erwischten sie 60 Prozent.

Die Regenzeit hätte schon längst beginnen sollen. Es waren immer wieder bizarre Wolkenbilder am Himmel, größtenteils wurde ich aber vom Regen noch verschont. Bevor ich Botswana verließ, hielt ich am Okavango-Fluss nochmals Ausschau nach Krokodilen. Obwohl mir jeder beteuerte, es gäbe hier viele, hatte ich wieder keine gesehen. Ich war gespannt, was mir Namibia bieten würde.

Namibia: Der Norden und Westen bis Walfish Bay

Namibia, ein Traumland für viele. Auch ich wollte schon lange mit dem Fahrrad durch das wüstenhafte Land. Außer, dass es früher Deutsch-Südwestafrika war, und somit als „Erbe" ein gutes Bier hatte, und dass sich die Skeleton Coast der Küste entlang zieht, hatte ich keine große Ahnung von dem Land. Wie immer ließ ich mich überraschen – und die Überraschung war sehr positiv.

Welch ein Empfang: Bei Mohembo überquerte ich die Grenze von Botswana nach Namibia, am westlichsten Zipfel von Caprivi – und stand in einem Nationalpark. Man ließ mich hinein, aber nicht weiterfahren. Wieder einmal hörte ich die übliche Story von den Löwen, die ich immer noch nicht gesehen hatte. Ein netter Mann, ein Weißer aus Südafrika, nahm mich ein Stück in seinem Pick-up mit. So erfuhr ich gleich ein paar Dinge über Namibia. Zum Beispiel, dass der Etosha-Nationalpark einer der größten ist, aber nichts für mich, da man dort nicht Radfahren darf, und dass man auch in Namibia Afrikaans spricht.

Spät am Nachmittag kam ich nach Divundu und ging zur Klinik. Auch hier konnte ich natürlich zelten. Zwei Gründe, weswegen ich die Übernachtungen bei Krankenhäusern so liebte, waren: Erstens waren die Schwestern immer sehr nett, zweitens kannten sie das Land und seine Schwierigkeiten am Besten. Sie wurden als erste mit den Auswirkungen konfrontiert. Eines der Hauptprobleme hier war HIV, was mit dem hohen Alkoholkonsum noch schlimmer wurde. Diese Ecke von Namibia hatte auch kein sauberes Trinkwasser. Was hier aus dem Wasserhahn lief, kam direkt aus dem Okavango-Fluss. Diarrhö war somit ein weiteres großes Problem.

In Botswana war ich hauptsächlich auf geteerten Straßen geblieben, um nicht wieder im Sand zu enden. Hier konnte ich auf eine Schotterpiste entlang des Okavango, oder Cubango, wie der Fluss hier genannt wurde, ausweichen.

War das mal wieder ein Genuss! Nach der Trockenheit in den anderen Ländern war es schön, wieder so viel Grün und Wasser zu sehen. Weniger schön war der Regen, der mich immer wieder einholte.

Nach dem absolut ebenen Botswana kamen jetzt wieder Höhenmeter. An einem Tag sogar sage und schreibe 300 Höhenmeter!

In der einzigen größeren Stadt, in Rundu, kam ich sonntags an. Die Supermärkte schlossen gerade. Auf der Suche nach einer Flasche Wein fand ich noch einen offenen Supermarkt. Aber die Weinregale und sonstige Alkoholika waren verhängt. „Kein Alkoholverkauf am Sonntag!“, erklärte mir die Verkäuferin. Also gut. Dafür fand ich eine nette Lodge und bezahlte gleich für zwei Nächte. Ein Ruhetag tat not. Ich stand noch an der Rezeption, als ein furchtbares Gewitter ausbrach. Donnerschläge und Blitze um mich herum. So etwas hatte ich selten erlebt. Der Strom war kurz darauf weg. Bei den tropischen Regengüsse war ich froh, im Trockenen zu sitzen. Die Stadt war nur ein Knotenpunkt für Durchreisende. Außer vielen Supermärkten, Einkaufszentren und Übernachtungsmöglichkeiten hatte sie nicht viel zu bieten.

Abgesehen von Buschland kam im Norden nicht viel, höchstens ab und zu einmal ein Dorf. Mit den Kilometern wurde es schon fast langweilig, vor allem, als ich wieder auf geteerter Straße war. Ich konnte in Ruhe meinen Gedanken nachhängen. An Weihnachten kam der Verkehr hier fast zum Erliegen. Es gab kaum Lastwagen. Wenn die Geschwindigkeitsbegrenzung niedriger gewesen wäre, hätte es direkt angenehm sein können. 120 Kilometer pro Stunde finde ich auf diesen Straßen, wo plötzlich eine Kuh auftauchen kann, zu schnell. Radfahrer gab es eher selten.

Die Feiertage verbrachte ich in einer schönen großen Lodge mit Schwimmbad und Bar. Sie war bei Einheimischen sehr beliebt. Hier im ehemaligen Homeland Ovamboland waren es hauptsächlich Schwarze. Ich hatte mal wieder besondere Privilegien, durfte mein Zelt an einem abgeschirmten Platz aufstellen und wurde immer eingeladen.

Viele Afrikaner können nicht schwimmen, wie Ruth und Margaret, die eigentlich nur zum Essen und Trinken kamen. Weil das Wetter so prima war, kauften sie sich Bikinis. Ich durfte den beiden etwas gewichtigeren, etwa 30-jährigen Frauen das Schwimmen beibringen. An einem Nachmittag war das natürlich nicht möglich, aber wir hatten unseren Spaß.

Mein nächstes Ziel war in Outapi ein Zeltplatz am größten Baobab, dem Ombalantu-Baobab. Der Baum ist innen hohl und wurde in der Vergangenheit für verschiedene Zwecke genutzt. Von Poststation über Gefängnis, Versteck für Flüchtlinge und Kirche. Ich war der einzige Gast, es war sehr ruhig und ich schlief fantastisch unter dem tausend Jahre alten Baum.

Von Angola trennte mich nun nur noch der Grenzfluss Kunene. Auf dem Weg zu den Ruancana-Fällen wurde es bergig. Es gab eine schöne Schlucht, aber kein Wasser. Nur Regen fiel. Ab und zu wurde das Wasser in Rohre zur Stromerzeugung über Turbinen geleitet. Ich war anscheinend zur falschen Zeit dort. Unterhalb der Wasserfälle, bei den Hippo-Pools, gab es Wasser, aber keine Flusspferde. Dafür war es traumhaft schön. Knallorange ging die Sonne über dem See und hinter den Bergen unter.

Seit Botswana war ich nur nach Nordwesten gefahren. Von Ruancana ging es dann geradewegs in den Süden nach Opuwo, die Stadt der Himba. Himba sind eigentlich Nomaden, werden aber immer mehr sesshaft, vor allem um Opuwo. Mit Stolz und Würde bewahren sie ihre Identität. Sie weigern sich, westliche Kleider zu tragen. Meist haben sie nur einen Lendenschurz aus Leder an und bemalen ihren Körper mit einer ockerfarbenen Creme. Bei erwachsenen Frauen werden die Haare mit Kuhblut eingefärbt. Das konnte unter Umständen ganz schön riechen.

Hier verbrachte ich Silvester, das von den Himba höchstens mit mehr Alkoholkonsum gefeiert wurde. Ich hatte zum Ausklang des Jahres ein kleines Silvesterfeuer, das leider wegen Regen früher beendet wurde.

Das Neue Jahr fing mit vielen Kilometern auf Schotterpiste an. Dazu noch Berge! Zum Glück wusste ich nicht, wie lange dies so sein würde und wie abgeschieden die Strecke war. Eigentlich hätte ich mir denken können, dass es entlang so entlegener Gegenden nicht viele Einkaufsmöglichkeiten gab, auch wenn auf der Karte Orte eingetragen waren. Ich war den Autofahrern dankbar, die hielten und mir Wasser, Brot und manchmal auch Obst gaben.

Ein kurzer Abstecher nach Sesfontein. Es gab hier ein altes, deutsche Fort, das inzwischen neu aufgebaut wurde und jetzt eine Nobel-Lodge ist. Camping ist nicht mehr erlaubt. Der Weg dorthin, zwischen den hohen Felsen, und vor allem mein Platz zum Wildzelten im Buschland waren fantastisch. Am Morgen kamen die ersten Springböcke zum Frühstück. Normalerweise liefen sie schnell davon, heute schauten sie ungläubig herüber. Was für ein Anblick! Auch hier wurde ich immer wieder gefragt, ob ich keine Angst vor den wilden Tieren, vor allem Löwen, hätte. Ich glaubte schon lange nicht mehr daran, dass es sie hier gab.

Dann sah ich einen Herero-Jungen. Die Hereros sind ein weiterer Stamm in Namibia, Halbnomaden. Er hütete ein paar Ziegen. Bei Sonnenuntergang müsse er daheim sein, denn dann kämen die Löwen und Elefanten. Vielleicht war doch etwas dran, an der Warnung vor den wilden Tieren.

Für mich wurde es immer wüstenartiger und es gab nicht mehr allzu viel Wasser. Zum Glück konnte ich am Abend bei Damara-Leuten, einem weiteren Stamm in Namibia, mein Zelt aufschlagen. Sie konnten mir mit etwas Wasser aushelfen. Viel hatten sie bei dieser Trockenheit selbst nicht. Im Flussbett gruben sie so lange, bis sie auf Wasser stießen. Damit konnten sie sich und ihre Ziegen über Wasser halten.

Himba in Opuwo

Am nächsten Tag säumten Zebras die Straße. Wonach ich in Botswana lange Ausschau halten musste, das lief mir hier direkt über den Weg.

Der nächste Ort nach über hundert Kilometern war Palmwag. Hier gab es endlich mal wieder so etwas, das man Laden nennen konnte. Es war aber mal wieder ein Trauerspiel. Außer Sardinendosen gab es nicht viel. Wenigstens bekam ich ein paar Spaghetti und Kekse. Ansonsten gab es außer dem Bottle Shop eine Lodge und einen kleinen Campingplatz in der Nähe eines Wasserlochs, wo ich allein mit dem Besitzer John war. Er zeigte mir, wo ich am besten mein Zelt aufstellen sollte, da es sein könne, dass ein Elefant am Abend auf den Campingplatz käme. Es dauerte nicht lange, da kam schon der erste Elefant zum Wasserloch. Bald darauf erschienen Giraffen, welch herrlicher Anblick. Es waren mindestens sieben Tiere, die sich an den Blättern der Bäume labten. Einfach elegante Tiere.

Solange die Elefanten sich in dem Wasserloch vergnügten, machte ich mein Abendessen. Kaum war ich fertig, kamen die ersten Elefanten vom Wasserloch hoch ins Camp. Ich schnappte meiner Kamera und los ging es. Es waren nicht nur ein oder zwei Elefanten, es waren zehn bis zwölf große Dickhäuter! Auch sehr junge waren darunter. Sie machten sich genüsslich über die Bäume und Büsche im Camp her. Sie dachten gar nicht daran, wieder zu verschwinden, sondern kamen immer näher an mein Zelt. Ich war etwas abseits. Man sagte mir zwar, dass Elefanten auf keine Zelte treten. Bei einer so großen Anzahl war ich mir da nicht so sicher. John wurde immer nervöser. Mit so vielen Elefanten hatte er nicht gerechnet. Verzweifelt versuchte er verschiedene Leute anzurufen. „Es muss nur einer mit einem Auto kommen, dann sind die Elefanten weg.“ Nur, wir hatten beide keines. Die Polizei vor Ort, die ich schon um die Mittagszeit beim Bier gesehen hatte, hatte überhaupt kein Interesse, etwas zu unternehmen. Schließlich rief John bei der Lodge an. Der Tour-Guide war auch Ranger der Gegend. Nicht nur er kam, sondern auch die Besitzer mit zwei Pick-ups. Von den Elefanten sah ich nichts mehr. Mein aufgebautes Zelt, erstaunlicherweise immer noch heil, wurde so, wie es war, auf einen Pick-up gestellt, auf den anderen kam mein Fahrrad und alles, was noch so herumlag. Sie brachten mich in die sicherere „Palmwag Lodge“. Hier war ich natürlich nicht allein. Es war zwar luxuriöser, aber bei Weitem nicht so spannend wie auf dem kleinen Campingplatz. Mittlerweile war es schon spät geworden. Das Spektakel mit den Elefanten hatte Stunden gedauert. Als ich am nächsten Tag an dem kleinen Campingplatz vorbei fuhr, meinte John, nachdem ich weg gewesen war, waren acht Löwen gekommen und hatten ein Pferd gefressen. Vielleicht doch besser, dass ich in der Lodge war.

Die Straße war wie eine Allee von Giraffen. Von beiden Seiten begrüßten sie mich. Es kamen einige Touristen mit ihren Autos an mir vorbei. Nur ein Auto voll von Schweden hielt an. Sie räumten fast ihr ganzes Auto aus, gaben mir Wasser, trockene Früchte, Brot und sonstige Schätze, die sie noch übrig hatten. Vielen Dank, es war mal wieder weit und breit kein Laden.

Landschaftlich richtig fantastisch wurde es, als es über einen kleinen Pass ging. Vegetation gab es hier nicht mehr. Aber wunderbare Felsen in verschiedenen Braun- und Rottönen.

Die Schotterpiste war in einem sehr schlimmen Zustand. Es besserte sich auch nicht, als ich auf die kleinere Straße Richtung Twyfelfontein abgebogen war. Die Straße führte zu einer der Touristenattraktionen, den Felsmalereien.

Mein Wasser wurde immer knapper. Die Stellen, wo ich laut Einheimischen noch Wasser bekommen sollte, gab es nicht mehr, oder ich hatte sie nicht gefunden. Es war dazu noch unheimlich heiß. Die Autos, die vorbei kamen, schossen nur so an mir vorbei.

An einem Flussbett hielt ich Ausschau nach Elefanten. Wenn sie mir auf freier Wildbahn begegneten, musste ich darauf achten, dass ich ihnen nicht in die Quere kam. Außer Elefantenfußspuren und den Haufen, die sie fallen ließen, sah ich nichts von den Tieren. Aber auf einmal sah ich Spuren, als ob jemand auf Händen gegangen wäre. Das hätte ich mir auch gleich denken können, es waren Affen.

Es war heiß, ich hatte kein Wasser mehr und Autos waren auch nicht unterwegs. Erst an der nächsten Einmündung kam endlich ein Fahrzeug. Schnell streckte ich ihm meine Wasserflasche entgegen. Das war ein Volltreffer, ein Begleitfahrzeug für den Tankwagen von „NamWater". Es herrschte so ein

In den Flüssen gab es zwar kein Wasser, aber die Wellen waren noch da.

Wassermangel, dass Tanklastzüge Wasser verteilten. Auch das Begleitfahrzeug hatte einen großen Kanister dabei, füllte all meine Flaschen und gab mir noch eine Literflasche zusätzlich. Das reichte bis Uis. Ich konnte sogar noch Wasser an bittende Kinder am Straßenrand abgeben.

Uis war endlich wieder so etwas wie eine Stadt. Hier gab es neben einem Supermarkt einen Geldautomaten und eine Tankstelle (Benzin für meinen Kocher). Der erste seit acht Tagen, seit Opuwo. Aber es war Sonntagnachmittag, alles war geschlossen. Ärgerlich!

Ich blieb im „Brandberg Rest Camp". Welch ein Gegensatz zur Gegend drum herum: Das große Schwimmbad war voll mit Wasser (das allerdings scheußlich schmeckte), im Restaurant bekam man fast alles zu essen und ich hatte noch ein Bier. Hier war ich das erste Mal hauptsächlich unter weißen Leuten, Urlaubern aus Südafrika. Die Angestellten waren Schwarze. Bevor ich mich am nächsten Tag wieder bergabwärts, endlich wieder Richtung Meer, machte, kaufte ich ordentlich in dem Supermarkt ein.

In der sehr sandigen Wüste sah ich nicht nur meinen ersten Vogel Strauß, sondern auch einen Mann, der mir zu Fuß entgegenkam. Ich traute meinen

Augen nicht. Ich hatte ja schon Probleme, Nahrungsmittel und vor allem Wasser über die lange Distanzen zu transportieren. Zu Fuß dauert es ja noch länger. Dave van Graan zog einen schwerbeladenen Karren hinter sich her. Dreißig Liter Wasser konnte er darauf transportieren. Auch er wurde von Autofahrern zusätzlich versorgt. Er lief durch gesamt Namibia, vom Oranje-Fluss (Grenze zu Südafrika) zum Kunene-Fluss (Grenze zu Angola). Das war einer der witzigen, unterhaltsamen Begegnungen in der Wüste. Der Wind blies uns kalt um die Ohren, was uns nicht abhielt, einige Erfahrungen auszutauschen. Daves Wanderung war eine Aktion gegen die Wilddieberei, um die letzten Rhinozerosse zu retten. Es ist immer noch ein großes Problem in den südafrikanischen Ländern. Er musste weiter den Berg hoch, aber mit dem Wind, ich gegen den Wind weiter bergab, bis ich endlich am Meer war.

Nach circa 650 Kilometern hatte ich endlich so etwas wie Teer unter den Rädern. Entlang der Küste ist die Straße aus Salz, sah aber fast so aus wie Teer, war auf jeden Fall glatt und fest.

In Henties Bay wurde zuerst einmal der Supermarkt gestürmt, dann suchte ich den Campingplatz auf. So etwas hatte ich noch nie gesehen. Jeder Platz hatte seine eigene Toilette, Dusche und Kochnische sowie den obligatorischen Braai, wie die Südafrikaner den Grill nennen; Steckdosen gab es eh überall. Franzi von der „Buck's Camping Lodge" hatte ein Herz mit mir, gab mir einen guten Rabatt, dass ich zwei Nächte dort bleiben konnte. Einfach ausruhen, essen, trinken, schreiben, schlafen. Keine Schotterpisten mehr! Die ersten zehn Tage dieses Jahres hatten gereicht!

Jetzt wollte ich vor allem das Meer genießen und langsam Richtung Süden kommen. Leider war es zum Schwimmen viel zu stürmisch und kalt, vor allem das Wasser. Das Rauschen des Meeres und die Luft taten trotzdem gut. Das Schiffswrack Zeila, ein gesunkener Fischkutter an der Küste, war eine nette Abwechslung und eine willkommene Pause.

Eine der deutschen Hochburgen in Namibia ist zweifellos Swakopmund. Schon an den Fahrradwegen erkannte ich, hier war ich in einem anderen Afrika. Auf einmal war alles schön und ordentlich, kein Müll lag herum, in der Stadt gab es grüne Wiesen. Am Anfang fand ich es ja noch ganz spaßig, deutsche Begriffe wie „Alte Kanzelei“, „Alte Brücke“ und „Brauhaus“ zu lesen. Dann wurde es mir zu viel. War doch alles nur Fassade, „Fake Germany“. Ich war doch nicht 22.000 Kilometer gefahren, um Deutsche zu sehen. Also nix wie weg.

Noch etwas weiter südlich liegt die Hafenstadt Walvis Bay. Hier konnten mein Fahrrad und ich mich bei Bryan, wieder einem Warmshower-Gastgeber, absolut gut erholen. Der Blick auf die dunkelblaue Lagune war traumhaft. Tagsüber war sie voll mit Flamingos, am Abend kamen die Pelikane.

Auch hier gab es einige Deutsche, es war aber bei Weitem nicht so touristisch. Der Vorteil der Deutschen war, es gab fantastische Bäckereien.

Bryan hatte mich davon überzeugt, dass geteerte Straßen langweilig waren. Also doch wieder Schotterpiste ?!?

Mit dem Fahrrad durch den Süden Namibias

In Walvis Bay hatte ich mich dazu entschlossen, doch wieder auf der Schotterpiste weiterzufahren. Allerdings wollte ich lieber nicht genau wissen, wie viele Kilometer es diesmal waren. Bryan sagte mir, wo ich Wasser bekommen und eventuell etwas kaufen könnte, viel war es nicht. Das Gute an der deutschen Population hier war nicht nur das gute Bier, sondern auch richtige Bäckereien mit richtigem Brot. Diesmal kaufte ich viel Proviant ein, bevor ich los fuhr. In Anbetracht dessen, dass ich in der nächsten Woche kein Brot bekommen würde, war mir der Kilo-Laib Roggenbrot weder zu schwer noch zu groß. Meinen Wassersack musste ich vorerst noch nicht auffüllen. Noch bepackter als sonst ging es los.

Gleich hinter Walvis Bay fing die Wüste wieder an. Vorbei war das Blau der Lagune und das Grün des Grases. Grau-beige war wieder der vorherrschende Farbton. So sehr es mir auch in Walvis Bay bei Bryan gefallen hatte, es war doch wieder herrlich in der Wüste zu zelten.

Mir wurde geraten, bei Gobabeb, einem Wüstenforschungszentrum, vorbeizuschauen. Nicht nur um meine Wasserflaschen aufzufüllen, tat ich das sehr gerne. Hauptsächlich junge Forscher waren dabei, alles was mit der Wüste zu tun hat, zu erforschen – Population, Tourismus, Flora und Fauna sowieso. Man glaubt gar nicht, was da so alles wächst, kreucht und fleucht. Auch Dünen werden erforscht. Die Forscher zeigten mindestens genauso viel Interesse an meinem Fahrrad, wie ich für ihre Arbeit. Ich bekam nicht nur meinen Zehn-Liter-Wassersack gefüllt, sondern auch einen Kaffee. Nach einem längeren Aufenthalt ging es noch schwerer beladen weiter.

Aus der Ferne sah ich immer wieder Tiere. Auf die Distanz konnte ich kaum erkennen, was für welche es waren. Erst als ich ein Foto machte, erkannte ich sie. Nein, das waren wieder keine Löwen, nur Zebras, Bergzebras, die waren dunkler und kleiner.

Vor Sonnenuntergang kam ich an das „Mirabeb Camp“ im Namib-Naukluft-Nationalpark. Es war um einen riesigen roten Granitfelsen angelegt. Auf den einzelnen Plätzen gab es so gut wie nichts, außer natürlich dem Braai (Grill). Obwohl mir gesagt wurde, ich würde hier keine anderen Camper antreffen und mir deswegen der Wassersack randvoll gemacht wurde, kam kurz darauf Ken mit seinem Geländewagen vorbei und fragte, ob ich Wasser brauchte.

Zurück in der Wüste

Für ein Stück Roggenbrot bekam ich sogar einen Apfelstrudel. Die Atmosphäre während des Sonnenuntergangs in dieser endlosen Weite, mit weitem Horizont war einfach fantastisch.

Am nächsten Tag ging es zuerst einmal über den Kreis des Steinbocks. Die karge Landschaft mit Bergen und Schluchten war spektakulär. Auf der nicht allzu guten Schotterpiste gab es keinen Verkehr – leider auch keinen Schatten. Nachdem ich weit hinab in den Kuiseb Canyon gefahren war, wollte ich auf der anderen Seite nicht mehr hoch und zeltete in dem ausgetrockneten Flussbett. Allerdings hätte ich besser auf den Baum achtgeben sollen. Das, was davon abfiel, war nicht gerade reifenfreundlich.

Wenn man in einer Schlucht schläft, muss man wohl oder übel am nächsten Tag zuerst einmal hoch. An die schlimmen Straßen gewöhnte ich mich langsam. „Slow travel on gravel" (langsames Reisen auf Schotter) war nun mein Motto. Ich hatte es ja nicht mehr eilig. Anstatt mich über den Zustand der Pisten zu ärgern, erfreute ich mich lieber an der schönen Landschaft und den genialen, ruhigen Zeltplätzen. Ab 17 Uhr war die Wüste mein, dann waren die Touristen in ihren Lodges, bis morgens gegen neun oder zehn Uhr. Kaum aus der nächsten Schlucht heraus, hatte ich einen Platten. Nachwirkungen des Baumes letzter Nacht. Die Dornen waren einfach höllisch. Es wäre ein ganz netter Ort zum Fahrradflicken gewesen, nur bei den Temperaturen um 40 Grad war es schon mühsam. Ich fragte mich, bis wie viel Grad die Flicken hielten. Das blieb zum Glück der einzige Platten in dieser unwirtlichen Gegend. Aus der Ferne sah ich eine größere Pflanze, die weder Baum noch Busch war, aber groß genug, um genügend Windschatten zu bieten. Sie entpuppte sich als Riesenkaktus. Was für ein malerischer und fotogener Platz für mein Zelt! Kein Wunder, dass ich richtig süchtig nach Wildzelten, nach dieser Ruhe wurde. Dass die Wüste lebte, hatte ich in Gobabeb gelernt. Eine Oryxantilope mit ihrer schwarzweißen Maske und ihrem buschigen, langen, schwarzen Schwanz rannte mir immer wieder über den Weg.

Dann der erste Laden seit Walvis Bay, eher eine Tankstelle mit Einkaufsmöglichkeit: Solitaire. Was den Ort bekannt machte, war der Apfelstrudel. Ich musste ihn natürlich auch probieren. Er konnte durchaus zu einem der besten der Welt zählen. Die Portion war groß, ersetzte locker ein Mittagessen.

Am nächsten Tag war ich schon um die Mittagszeit in Sesriem, dem Zugang zu den weltberühmten Dünen von Sossusvlei. Ich hatte gleich wieder Glück, bekam sofort eine Mitfahrgelegenheit in den Park. Da es mehr als 70 Kilometer waren, und ich auch wieder zurück musste, wollte ich nicht mit dem Fahrrad fahren. Das konnte ich einfach an der Tankstelle lassen und bin mit Vater und Sohn in den Naturpark. Die Dune 45 heißt einfach deswegen 45, da sie 45 Kilometer vom Eingang weg ist. Die größten sind allerdings Big Mama und Big Daddy beim Deadvlei. Dass sie allerdings die größten der Welt sein sollen, wage ich zu bezweifeln. Die Big Red in der Simpson-Wüste von Australien oder die Düne in Dunhuang, Taklamakan, China, scheinen mir wesentlich größer.

Mein Verhältnis zu Sand war vor allem nach Angola nicht gerade das beste. Ich verstehe nicht, warum manche die Dünen hoch kraxeln müssen. Vater und Sohn wollten zum Glück auch nicht hoch. Der Weg zum Deadvlei im Sand hatte mir gereicht. Das Deadvlei, der ausgetrocknete Salzsee mit den versteinerten Bäumen war sehr pittoresk. Mitten am Nachmittag war hier außer uns niemand. Erst als wir zum Parkplatz kamen, strömten die Touristen an.

Da ich diese Touristenattraktion gleich erfolgreich abgehakt hatte, wollte ich eigentlich am nächsten Tag weiter. Es kam mir allerdings ein Sandsturm

Meine ständige Begleitung – eine Oryxantilope

Rote Felsen in der Wüste

dazwischen. Der blies so sehr, dass ich mich nicht einmal traute, aus dem Zelt zu gehen, aus Angst, es könnte weg fliegen. Also blieb ich einfach liegen. Erst als es im Zelt zu warm wurde, getraute ich mich heraus und genoss einen ruhigen Tag außerhalb des Nationalparks. Der Wind lies nach und ich konnte am nächsten Tag weiter Richtung Naturpark NamibRand. Alles war trocken und steinig. Im Gegenwind ging es den Berg hoch. Wieder hielten ab und zu Autofahrer an, gaben mir Wasser und manchmal auch etwas zu essen. Das erste Zeichen, dass ich mich außerhalb des Naturparks befand, war, dass auf einmal alles wieder eingezäunt war und Kühe weideten. Wie lange hatte ich schon keine Kühe mehr gesehen.

Bei der ersten Farm bekam ich Wasser, obwohl die Frau mir erzählte, sie bekämen kaum mehr welches. Der Grundwasserspiegel war mittlerweile zu tief gesunken, da die Lodges für die Pools das ganze Wasser abpumpten. Sie hatten gerade noch Wasser für den Haushalt, aber nicht für die Felder.

Die Zäune waren nicht nur für mich und das Wildzelten etwas hinderlich. Die wilden Tiere hatten weit größere Probleme. Am Morgen sah ich eine große Oryxantilope im Zaun hängen. Sie zappelte wie wild. Ich konnte sie nicht befreien, ein Hieb mit einem Huf hätte mich ganz schön flach gelegt. Also hielt ich Autos an, um Hilfe zu holen. Vom Auto aus sah man das

Tier nicht. Ein paar schwarze Einheimische freuten sich und wollten genau wissen, wo das Tier war. Wahrscheinlich wollten sie es töten und essen. Das war mir egal, Hauptsache, das Tier musste nicht mehr leiden.

Nach 696 Kilometern von Walvis Bay war ich wieder auf Teer. Nach weiteren vier Kilometern war die Freude darüber vorbei und fast so etwas wie Langeweile kam auf.

Für mich war das endgültige Ende der Wüste Aus, ein Ort im Süden Namibias. Gegenüber der Besitzerin des Campingplatzes, Ladens und Tankstelle erwähnte ich nur, dass ich nach der langen Fahrt durch die Wüste am liebsten einen Salat essen würde. Keine zehn Minuten später brachte mir Elize eine große Schüssel mit Kopfsalat, Gurken, Tomaten und Paprika. Eine wahre Vitaminbombe. Paradies! Und am Abend wurde ich von Elize und ihrem Mann Wim zum Essen eingeladen. Es gab unter anderem nicht nur ein Glas Weißwein! Wie ging es mir mal wieder gut.

Dann endlich wieder einen Tag auf Teer. Ich hatte schon wieder vergessen, wie viele Kilometer man unter normalen Umständen fahren konnte. 36 Kilometer vor Rosh Pinah ging es 25 Kilometer nur bergab. Teilweise sehr steil, tausend Höhenmeter, von etwa 1.400 auf 400. War das fantastisch, zwischen den Felsen hinunter zu düsen.

Von Wim wusste ich, dass man durch das Diamanten-Sperrgebiet am Oranje-Fluss fahren konnte. Ich durfte nur nicht in die Stadt Oranjemund, aber über die Grenze nach Alexander Bay, Südafrika. Als ich am Tor des Sperrgebiets war, meinten die Wachmänner, ja, aber das gelte nur für Autos, nicht für Fahrradfahrer. Ich durfte mit dem Vorgesetzten telefonieren. Der meinte, ob ich denn auf Schotterpiste fahren könne, immerhin seien noch 30 Kilometer ungeteert. Da musste ich doch herzlich lachen. Nach 1440 Kilometern von Opuwo nach Aus sollte ich es doch können. Ich versprach, nicht an den zwei Minen anzuhalten und sie ließen mich auf die 80 Kilometer lange Strecke.

Es war einfach ein Traum. Der Oranje-Fluss, der Grenzfluss zwischen Südafrika und Namibia, war der erste Fluss, der Wasser hatte. Irgendwo inmitten der Wüste konnte ich zum letzten Mal in Namibia mein Zelt aufstellen.

Leider war es sehr windig und schnell war alles voll mit feinem, weißem Sand, der sogar irgendwie ins Zelt gelangte. Am nächsten Tag setzte der Wind schon zur Mittagszeit ein. Für mich war dann die Fahrt schon zehn Kilometer vor der Grenze zu Ende. Ein heftiger Sandsturm kam auf. Ich saß einfach eingemummt da. Essen konnte ich nichts, mein Mund und das, was ich essen wollte, wäre sofort voll Sand gewesen. Also warten. Aus Erfahrung wusste ich, dass in solch üblen Situationen immer etwas Nettes passierte. Es dauerte nur ein paar Minuten, dann hielt ein Pick-up vom Straßenbau. Der Fahrer fragte, ob er mich mitnehmen könne. Ich wollte zuerst wissen, ob es weiter unten wieder besser würde, Nein, meinte er, im Gegenteil. Heute wäre es das erste Mal, dass sie alle Arbeiten in der Stadt einstellen mussten. Also gut. So konnte ich weder die ersten paar Kilometer noch die letzten paar Kilometer in diesem wunderbaren Land mit dem Fahrrad fahren. Und das auch noch bergab bis zur Immigration direkt am Meer. Eigentlich wollte ich an der Immigration in Namibia zelten. In die Stadt durfte ich ja nicht. Leider wurde es mir nicht erlaubt. Stattdessen besorgte der Beamte mir den nächsten Pick-up, der mich über die Brücke nach Südafrika brachte.

Südafrika: Das Nord Cape und das West Cape

Auch von Südafrika hörte ich politisch nichts Gutes. Im Vergleich zum Rest des Kontinents war es noch ein beliebtes Urlaubsziel. Aber wie war es mit Radfahren? Laut Südafrikanern: „Viel zu gefährlich“. Mal sehen.

Der nette Autofahrer, der mich über die Grenzbrücke fuhr, brachte mich direkt vor die Polizeistation in Alexander Bay. Er war davon überzeugt, hier könnte ich mein Zelt aufstellen. Es stürmte noch immer. Anstatt zu zelten, boten mir die netten Polizisten ein ganzes Haus an. Normalerweise werden hier traumatisierte Frauen untergebracht. Ganz so schlimm war es bei mir nicht. Es ging anscheinend allen gut und ich hatte das kleine Haus ganz für mich. Fantastisch. Unter der Dusche konnte ich den ganzen Sand abspülen, hatte eine Küche und Elektrizität. Welch ein Empfang in Südafrika.

Von dem Sturm war am nächsten Tag nichts mehr zu spüren. Im nächsten Ort, Port Nolloth, konnte ich alles besorgen, was ich so in einem neuen Land brauchte, Geld, SIM-Karte und etwas zu essen. An der schönen Uferpromenade machte ich Mittag, fuhr dann aber gleich weiter, weg vom Meer in die Berge. Alles war eingezäunt. Warum musste man dieses Nichts einzäunen? Am Anfang konnte ich es noch verstehen. Auch auf südafrikanischer Seite ging es durch ein Diamantengebiet. Aber dann? Mir wurde gesagt, dass es Weiden wären, wo vielleicht gerade keine Tiere waren. Hier gab es weit und breit keine Tiere, auch nicht die wilden Tiere wie in Namibia. Keine Zebras, keine Springböcke, nichts. Ich fing an, Namibia zu vermissen.

Der erste Ort, Steinkopf. Auch hier war alles eingezäunt, mindestens einmal. Wurden die Bewohner, meist Schwarze, von der Außenwelt geschützt oder war es anders herum? Sehr schnell lernte ich, dass in Südafrika alles eingezäunt und meist noch mit einer Mauer versehen ist. Wenn es sein musste, war diese auch noch mit Nato-Draht gesichert. Und ein Schild „armed response“ (bewaffnete Reaktion) prangte daran. Eine ganz schöne Herausforderung zum Wildzelten.

Am Anfang genoss ich den schönen Teer, die wunderbare Landschaft und die Aussicht von den Hügeln. Nur wieder dieses Auf und Ab im Gegenwind war langsam zermürbend. Ortschaften waren sehr spärlich und nicht immer einladend. In einem der Orte rauchte die Frau, eine Weiße, an der Kasse eines Lebensmittelgeschäftes. Das hatte ich auch noch nie gesehen. Nicht nur Alkohol schien hier ein großes Problem zu sein.

In Nuwerus machte ich in der „Hardeveld Lodge“ eine längere Pause. Ich hatte gehört, dass Kobus und Fey Fahrradfahrer verwöhnen. Ihre Fotogalerie zeigte einige, auch mir schon bekannte Gäste. Außer der Lodge gab es in Nuwerus einen General Store, einen Krämerladen, der auch Post war und wo man so ziemlich alles bekam. Eine Gruppe von Frauen betrieb den Laden – ein Treffpunkt und Informations-Umschlagplatz für das ganze Dorf. Wirklich sehr nett, ein Besuch lohnt sich!

Nach Nuwerus bog ich auf unbefestigte Straße Richtung Meer ab. Wie angenehm auf einmal die Schotterpiste war. Diesmal wusste ich, es würde keine Wochen bis zur nächsten geteerten Straße dauern, sondern nur einen halben Tag. Die wilden, brausenden Wogen und kalten Winde des Atlantiks

Über tausend Hügel, aber mit prima Aussicht

luden zwar nicht gerade zum Schwimmen ein, waren aber eine sehr nette Abwechslung. Entlang der Küste verlief eine Eisenbahnlinie, parallel dazu eine Service-Straße. Dieser Weg war für den öffentlichen Verkehr gesperrt. Natürlich waren auch hier Zäune. Aber nicht vor den Unterführungen unter den Bahngleisen oder kurz dahinter. Diese Unterführungen waren herrliche Plätze zum Zelten. Total ungestört und windgeschützt. Am Abend, nachts und am Morgen kam je ein sehr langer Zug. Drei Minuten dauerte es, bis er vorbei war. Er transportierte Erze aus den Minen zum Hafen in Saldanha.

Bei Vredenburg sah ich endlich ein Tier. Ich machte gerade Pause, als ein Vogel Strauß zu mir kam. Zum Spaß rief ich ihm zu und er kam tatsächlich her. Als ich weiter fuhr, veranstaltete er ein Wettrennen mit mir. Eigentlich war es ein nettes Erlebnis, bis ich sah, es war eine Straußenfarm. Was machen sie nur mit all den Tieren?

Wegen des Windes konnte ich kaum mehr fahren. Nach Vredenburg musste ich den Berg hoch schieben. Auch dieser sehr anstrengende Tag endete sehr angenehm. Ich durfte in Saldanha umsonst zelten und hatte dort mal wieder alles was das Herz begehrte, sogar eine heiße Dusche.

Schon weit vor Kapstadt nahm der Verkehr zu. Als kleine Abwechslung konnte ich durch den West-Coast-Nationalpark fahren. Ich sagte dem Wächter am Eingang, es sei hier doch viel sicherer als auf der R27. Worauf hin ich dann tatsächlich weniger zahlen musste. Herrlich waren diese kleinen Sträßchen ohne jeglichen Verkehr. Zur Wildblumenzeit soll es hier anders aussehen. Jetzt im Februar waren die Büsche nur grün oder braun. Ich genoss die Ruhe und die verschiedenen Türkis-Töne der Bucht.

Am letzten Tag vor Kapstadt hatte ich auf einmal keinen Wind mehr. Was war passiert? Als ich dann noch Rückenwind hatte, fragte ich mich, ob ich in die falsche Richtung führe. Aber dann sah ich von Weitem den Tafelberg. Ich war mir aber nicht sicher, ob er es wirklich war. Aus dieser Perspektive sah er etwas anders aus, als ich ihn von Fotos kannte. Da der Ort Table View hieß, ging ich davon aus, das es schon der Tafelberg sei.

16 Kilometer vor der Innenstadt fand ich überraschenderweise einen Radweg, den „West coast cycle way". Näher zur Stadtmitte ging der Fahrradweg entlang der neuen Buslinie, weg von der offiziellen Straße. So bekam ich gleich ein ganz anderes Bild von der Stadt. Aus Plastiktüten und Kartons hatten Obdachlose Hütten gebaut. Es war aber erstaunlich sauber, kein Müll lag herum. Irgendwo musste eine Wasserquelle sein. Immer wieder war jemand am Waschen, sich oder Kleider. Leider endete der Radweg sehr plötzlich hinter dem Bahnhof in Kapstadt. Dank eines anderen Radfahrers fand ich den weiteren Weg auf die andere Seite der Bahnschiene. Den Rest übernahm mein GPS.

Ich hatte das große Glück bei der Phillips-Familie, Warmshower-Gastgeber und ambitionierte Radfahrer, unterzukommen. Außer Radfahren waren sie auch anderweitig sehr aktiv. Da konnte ich nicht nur faulenzen, ich wurde richtig mitgerissen. Früh morgens hatte ich das Vergnügen, den Sonnenaufgang von einem der Berge rings um Kapstadt zu bewundern. Danach war ich fit für den Tag.

Die Gegend bot unglaublich viele Möglichkeiten für Radtouren. Da ich fast täglich in die Innenstadt musste, wechselte ich immer wieder die Strecke. Die schönste, aber auch längste, war von Muizenberg auf die andere Seite der Halbinsel und den Chapman's Peak Drive in die Innenstadt. Die Straße ist hoch über dem Meer in die Felsen gehauen, mit einem fantastischen Blick auf die zerklüftete Felsenküste. Unter mir brauste das tobende, türkisfarbene Meer.

Die Innenstadt hat auch einiges zu bieten wie beispielsweise die Waterfront. Das ehemaligen Hafengebiet ist jetzt Touristenattraktion, mit vielen Boutiquen, Cafés und Brauereien. Hier traf ich Nino aus der Schweiz, der auch schon seit Jahren mit dem Fahrrad unterwegs war. Wir setzten uns in eine der Bars und redeten und redeten und redeten ... Wie es eben zwischen Radreisenden so üblich ist. Einen Gegensatz zur Waterfront bietet das Bo Kaap mit den pastellfarben angestrichenen kleinen Wohnhäusern. Wahrscheinlich macht es gerade die Vielseitigkeit aus, dass Kapstadt für viele die schönste Stadt der Welt ist. Leider ist sie nicht mehr sehr sicher. Auch hier gibt es immer mehr Kriminalität. Die Kluft zwischen arm und reich, Schwarzen und Weißen, wird immer größer. Obwohl ich ungefähr 200 Kilometer in der Stadt herumgefahren bin, ist mir zum Glück nichts passiert.

Ich war mir noch nicht sicher, ob ich durch Mosambik fahren sollte. Es gab in den letzten Jahren einige Probleme. Ich hatte von keinem Radfahrer gelesen, dass er durch das Land gefahren war. Da ich aber trotzdem nach Mosambik wollte, besorgte ich mir in Kapstadt gleich in Visum. Ich bekam es ohne Problem gleich am nächsten Tag.

Dann war es Zeit, Kapstadt wieder für ein Weilchen zu verlassen. Für das Kap der Guten Hoffnung und Cape Point nahm ich mir zwei Tage Zeit. Ich wollte es in vollen Zügen genießen. Zuerst fuhr ich an den bunten Strandhäusern von Muizenberg vorbei und zu der Pinguinkolonie in Simonstown. Beides sind sehr schmucke Touristenstädte im viktorianischen Stil. Der Küste entlang, auf und ab durch dichtes Buschland, ging es zum Nationalpark. Sehr erstaunt war ich über den Eintrittspreis. Für Radfahrer war es teurer als für Autofahrer. Auf meine Frage warum, wusste die Frau an der Kasse keine Antwort. Ein Verantwortlicher erklärte mir: „Fahrradfahren ist eine Aktivität, darum ist es teurer.“ Ich musste mir ein Lachen verkneifen. Kaum zu glauben, aber Autofahrer steigen auch hier ab und zu aus dem Auto und gehen auf den Wanderwegen. Dafür müssen sie aber nichts bezahlen.

Ich hatte dafür, wie im West-Coast-Nationalpark, ein paar schöne Radwege erwartet. Dies war aber nicht der Fall.

Es war unglaublich windig. Ich konnte mir gut vorstellen, dass so mancher vor der Küste in der wilden See Schiffbruch erlitten hat. Trotzdem waren viele Touristen dort, selbst oben an dem Leuchtturm von Cape Point, wo ich mich kaum auf den Beinen halten konnte. Für die spektakuläre Aussicht über den felsigen Zipfel des Kontinents hatte es sich aber auf jeden Fall gelohnt.

Zurück ging es zuerst entlang der Westseite der Halbinsel, wo ich einen schönen ruhigen Campingplatz fand, danach wieder zurück nach Muizenberg und zu meiner Gastfamilie.

Bevor ich endgültig die Stadt verließ, musste ich natürlich den Tafelberg bezwingen. Meine Gastfamilie empfahl mir dafür die Skeleton Gorge. Eigentlich bin ich nicht so der Wandertyp. Warum soll ich zu Fuß gehen, wenn ich ein Fahrrad habe? Außer wenn es natürlich über Felsen geht und ich nicht mehr Fahrrad fahren kann, macht es richtig Spaß, so wie hier. Zwischen den Felsen ging senkrecht eine Leiter hoch. Ein alter Mann ging vor mir. Seine Wanderstiefel sahen fast noch älter aus als er selbst. Und er ging ruhig und gelassen vor sich hin. „Sie sehen aus, als ob Sie das nicht zum ersten Mal machen." Er strahlte vor Freude: „Nein, nein, schon oft." Ich wünschte ihm, dass er auch weiterhin noch oft dort hoch steigen könne. Hinter mir war ein Kleinkind, das wahre Freude am Kraxeln hatte und nur ab und zu vom Vater getragen wurde. Dazwischen ich! Eigentlich dachte ich, ich wäre fit. Aber Bergsteigen ist halt was ganz anderes. Ich wollte mir aber keine Blöße zeigen. Während ich stehenblieb und die Aussicht genoss, konnte ich tief durchatmen. Von hier oben lag mir Kapstadt zu Füßen. Unglaublich wie weit sich die Stadt zwischen Meer und Berge erstreckt. Nach einem Rundgang um einen Stausee ging es eine anderen Schlucht, Nursery Ravine, an bizarren Felsformationen vorbei wieder runter. Auch der Abstieg auf den hohen, steilen Stufen hatte es in sich. Meine Knie waren froh, als ich wieder unten war.

Der Freizeitwert von Kapstadt ist gigantisch. Außer Skifahren kann man hier wahrscheinlich jeder Outdoor-Aktivität nachgehen. Kaum eine Stadt hat so viel zu bieten.

Hatte ich Muskelkater! Trotzdem war es Zeit weiter zu ziehen. Ich hatte die Gastfreundschaft der Phillips-Familie schon lange genug in Anspruch genommen. Als Afrika-Umradlerin wollte ich auch dem südlichsten Zipfel des afrikanischen Kontinents einen Besuch abstatten. Nein, es ist nicht das Kap der Guten Hoffnung, es geht noch südlicher: Cape Agulhas.

Entlang des Meeres fuhr ich über die Mitchells Plain und durch eine Schwarzensiedlung. Komisch, monatelang fuhr ich durch Länder, in denen ich nur Schwarze gesehen hatte und es war immer Ok. Wenn hier in Südafrika mal ein Ort mit nur Schwarzen kam, hatte ich ein sonderbares Gefühl. Die Spannungen zwischen Schwarzen, Farbigen und Weißen waren direkt zu spüren. Es war keine angenehme Gegend. Wahrscheinlich war es auch nicht ganz so ungefährlich. Ein Polizist, der gerade Patrouille fuhr, eskortierte mich hindurch. Im nächsten Ort wollte ich mir etwas zu trinken besorgen. Auch hier keine Weißen weit und breit. Davon wollte ich mich nicht irritieren lassen. Als ob es das Natürlichste der Welt sei, bin ich ins Zentrum gefahren. An einem Laden stellte ich mein Fahrrad direkt am Eingang ab und kettete es an. Von innen konnte ich es beobachten. Trotzdem, als ich wieder draußen war, war der Fahrradcomputer weg. Den hatte ich einfach vergessen abzunehmen. Das GPS hatte ich zum Glück dabei. Hätte schlimmer kommen können. Es war das einzige, was mir auf der Reise gestohlen wurde. Mit der Zeit fand ich sogar Gefallen daran, ohne Fahrradcomputer zu fahren.

Danach kam wieder eine der fantastischen Küstenstraßen Südafrikas. Am Sonntag Nachmittag war dementsprechend viel Verkehr. Er wurde sogar noch stärker, als nach Gordon's Bay eine Polizeikontrolle kam. Kilometerlange Staus. Als ich mich dem Campingplatz näherte, den ich mir für die Nacht ausgesucht hatte, sah ich den Grund für das hohe Verkehrsaufkommen. Hier war eine Rave Party. Alle 3.500 Gäste wollten nun nach Kapstadt zurück. Offiziell war der Campingplatz noch gesperrt, sie ließen mich aber trotzdem übernachten.

Hermanus ist eine weitere „europäische" Stadt, die Adria Südafrikas. „Auberge Burgundy" ist praktisch das Zentrum. Hier waren wieder unzählige Touristen in den Straßencafés. Kurz vor Cape Agulhas hatte ich am Rande des Nationalparks wunderschön ruhig hinter Büschen gezeltet. In den frühen Morgenstunden hatte ich das Kap, den südlichsten Zipfel des Kontinents ganz für mich; mit dem Nebel über dem Meer und Land herrschte eine wundervolle Stimmung. Hier splitten sich die Meere: westlich ist der Atlantik, östlich der Indische Ozean. Das hieß, ab jetzt wurde das Wasser wärmer, zum Schwimmen wesentlich angenehmer.

In der nächsten Stadt, Struisbaai deckte ich mich wieder mit dem Nötigsten ein und verzehrte gleich etwas vor dem Supermarkt. Eine ältere Dame kam auf mich zu, meinte, ich sehe müde aus und ich solle doch heute Nacht in ihrem Gästehaus schlafen. Schrieb mir ihre Adresse auf und meinte, ihre Zwillingsschwester sei dort. Mit der Müdigkeit hatte sie nicht unrecht! Natürlich schlug ich das Angebot nicht aus. Ich konnte den ganzen Tag am Kap genießen und das Schwimmen im Indischen Ozean testen. Genial.

Weiter ging es querfeldein. Eigentlich viel zu viel Verkehr für die Schotterpiste. Es waren meist Anwohner. Die weißen Farmer hatten hier schmucke Villen. Viele hatten „Bed & Breakfast“ mit im Angebot, sehr vornehm. Eine sehr nette Frau lachte, als sie mich sah und ließ mich in ihrem wunderbar gepflegten Garten zelten.

Ort der Umkehr: südlichster Punkt des Afrikanischen Kontinents

Mit einer kleinen Pontonfähre kam ich über den Breede-Fluss. Zwei Männer waren die Zugtiere. Sie hängten sich an dem Drahtseil vorn ein und liefen nach hinten, schoben so die Fähre nach vorn. Hinten angekommen liefen sie wieder nach vorn, hakten sich ein. Das machen sie Tag für Tag seit Jahren! Von morgens bis abends, bis zu 35-mal am Tag. Ein Job für Schwarze ...

Auch hier gab es ein Heidelberg. Es sah zwar mit den sanften Hügeln, Feldern und Wälder fast so aus wie in Deutschland, aber nicht direkt wie Heidelberg. Es fehlte der Neckar.

Ich traf ein Paar, das in Montenegro Fahrrad fahren war. Ich war zwar auch schon dort, aber ich hatte noch nie jemanden getroffen, der dieses Land als Urlaubsziel hatte. Tanya und Phil sind Missionare, die hier eine Bibelschule leiten. Sie luden mich ein, dort zu zelten. Es war sehr nett und erholsam.

Weiter östlich kam Albertinia, die Hochburg der Aloe-Vera-Pflanze. Eine Freundin von Tanya arbeitete hier, die mir viel darüber erzählen konnte. Die Erde hier ist so beschaffen, dass die Pflanze besonders gut gedeiht. Gleich zwei große Fabriken gibt es, die ihre Cremes und sonstigen Produkte in die ganze Welt exportieren. Nur noch wenige, aber bergige Kilometer trennten mich von der Garden Route.

Die Garden Route in Südafrika mit dem Fahrrad

Eine der touristischsten Strecken in Südafrika ist zweifellos die Garden Route. Aber wo fängt sie an, wo hört sie auf? Die Meinungen gehen auseinander. Offiziell fängt sie in Mossel Bay an und hört in Jeffreys Bay auf (oder anders herum). Es ist auch nicht eine bestimmte Straße, sondern das Gebiet zwischen den Orten. Mit dem Knotenpunkt George. Als Hauptader zieht sich die N2 durch die Landschaft. Ich bevorzugte es so weit wie möglich, auf die Nebenstrecke auszuweichen und folgte der R102.

Mossel Bay war früher ein schmuckes Fischerdorf. Heute wird die Innenstadt genauso wie in den meisten südafrikanischen Großstädten von PEP-Shop, Shoprite und wie all die Ladenketten heißen, dominiert. Dazwischen konnte ich noch die alten Steinhäuser entdecken. Die Hänge am Rande von Mossel Bay sind gesäumt von teuren Villen. Bei Groot Brakrivier wurde es richtig idyllisch. Der Fluss floss durch grüne Wiesen und Wälder. An dem Ort wäre ich beinahe vorbeigefahren, hätte ich nicht den Tipp für den heimeligen „Pine River"-Campingplatz bekommen. Direkt am Fluss konnte ich mein Zelt aufstellen.

Zwischen Feldern und über Hügel fuhr ich nach George, der größten Stadt an der Garden Route. Im Hintergrund erhoben sich spektakuläre hohe Berge. Nach George machte die R102 eine Pause. An den Bergen und durch die Schluchten hatte keine zweite Straße mehr Platz. Ich musste auf die verkehrsreiche N2 ausweichen. Die Landschaft war aber atemberaubend.

An der Abzweigung zur Buffalo Bay gab es einen netten kleinen Backpacker. Bei 70 Rand (4,70 Euro) fürs Zelten fragte ich nicht nach einen Discount. Trotzdem hieß es sofort, ich müsse nichts zahlen. Langsam wurde es mir unheimlich. Wie oft ist es mir jetzt schon passiert, dass ich eingeladen wurde? Von der Zeltnachbarin bekam ich dann noch ein Abendessen. An der Buffalo Bay tobte das Meer um die Felsen. Das Dorf liegt malerisch auf einer Halbinsel. Auf gut angelegten Wanderwegen erkundete ich die ganze Gegend. Bei dem schönen Strand hatte ich fast bereut, dass ich meine Badesachen nicht mitgenommen hatte. Aber als ich die vielen Bluebottle-Quallen sah, war mir nicht mehr nach Schwimmen zumute.

Vor Knysna sollte eine Bucht des Indischen Ozeans sein. Es war allerdings größtenteils nur Matsch. Es gab viel zu wenig Wasser. Dafür gab es umso mehr Verkehr. Nach der Stadt ging es wieder zehn Kilometer den Berg hoch. Nachdem die letzten Häuser hinter mir lagen, verringerte sich der Verkehr. Ein paar Kilometer vor Plettenberg Bay bekam ich von zwei Radfahrern, die mir entgegen kamen, den Tipp, zum Plettenberg-Bay-Flughafen abzubiegen. Nach einem weiteren Kilometer konnte ich somit die N2 endlich verlassen. Es ging jetzt schön ruhig durch Farmland. Was machte es da aus, dass es ein paar Kilometer mehr waren?

An einer Tankstelle/Farmstall traf ich zwei Fahrradfahrer. Anstatt Fahrradtaschen hatten sie Musikinstrumente und Notenständer dabei. Sie hatten

Wunderbare Plätze zum Zelten entlang der Garden Route

einen Auftritt in einem Backpacker in Nature's Valley. Das hörte sich doch gut an. Da ich sowieso nicht wusste, wo ich übernachten sollte, schloss ich mich ihnen an und landete im „Wild Spirit“. Ein fantastischer Ort mitten im Wald. Die zwei „Driftwinds“ machten dazu die passende Musik. Leider hatte ich für den nächsten Abend schon eine Verabredung, sonst wäre ich glatt noch geblieben.

Wenigstens konnte ich die Umgebung so richtig auskosten, bevor ich mich zum nächsten Abschnitt an der Garden Route mit tiefen Schluchten und hohen Brücken aufmachte.

Bei einer der Brücken konnte man Bungee-Jumping machen, angeblich das höchste der Welt, 216 Meter tief. Das dürfte für ein paar Minuten Nervenkitzel reichen. Es gab auch andere touristische Aktivitäten wie Canoying – an einem Seil hängend durch die Bäume des Tsitsikamma-Regenwaldes fliegen.

An einem wunderschönen Samstag waren einige Motorradfahrer unterwegs. In Storms River in einer entsprechenden Bar trafen sie sich, Harley's bevorzugt.

Ganz in der Nähe befindet sich etwas versteckt ein Geheimtipp. Die Käserei Fynboshoek. In diesem eher toskanisch anmutendem Haus serviert Alje van Deemter die besten Käseplatten. Jeden Käse macht er selbst, auch das Brot. Der Salat kommt aus dem eigenen Garten. Ein richtiges Juwel. Hier fing endlich die Nebenstraße R102 wieder an, die ich aber auch bald wieder verlassen hatte. Ich wollte näher der Küste entlang fahren. Auf Schotterpisten ging es zuerst zur Oyster Bay. Dieser Ort mag mal nett gewesen sein, oder lag es an den Schulferien– er machte einen sehr verlassenen Eindruck. Das meiste waren leerstehende Ferienhäuser. Aus dem Wildzelten wurde nichts. Wie üblich war alles eingezäunt. Hier gab es auch gute Gründe dafür. Es waren teilweise Game Parks, in denen man von Tier zu Tier gefahren wurde, um sie zu fotografiere. Als ich die Gnus sah, wollte ich lieber nicht in der Nähe zelten. Auch die Windkraftanlagen mussten eingezäunt sein. Sie luden auch nicht zum Schlafen ein. Dafür sind sie viel zu laut. Ich landete dann in einem privaten Garten einer sehr netten Familie. Die Kinder boten mir sofort ihr Baumhaus zum Schlafen an. Das war das erste Mal, dass ich in so etwas schlief. Es war fantastisch.

Langsam näherte ich mich dem offiziellen Ende der Garden Route. Am Morgen wollte es gar nicht so richtig hell werden. Es blitzte, donnerte und stürmte. Trotzdem machte ich einen Abstecher nach Cape St. Francis. Auch hier war vor allem bei dem Wetter nicht viel los. Der Leuchtturm war wegen der Gischt und Nebel kaum zu sehen. Dazu war es ungewöhnlich kalt. Das wollte ich mir nicht lange antun und drehte um. Jeffreys Bay, das offizielle Ende der Garden Route, ist auch ein begehrter Surfort. Hier war wieder etwas mehr los. Hoch über dem Strand beim „Island Vibe"-Backpacker durfte ich mein Zelt direkt oberhalb des Strandes mit direktem Blick aufs Meer aufstellen. Es gab eine Bar, Küche und Restaurant. Was will man mehr? Ging es mir mal wieder gut.

Am nächsten Morgen war ich wieder topfit für die letzte Etappe nach Port Elizabeth. Zuerst gemächlich am Strand entlang, dann durch Wälder und Farmland mit vielen Pferdeställen. Die restlichen Kilometer blies mich der Wind direkt zu Merryl, meiner Warmshower-Gastgeberin in Port Elizabeth. Das war nun für mich das wirkliche Ende der Garden Route.

Südafrika: Das East Cape

Weniger bekannt als die Garden Route ist das East Cape von Südafrika. Es hat aber ebenfalls einiges zu bieten, auch für Radfahrer. Die größte Stadt ist Port Elizabeth. Sie steht sehr im Schatten von Cape Town. Berechtigterweise?

Über grüne Hügel, an Pferdekoppeln und den für Südafrika charakteristischen Farmstalls vorbei, fuhr ich in die Stadt. Vom Verkehr wurde ich noch verschont. So wie sich die Stadt ausdehnt, verteilt sich die Bevölkerung. Großstädte am Meer haben glücklicherweise auch immer Frischluftzufuhr. In der Stadt war nur noch ein kleiner, alter Hafen. Hier fing die Beach Street an. Ein wunderbarer Fahrradweg führte zwischen weißem Sandstrand und Straße entlang.

In Sachen Sport musste Port Elizabeth, kurz auch PE genannt, Kapstadt in nichts nachstehen. Hier ist die Heimat des afrikanischen Ironman. Der Fahrradweg, Straßen und Strand sind dann dementsprechend bevölkert. Wenn man sich nicht dem Sport widmen möchte, bietet der Board Walk eine Alternative. In den exklusiven Läden findet man so manches, nach dem man sonst vergeblich in Afrika sucht. Natürlich auch Souvenirs. Hauptattraktion ist das Casino. Ein Besuch hatte ich mir erspart. Ich habe bessere Verwendung für mein Geld. Um das Frozen Yogurt bei „Wakaberry“ kam ich allerdings nicht drum herum. Ein Paradies! Hier konnte ich mir das Softeis in verschiedenen Kombinationen selbst herauslassen. Damit das alles gesünder klang, nannte man es einfach „Frozen Yogurt“.

Merryl, selbst natürlich eine passionierte Fahrradfahrerin, versorgte mich nicht nur mit gesunden Smoothies, sondern zeigte mir auch die Highlights der Stadt, zum Beispiel das Gewächshaus „Pearson Conservatory“ im St George‘s Park. Es ist zwar klein, aber schon allein die Konstruktion ist faszinierend. 1882 wurde es errichtet und beherbergt verschiedene exotische Pflanzen, darunter Wasserlinien und zahlreiche Orchideen. Auf das Donkin Reserve sind die Leute von Port Elizabeth sehr stolz. Eine der wenigen „Touristenattraktionen“. Von einer Pyramide geht ein Mosaik, das in den Boden eingelassen ist, aus. Es stellt die Geschichte der Stadt dar. Gleich daneben befindet sich ein aussagekräftigeres Kunstwerk, das Nelson Mandela Monument. Wie Scherenschnitte stehen Figuren in einer Schlange, die zu den ersten freien Wahlen wollen, ganz vorn die Silhouette von Nelson Mandela.

Nach fünf Tagen war es an der Zeit, weiter zu ziehen. Von Port Elizabeth nach Nordosten zu fahren, war zuerst nicht so schön. Es ging durch das alte Hafengebiet. Dann kam auf einmal wieder ein Fahrradweg, der „Nelson Mandela Bay Bike Path". Schön geht er zuerst auf einem schmalen Betonweg am Strand entlang. Leider sah es so aus, als ob er nicht benutzt und gewartet würde.

Ich blieb noch bis Kenton on Sea am Meer. In der Annahme, dass noch ein Campingplatz käme, bog ich gleich nach Norden, in die Berge ab. Schlagartig änderte sich die Landschaft und die Vegetation. Anstatt Kuhweiden gab es heimisches Buschland, wunderschön. An dem Ort, wo der Zeltplatz hätte sein sollen, gab es nur ein Restaurant. Zelten lassen wollten sie mich hier nicht. Der Besitzer meinte, er hätte ein extra Schlafzimmer in seinem Wohnhaus, wo ich schlafen könnte. Seine Frau Dorothy stimmte sofort zu. Kurz darauf fuhr er mich zu seinem Haus, zeigt mir alles, samt Kühlschrank und seinen Alkoholika, und ging wieder. Nun hatte ich ein ganzes Haus für mich allein, unglaublich. Manchmal fragte ich mich, warum ich so einen vertrauenerweckenden Eindruck mache.

Nelson Mandela Monument in Port Elizabeth

Auf dem Weg nach Grahamstown reihte sich ein Game Park an den anderen. Am Anfang konnte ich mir darunter nichts richtig vorstellen. Mittlerweile bin ich etwas schlauer: Es ist eigentlich nichts anderes als ein Spielplatz für Erwachsene. In den meisten Game Parks werden nur Fotos geschossen. Dazu werden sie in speziellen Touristen-Gefährten von Tier zu Tier gefahren. Einige Game Parks waren früher Weideland für Kühe. Das machte natürlich viel mehr Arbeit, und mit Game Parks kann man viel mehr Geld verdienen. Die Betreiber rechtfertigen sich zwar, dass sie die wilden, heimischen Tiere wieder zurückholen. Aber halt nur in einem Gehege.

Nach Grahamstown kam außer Berge lange nichts mehr. Mir war nicht bewusst, wie hoch es eigentlich ging, bis ich schließlich in Hogsback, der „Hobbit"-Stadt im Märchenwald war. Hier auf über 1.000 Meter war es ganz schön frisch. Dieser kleine Ort hat touristisch erstaunlich viel zu bieten. Hauptsächlich Hobbit-Fans (von J. R.R. Tolkien) kommen hierher gepilgert – irrtümlicherweise. Auch wenn es hier ein Hobbiton-on-Horseback, ein Freizeitlager für Jugendliche gibt, hat es nichts mit Tolkien zu tun. Man kann es sich aber gut vorstellen. Wie die Sonne morgens durch den Wald schien, dachte ich nur, Hobbit lässt grüßen! Es war allerdings sehr kalt, darum war ich sehr froh, dass es weiter den Berg hoch ging. Die Schotterpisten führten durch Weiden und Wiesen und sehr idyllisch über Bäche.

Nach Cathcart zog es sich noch ganz schön hin. Zwar sah ich die Stadt schon von Weitem. Der Weg führte aber in einem großen Bogen um einen Berg, hinunter in ein Flusstal und wieder hoch. Ganz schön erledigt kam ich schließlich in Cathcart an. Es war Sonntag. Der Ort machte nicht gerade einen einladenden Eindruck – vorerst. Dann entdeckt ich am Ende des Ortes den bunt angemalten Doppeldeckerbus mit Antiquitäten, wie ein mobiler Flohmarkt. Davor saßen die stolzen Besitzer: Rita und Nick. Sofort wurde mir ein Stuhl bereitgestellt, ich bekam etwas zu trinken und ein Stück von Ritas selbst gemachtem Kuchen. Es gab viele kleine Schätze, die Nick liebevoll aus altem Trödel zusammenstellte, zum Beispiel das Hexenfahrrad, einem Besen mit einer Laterne vorn dran und einem Sattel darauf. Sie selbst waren auch wahre Schätze. Hinter dem Bus war ihr kleines Häuschen. Jeden Tag fahren sie morgens mit dem Bus die 150 Meter an die Straße und packen alles aus. Am Abend geht es dann in die andere Richtung. Es war dem alten

Doppeldeckerbus, Nicks ganzem Stolz, kaum anzusehen, dass er noch fahren konnte. In ihrem Garten konnte ich mein Zelt aufstellen, gegessen wurde im Haus.

Voll bepackt mit Biltong, dem Trockenfleisch, und Keksen fuhr ich weiter. Ich versprach, in Queenstown zu übernachten, da die Gegend viel zu gefährlich sei. Ich fand dort einen offiziellen Campingplatz mit viele schwarzen Wanderarbeiter. Als ich eincheckte, wurde mir wie üblich die Einrichtungen gezeigt. Für mich gab es extra Duschen und Toiletten „ Nur für Weiße!“ Uuups, ich dachte, die Zeiten wären schon lange vorbei. Monatelang haben Schwarze und Farbige alles mit mir geteilt. Hier dürfen sie nicht einmal die gleiche Toilette benutzen.

Die Transkei warteten auf mich. Früher Homeland von schwarzen Einheimischen, von 1976 bis zum Ende der Apartheid 1994 autonom. Auch heute leben hier vor allem Schwarze oder Farbige. Grund genug mich davor zu warnen. Ich sollte früh morgens in Queenstown losfahren, damit ich es auf jeden Fall bis Dordrecht, der nächsten „weißen“ Stadt schaffe. Es wurde ein fantastischer Tag, nicht zu heiß, nicht zu kalt und kaum Verkehr. Die grünen Hügel erinnerten mich sehr an die Mongolei. Ab und zu kam ein Township. Auf halber Strecke gab es sogar einen General Dealer. Alles war hinter Zäunen und Gittern. Weiße halten hier wahrscheinlich nie zum Einkaufen an. Ich wollte etwas zu trinken haben. Wie üblich war ich schnell von Jugendlichen umzingelt. Mein bepacktes Fahrrad war wie immer ein Anziehungspunkt, und schnell ergab sich eine sehr spaßige Unterhaltung, vor allem, als ich sagte, dass ich keine Südafrikanerin, sondern Deutsche sei. In keiner Weise hatte ich das Gefühl, dass hier eine Gefahr lauerte. Ohne Probleme erreichte ich Dordrecht und konnte sicher neben der Polizeistation zelten.

Danach war Schluss mit Asphalt und grünen Hügeln. Auf Schotterpiste ging es durch schroffe Felsen und durch Schluchten. Steil ging es auf fast 2.000 Meter hoch. An Fahren war kaum mehr zu denken. Hier war wieder alles eingezäunt, keine Chance zum Wildzelten. Da entdeckte ich gerade rechtzeitig am Spätnachmittag eine Farm. Auf einer schönen Wiese mit herrlichem Blick durfte ich mein Zelt aufstellen und bekam Abendessen von dieser sehr netten jungen Familie. Es warteten nochmals einige Kilometer

Schotter, bis endlich wieder eine geteerte Straße kam, auf der ich wieder die Berge hinunter düsen konnte.

Meine vorerst letzten Nächte in Südafrika verbrachte ich bei Grant in Lady Grey. Böse Zungen (oder ehrliche) meinten, das würde ja zu mir passen. Grant war nicht nur ein Warmshower-Gastgeber, sondern auch der einzige Händler für Ortlieb-Taschen und sonstiges Zubehör für Reiseradler. In keinem Fahrradladen in ganz Südafrika bekam man diese Dinge. Sein Wohnzimmer lässt ein Radlerherz höher schlagen. Hier türmen sich die Ortlieb-Taschen, Schwalbe-Reifen, alles, was man für eine Radtour braucht. Der Ort selbst ist praktisch eine Sackgasse in den Felsen, sehr idyllisch und sehr ruhig. Fantastisch, um wieder eine paar Tage auszuruhen.

Von Lady Grey bis an die Grenze nach Lesotho waren es nur noch 70 Kilometer. Die hatte ich ohne Probleme an einem Tag hinter mich gebracht. Dann stand ich vor dem kleinen Königreich, eingenistet in Südafrika.

Lesotho: Für alle, die hoch hinaus wollen

Bis kurz vor Lesotho wusste ich kaum etwas über das kleine Königreich mit den vielen Bergen, das von Südafrika umzingelt ist. Erst vor Kurzem hatte ich gelesen, dass es sehr hoch liegt. Es soll das einzige Land sein, das komplett auf über 1.000 Höhenmetern ist. Um es besser kennenzulernen, fuhr ich mal kurz vorbei.

Die letzten Fahrten in Südafrika waren ein gutes Training für Lesotho. Es gab schon so manchen Anstieg. Als ich über die Grenze fuhr, wusste ich noch nicht, welche Route ich durch das kleine Land fahren sollte. Am Spätnachmittag kam ich in Lesotho an. Ich wurde nicht nur sehr freundlich empfangen, sondern konnte auch gleich mein Zelt hinter dem Zollgebäude aufstellen. Was mir sofort auffiel: Es gab keine Zäune und auch kaum Verkehr! Ich sah auch kaum mehr Weiße.

Wie praktisch, dass es in zwei Tagesetappen einen Warmshower-Gastgeber gab, Tshebo in Mafeteng. Er widmet sein ganzes Leben den Kindern und dem Fahrrad und ist Gründer von „Hands of Life“, einer Organisation, die für die Jugend in Lesotho einen Platz bietet, wo sie sich sinnvoll beschäftigen können. Nach der Schule treffen sich einige Jungs in seinem Garten und schrauben an Fahrrädern. So sind sie nach der Schule gut aufgehoben. Leider (noch) nur Jungs. In diesem Alter, zwischen neun und vierzehn, haben die Jungs kein großes Interesse an Mädchen. Als ich fragte, warum sie keine Mädchen in ihrer Gruppe hätten, lachten sie nur schüchtern. Sehr schade. Ich hoffe, dass sich eine engagierte Frau findet, die parallel dazu eine Mädchengruppe aufmacht. Tshebo nahm mich mit in die Schule, wo er unentgeltlich, inoffiziell „Lebenshilfsregeln“ lehrt. Für viele ist er eine Vertrauensperson und ein großes Vorbild. Tshebo ist in Südafrika aufgewachsen, kennt auch ein anderes Leben und was man daraus alles machen kann. Es war mir ein Vergnügen, ihn in die Schule zu begleiten. Vor der ganzen versammelten Schule durfte ich von meiner Reise erzählen. Fahrradfahren ist nicht nur für Jungs, auch Mädchen können ihre Freude daran haben und viel dabei lernen.

Inzwischen hatte ich viel über das Land und Leute gelernt, wusste ungefähr, wie ich fahren wollte, und war bereit, mich in die Berge aufzumachen. In diesem kleinen Königreich haben sich alle Berge des südlichen Teils des

Besuch in der Schule von Mafeteng

Kontinents vereint. Sie stehen so dicht gedrängt beieinander, dass manchmal kaum mehr ein Tal dazwischen passt. Ein Pass jagt den anderen. Der erste Pass, der „God Help Me Pass“, ist mit seinen 2281 Höhenmetern noch einer der niedrigsten. An diesem Tag kamen drei Pässe. Vor dem letzten und höchsten, dem „Blue Mountain Pass“ mit 2633 Höhenmetern, hielt immer wieder ein Auto an. Mir wurde eine Mitfahrgelegenheit angeboten. Heroisch lehnte ich dankend ab. Zum Dank dafür hat es dann oben angefangen zu schütten. Man kann sich vorstellen, dass es in dieser Höhe auch sehr schnell sehr kalt wurde. Es gab nichts – keine Unterstellmöglichkeit, keinen Schutz. Nur Regen, Blitz und Donner. Nichts wie weg hier. Es hätte so schön sein können. Den Blick auf den Mohale-Stausee konnte ich nur erahnen. Es ging 15 Kilometer bergab. Ich war richtig froh, als es kurz mal wieder bergauf ging, damit ich mich ein bisschen warmstrampeln konnte. Ich erinnerte mich nicht, dass ich jemals in meinem Leben so gefroren hatte.

Dann endlich das erste Dorf. Ich steuerte sofort einen Laden an, der vorn einen Lagerraum hatte. Vor lauter Zittern konnte ich nichts sagen, stand nur da und fror. Und wieder einmal war es so, wenn es mir am übelsten geht, treffe ich die nettesten Leute. Sofort rannten alle los, machten heißes Wasser für ein Fußbad und einen Tee und führten mich in den hinteren Teil des Lagerraumes, wo ich mich meiner nassen Kleider entledigen konnte. Sie wuschen mich mit dem warmen Wasser und cremten mich ein. Eingemummelt in trockene Kleider und heißen Tee trinkend ging es mir gleich viel besser. Jetzt brauchte ich nur noch einen Platz, wo ich mein Zelt aufstellen konnte. Das hatte sich auch gleich erledigt, denn ich wurde von einer jungen Angestellten eingeladen, in ihrem „Einzimmerhaus“ zu schlafen. Dank eines Petroleumöfchens war es sogar warm.

Erst am nächsten Tag konnte ich die ganze Schönheit der Berge genießen. Die Sonne schien, als ob nichts gewesen wäre. Zuerst ging es den Berg hoch, der eines Passes würdig gewesen wäre, aber offiziell keiner war. Ganz unten sah ich ein bisschen vom Mohale-Stausee.

Dank des Senqunayane-Flusses, der ein tiefes Tal in die Berge gearbeitet hatte, ging es bis auf 1.800 Höhenmeter hinunter, damit es danach umso mehr wieder nach oben gehen konnte. Unten war es wenigstens schön warm.

Ich konnte endlich alle meine Sachen trocknen lassen. Übernachten durfte ich in einer sehr modernen Schule, die noch nicht ganz fertig war. Ein reicher Mann aus Maseru, der Hauptstadt Lesothos, sponserte das Ganze, samt einer riesigen Kirche. Damit er zur Kontrolle kurz einfliegen konnte, gab es einen Helikopter-Landeplatz.

Je höher es ging, desto traumhafter wurde es. Diesmal ging es bis auf 2.900 Höhenmeter, auf den Mokhoabong Pass. Vielleicht war es heute nicht so steil, oder ich wurde wirklich immer fitter – ich musste überhaupt nicht schieben. Ab 2.600 Höhenmetern war nichts mehr los. Davor hörte ich noch ab und zu Kuh- oder Schafsglocken oder einen der singenden Hirten, die hier in Decken gegen die Kälte eingewickelt waren. Die Hütten standen vereinzelt weit ab von der Straße. Mit Autos oder Fahrrädern konnte man hier wenig anfangen. Nur mit Esel oder Pferd kam man zu den Gehöften. Steil bergab durch eine Schlucht ging es nach Thaba-Tseka, dem ersten größeren Ort. Die scheppernden Lautsprecher vor jedem Laden und auch der sonstige Krach vertrieben mich schnell. Auch in Lesotho waren die Chinesen schwer zugange gewesen, viele Straßen, vor allem die höchsten Pässe, waren geteert und (noch) im guten Zustand. Es gab aber noch Schotterpisten, zum Beispiel zwischen Thaba-Tseka und Katse. Für lesothische Verhältnisse war dieses Stück fast schon eben. Es ging schön in Schlangenlinien am Rande einer tiefen, felsigen Schlucht entlang.

Übernachten durfte ich wieder bei einem stattlichen Chief, eingewickelt in einer wunderbar blauen Wolldecke mit Maiskolbenmuster, das Fruchtbarkeit symbolisiert. In der Hand hielt er den traditionellen langen Stab, wie jeder Hirte ihn hat, auf dem Kopf trug er einen Hut. So präsentierte er sich stolz neben seiner Rundhütte aus Steinen. Eine Einladung war zwar sehr nett, aber auch hier musste ich mein bepacktes Fahrrad zur Hütte hochbringen. Gar nicht so einfach, steil bergauf ohne Wege. Dafür war die Aussicht genial.

Von da waren es nur noch 25 Kilometer bis zur geteerten Straße. Auf der ging es dann einige hundert Höhenmeter hinunter zum Katse-Stausee und auf der anderen Seite genau so steil, aber nicht mehr so schnell, hoch, wie soll es auch anders sein. Von dort hatte ich einen schönen Ausblick auf den See, der kaum Wasser hatte. Obwohl es in Lesotho öfters regnete, war es dennoch zu wenig. Das Wasser des Stausees wird nach Südafrika verkauft, wenngleich die eigene Bevölkerung nicht genug hat. Auch der erzeugte Strom geht hauptsächlich in das Nachbarland.

Danach jagte ein Pass den anderen. Ich war fix und fertig. Ein Blick nach oben reichte: der nächste Pass! Oh nein! Eine Frau rief mir zu, ich könne auch hier schlafen und zeigte neben ihre Hütte. Das Angebot nahm ich gerne an. Nur, wie sollte ich mit meinem vollbeladenen Fahrrad den steilen Hang hochkommen? Eine andere Frau half mir, das Fahrrad einen schmalen Pfad hoch zu schieben. Es dauerte nicht mehr lange und es fing an zu regnen. Unter dem Vordach des Hauses sitzend und mit den anderen Frauen redend, machte es mir nicht viel aus. Vor dem Haus stellte ich mein Zelt auf. Obwohl der Katse-Staudamm mit Stromerzeugung gerade um die Ecke war, gab es hier keinen Strom. Ihre Smartphones und Tablets luden sie mit Solarzellen.

Am nächsten Morgen konnte ich gestärkt den nächsten Pass (über 2.600 Höhenmeter) in Angriff nehmen. Danach ging es ruckzuck wieder hinunter zum Katse-Stausee. Unten führte die längste Brücke Lesothos über den nördlichen Teil des Stausees. Mit 465 Metern ist sie im Vergleich mit anderen Brücken nicht sehr lang. Aber für das vergleichsweise kleine Land ist sie eine gewaltige Brücke. Danach ging es am Fluss entlang tatsächlich eben weiter, aber nicht lange.

In Lejone hatte ich zum Glück meinen Kalorien- und Blutzuckerspiegel etwas erhöht. Kurz nach dem Ort – es ging natürlich wieder hoch – kamen mir Motorradfahrer entgegen. Sie wunderten sich, wie ich da hoch kommen wollte. Ich nahm es zuerst gelassen. Als sie dann aber meinten, es gehe auf über 3.000 Höhenmeter hoch, war ich nicht mehr so cool. Das Wetter wurde immer schlechter. Zuerst stand ich in den Wolken, dann fing es an zu regnen. Diesmal holte ich das erste Mal in Afrika meine Regenhose und Gamaschen heraus. Es wurde immer steiler. Ich fing an zu schieben. Regen brachte hier meistens auch Gewitter mit sich. Das war wirklich furchteinflößend! Die Blitze schlugen um mich herum in die Hochspannungsmasten ein. Es gab absolut nichts, wo ich mich hätte unterstellen können. Ich musste einfach weiter. Als es durch Felsen hindurch ging, dachte ich, das war der Pass. Aber es fehlten noch mehr als hundert Höhenmeter. Es ging nur kurz hinunter und dann wieder hoch. Ich sah überhaupt nichts mehr, keine 50 Meter weit. Ich stand nur im Nebel. Es gibt Sachen im Leben, da muss man einfach durch, wie hier. Wenn ich etwas gesehen hätte, wäre es sicherlich etwas Schönes gewesen, es ging am Bokong Nature Reserve vorbei. Kurz überlegte ich mir, ob ich zum Besucherzentrum abbiegen solle. Die Neugierde, wie lange es noch so weiter gehen würde, siegte. Ich fuhr weiter.

Dann endlich der Mafika Lisiu Pass mit 3.090 Höhenmetern! Leider war auch der Aussichtspunkt total im Nebel, da war nicht viel mit Rundblick. Da es sehr schnell bergab ging, war ich bald unter den Wolken und konnte noch etwas von der gigantischen Schönheit des Pass sehen. Die Straße führte entlang der steilen Felswand ins Tal.

Immer wieder im Regen ging es nach Pitseng. Schulmädchen führten mich zu dem großen Areal der Polizeistation. Hier wollte ich eigentlich zelten. Als der zuständige Polizist mich so nass und verfroren sah, meinte er, ich könne

Brücke am Katse-Stausee

auch in einem Zimmer schlafen und zeigte mir ein Büro. Welch Luxus! Es war warm, trocken und hatte sogar Steckdosen! So verbrachte ich meine letzte Nacht in dem wunderbaren Königreich.

Vergleichsweise langweilig, ohne Pass, mit mehr Verkehr, ging es am nächsten Tag zur Grenze bei Butha Buthe. Die Berge der letzten Tage saßen mir schwer in den Knochen.

Wieder kurz in Südafrika

Nachdem ich zehn Tage in Lesotho, einem anderen Afrika, war, fuhr ich wieder durch Südafrika, bevor ich dieses Land endgültig Richtung Swaziland verließ.

Direkt hinter der Grenze von Lesotho lag der „Camel Rock"-Campingplatz, wunderschön von den Felsen umgeben. Der Besitzerin reichte ein Blick auf mein Fahrrad und mich, und sie beschloss, dass ich gratis übernachten dürfe. Zuerst war ich allein, dann kam ein australisches Paar. So kam ich zu der ersten heißen Dusche seit Langem und dem ersten Glas Wein! Ich vermisste Lesotho zwar sehr, aber auch dieses Land hatte seine Annehmlichkeiten.

Der nächste Tag wurde nicht mehr so angenehm. Leider war der Campingplatz ausgebucht, darum musste ich weiter. Nach 100 Metern hatte es angefangen zu regnen und hörte den ganzen Tag nicht mehr auf. Ein Vorteil von Südafrika war jedoch: Die Straßen haben wieder einen breiten Seitenstreifen. Ich wollte zum Glück nur 45 Kilometer bis nach Clarens fahren. Ab und zu konnte ich zwischen den Wolken erahnen, durch welch schöne, bergige und felsige Landschaft ich fuhr. Kurz vor Clarens war auf einmal ein Stau. Sehr verwunderlich. Dann sah ich die Anzeigetafeln für ein riesiges, mehrtägiges Musikfestival. Besucher versuchten mit ihren Autos aus dem verschlammten Parkplatz herauszukommen, die Neuankömmlinge wollten hinein. Das große Chaos. Ich fuhr schnell weiter.

In Clarens ging ich sofort ins Backpacker, wo ich im Notfall auch zelten konnte. Aber nur im Notfall! Der junge Manager sah mich, frierend und triefend nass, und gab mir ein Einzelzimmer, wenigstens für diese Nacht. Es war frisch gestrichen worden und sollte noch auslüften. Deswegen war es noch nicht vergeben. Hatte ich mal wieder Glück! Nach einer langen heißen Dusche ging es mir wieder viel besser. Bei meinem Bummel durch das Dorf verstand ich auch, warum alle so von Clarens schwärmten. Es war ein richtig lieblicher Ort mit Galerien, Geschenkeläden, in denen es süßlich roch, sowie Weinhandlungen. Nur ein paar Kilometer südlicher, in Lesotho, sah die Welt ganz anders aus.

Es war Ostern und auch außer dem Musikfestival einiges los. Trotzdem wollte ich nach den vielen Höhenmetern in Lesotho ein paar Tage ausruhen. Das Wetter wurde wieder viel besser und das Backpacker war sehr schön gelegen. Ich zog in mein Zelt, das unter hohen Bäumen im Garten stand. Dahinter waren nur die Felsen der nächsten Berge. Nach drei Nächten war ich dann soweit wieder hergestellt, dass ich diese in Angriff nehmen konnte. So hoch wie in Lesotho ging es zwar nicht mehr, aber einige Höhenmeter waren im Golden Gate-Highlands-Nationalpark noch zu bewältigen.

Die Felskulisse war mal wieder gigantisch. Die Schlucht wurde immer enger, bis es nach dem Pass (2.046 m) wieder hinunter ging. Am Ostersonntag und bei herrlichem Wetter waren viel Ausflügler unterwegs. Leider meist nicht mit Fahrrad, sondern mit dem Auto. Danach waren die schönen „weichgespülten" Orte vorbei, jetzt kam wieder der Gegensatz: Townships.

Harrysmith war eine größere Stadt, in der sich alles vermischte. Der Caravanpark wurde in einer absolut teuren Version zwischen Tankstellen und Fast-Food-Ketten an den Stadtrand verschoben. Dafür war ich dann am nächsten Tag gleich auf einer wunderbaren Strecke, fernab von dem Touristenstrom, Richtung Memel unterwegs. Hier gab es sogar wieder wilde Tiere zu sehen.

Erst nach 46 Kilometern kamen fünf Häuser, die sich Verkykerskop nannten. Herzstück des Ortes war sicherlich der kleine Laden. Ich fühlte mich sofort in die Vergangenheit versetzt. Alles ganz alt, die alten Email-Plakate, alte Vitrinen, alte Kaugummiautomaten. Liebevoll wurde der Laden von Generation zu Generation übernommen. Hier konnte ich mich so richtig gut ausruhen und erfrischen.

Von der Besitzerin wollte ich wissen, ob Memel auch so schön sei. Sie meinte, es sei größer und mehr los. Worauf wir beide lachten. Kleiner und weniger los geht wohl kaum. Ich fuhr trotzdem weiter. Landschaftlich blieb es fantastisch. Es ging auf über 2.000 Höhenmeter hoch. Die Straße war allerdings eine Katastrophe: große Steine. Nicht sehr angenehm zu fahren. Ab und zu, wenn es sehr steil wurde, war ein Stück geteert. Die Sonne ging langsam unter. Danach wurde es ruckzuck dunkel. Alles war eingezäunt, nirgends ein Haus, wo ich hätte zelten können. Mir blieb nichts anderes übrig, als nach Memel durchzufahren. Es war stockdunkel, als ich dort ankam. An der Hauptstraße brannten ein paar Straßenlampen. Ansonsten war es total finster. Dank GPS und Smartphone fand ich die Polizeistation, wo ich endlich zelten konnte.

Dann folgten nochmals zwei Pässe. Sie waren zwar insgesamt nicht so hoch wie in Lesotho, da aber auch der Ausgangspunkt niedriger war, war der Höhenunterschied fast genau so groß. Den Berg hinab zog ich eine Abkürzung auf einem Feldweg vor. Wieder hinauf musste ich leider die Nationalstraße mit viel Verkehr, schmalen Seitenstreifen und engen Kurven nehmen. Unglaublich, wie knapp die Autos überholten, sehr unangenehm. In Volksrust fand ich einen wunderbaren Zeltplatz an einem kleinen See. Es war so schön ruhig, ich war die einzige, hatte heißes Wasser zum Duschen und Strom. Was brauchte ich mehr? Am Morgen war alles im Nebel. Er verzog sich bald, aber ich blieb. Ein Tag Ruhe tat mir sehr gut. Danach kamen meine letzten beiden Tage in Südafrika, mit schmucken Städtchen wie Wakkerstroom, mit Townships und Pässen, bis dann gleich hinter Piet Retief die Grenze zu Swaziland kam.

Dank der netten Leute, jeglicher Couleur, hatte ich eine sehr schöne Zeit in Südafrika. Es tut mir sehr leid, dass sie miteinander so viele Probleme haben..

Swaziland

Von Swaziland wusste ich genau so wenig wie von Lesotho. Es ist ebenfalls ein Königreich, insgesamt wesentlich niedriger gelegen. Was aber nicht heißt, dass es auch hier ganz schön bergauf und bergab ging. Nur halt auf etwas niedrigerem Niveau und somit wärmer.

Auch wenn es zu einem der am wenigsten entwickelten Länder zählt, machte Swaziland auf mich einen wesentlich fortschrittlicheren Eindruck als Lesotho. Allerdings gab es hier nur einen Mobil-Anbieter, MTN aus Südafrika. Internet war somit sehr teuer, ich beschränkte mich hier auf das Wesentliche.

Da es im Mlilwana-Park keine gefährlichen Tiere gab, konnte ich mitten drin am Backpacker zelten. Um mich herum waren wieder ein paar Antilopenarten und Warzenschweine. Es war einer der wenigen Parks, wo man auch mit dem Fahrrad oder zu Fuß durch durfte.

Der Hlane-Royal-Nationalpark war zur Straße hin abgezäunt. Immer wieder kamen Schilder „Fahrradfahrer und Fußgänger, nehmt Euch vor Löwen und Elefanten in Acht!“ Als ich ankam, war es Spätnachmittag, die Zeit, zu der die Tiere wieder aktiv wurden. Ich flüchtete schnell in den eingezäunten, offiziellen Campingplatz des Parks. Er soll eigentlich sehr schön sein, nur hatte ich, da es inzwischen stockdunkel war, überhaupt nichts mehr gesehen. Es gab dort keinen Strom, obwohl Stromleitungen nicht weit von der Straße entfernt waren. Dafür war es ganz schön teuer. Leider hatte ich als Souvenir Dornen im Reifen, die mir in den nächsten Tagen noch einige Platten bescherten.

Weiter im Norden gab es Zuckerrohrplantagen. Das Land war sehr grün und fruchtbar. Mit den Plantagen und Parks machte es auf mich eher den Eindruck einer weiteren südafrikanischen Provinz. Zur Grenze nach Mosambik ging es steil den Berg hoch. Mittlerweile war ich aber wieder fit und gestärkt, das steckte ich inzwischen locker weg.

Mosambik: Die große Überraschung

Mosambik, ein Land, von dem mir alle abgeraten hatten. Der Bürgerkrieg war noch nicht so lange vorbei. Erst ein paar Monate zuvor wurde ein Waffenstillstand beschlossen. Von Leuten, die in Mosambik wohnten, bekam ich durchweg positive Informationen. Es wäre ruhig, alles kein Problem. Also fuhr ich hin.

So wie es in Swaziland hochgegangen war, ging es in Mosambik zuerst mal wieder nach unten. Ich wollte ja auch endlich wieder ans Meer. Und Maputo, die Hauptstadt, liegt direkt am Wasser.

Die alte, von Portugiesen errichtete Hafenstadt hatte schon mal bessere Zeiten gesehen. Am Fort und vor allem an dem prunkvollen Bahnhof konnte ich es erkennen. Die Stadt selbst ist relativ sauber. Außerhalb merkte ich an dem Müll und an der Müllverbrennung, dass ich in Afrika war.

Wieder einmal war ein Visum mein Hauptanliegen. Ich hörte zwar, dass man das Malawi-Visum auch an der Grenze bekommen könnte. Als gebranntes Kind (Mali-Visum) wollte ich darauf nicht vertrauen. Auch wenn es in den Botschaften komischerweise teurer war (100 USD) als an der Grenze (75 USD), holte ich es mir lieber hier. Ich wurde gleich sehr nett empfangen. Die Herren erkannten mich sofort. Sie waren gleichzeitig mit mir von Swaziland über die Grenze gekommen und freuten sich, dass ich es auch bis Maputo geschafft hatte. Ich bekam das Visum gleich ein paar Stunden später.

Durch meine Sicherheitsrecherche über das Land im Internet kam ich mit einer sehr netten Familie in Kontakt, die mich zwei Nächte beherbergten. Es hatte mich sehr gefreut, mal wieder so an einem Familienleben teilnehmen zu können. Ich kam sogar wieder zum Blockflötespielen mit den Mädchen.

Mit Visum konnte ich die Stadt wieder verlassen. Weit kam ich allerdings nicht. Starke Regenfälle bremsten mich in Manhica aus. Dort gab es ein Waisenhaus, das zur katholischen Kirche gehörte. Sehr begeistert wurde ich von den Kindern empfangen. 31 Mädchen und zwei Jungs. Ich bekam sogar ein Bett in einem Zimmer in einem Nebenbau, wo sonst niemand war. Abends war Gottesdienst, wo ich mich der Gemeinde vorstellen durfte. Danach hatte ich wieder frei.

Solch starke Regenfälle und Gewitter hatte ich so früh am Morgen noch nie erlebt. An Weiterfahren war nicht zu denken. Hier waren auch gleich die Straßen unter Wasser. Wahrscheinlich hatte ich mich am Abend vorher anständig genug benommen, ich durfte noch eine Nacht bleiben.

Ich hätte gerne etwas mit den Kindern gemacht, wir konnten uns leider nicht unterhalten. Die Amtssprache in Mosambik ist Portugiesisch, was aber nur von einem geringen Prozentsatz der Bevölkerung gesprochen wurde. Hauptsächlich sprachen sie eine der vielen afrikanischen Sprachen. Da konnte ich natürlich nicht mitreden. Da es den ganzen Tag geschüttet hatte, blieb ich in meinem Zimmer. Ab und zu schaute ein Kind herein.

Der Regen begleitete mich noch einige Tage. Er war so stark, dass manche Straßen verschlammt waren und Autos darin stecken blieben. Ich kam gerade noch durch. Es war trotzdem unangenehm. Die ersten Tage in Mosambik waren sehr mühsam. Zu dem Regen kam ständiges Plattenflicken dazu, ein Souvenir von den Dornen von Swaziland, und entgegen aller Aussagen war Mosambik hier alles andere als flach, und ich hatte Gegenwind.

Nach Helene wendete sich das Blatt. Ich hatte endlich alle Dornen aus dem Reifen, die Luft blieb drin und der Regen hörte auf. Mit einer schönen Aussicht über das Meer oder die Laguna wurden die Hügel auch viel angenehmer. In Maxixe übernachtete ich auf einem wunderbaren Campingplatz direkt an der Bucht mit fantastischem Sonnenuntergang. Es gab sogar eine heiße Dusche und Steckdosen! Hatte ich mal wieder gut geschlafen.

Die Landschaft war wunderschön – viele Palmen und grüne Büsche, ein starker Kontrast zu der kargen Buschlandschaft der vorhergehenden Länder. Es regnete dafür auch viel mehr. Leider war abseits der geteerten Straße alles nur Sand. Ich hütete mich davor, abzubiegen. Sand war schlimm und Nässe war schlimm, aber ganz schlimm wurde es, wenn beides zusammenkam, vor allem am Morgen, wenn ich mein nasses Zelt im Sand zusammenpacken musste. Nach der ganzen Trockenheit mochte ich mich aber nicht beklagen.

Ab und zu machten die Palmen Maniok Platz. Manchmal gab es Ananas-, Melonen- oder Kürbisfelder. Die Ernährung war sehr abwechslungsreich.

An einer Polizeikontrolle fragte ich nach Wasser. Die Polizisten zeigten auf einen Laden. Ich wollte aber lieber eine Pumpe oder Wasserhahn, anstatt mir eine Plastikflasche zu kaufen. Sie meinten, das Wasser hier sei zu salzig. Da ging doch tatsächlich ein Polizist und kaufte mir eine große Flasche mit kaltem Wasser und wollte nicht einmal, dass ich sie bezahle. So viel zu der Bemerkung: Normalerweise muss man sich vor Verbrechern in Acht nehmen, in Mosambik sind es die Polizisten! Zu mir waren sie immer nett und sehr hilfsbereit.

Ein guter Tipp zum Zelten waren Schulen. Die Lehrer hatten ihre Hütten meist an der Schule, dazwischen befand sich der Schulgarten mit Kräutern und Gemüse, der von den Schulkindern nach Schulschluss bearbeitet wurde. Hier waren die Kinder sehr diszipliniert.

Alle Straßen, die von der RN 1 abgingen, waren Sandstraßen und nur für Vierradantrieb geeignet. Meine Sand-Paranoia von Angola hielt mich davon ab, abzubiegen. Erst nach Inhassoro ging eine schön geteerte Straße, die nicht allzu lang war. Hier kam ich endlich wieder ans Meer. Allerdings ging es die letzten drei Kilometer auch durch Sand, aber es hatte sich gelohnt. Ein absolut gigantischer Campingplatz, „Goody Villas“ eine große Wiese mit Palmen direkt oberhalb des Strandes, wo ich zelten konnte. Um die Wiese standen ein paar kleine Hütten, die man mieten konnte. Und es gab ein Schwimmbad mit Liegestühlen und Sitzplätzen im Schatten. Ich war der einzige Gast. Es war genau das, was ich suchte. Hier hielt auch ich es ein paar Tage aus. Einfach ausruhen und den Fischern zuschauen, was kann es Schöneres geben.

Zwei Tage reichten mir immer, dann kribbelten mir die Beine, da kann der Ort noch so schön gewesen sein. Die Straße weiter nach Norden glich immer mehr Schweizer Käse, total durchlöchert. Mit dem Fahrrad konnte ich gut darum herum fahren und zuschauen, wie die Lkw ihren Tanz um die Löcher aufführten. Ich war oft schneller. Viel Bevölkerung kam Richtung Norden nicht mehr. In einer Nacht konnte ich prima Wildzelten.

Wie arm das Land war, sah ich vor allem an den vielen „Steineklopfern“. Männer, Frauen und Kinder, die am Straßenrand Steine zerkleinerten und verkauften. Unvorstellbar. Auf den Straßen rasten die Südafrikaner mit ihren großen Autos mit Anhänger, meistens mit einem großen Boot, vorbei. Für sie war Mosambik ein Partyland, schöne Strände und sehr günstig. Dass sie im Land nicht sehr beliebt waren, war überall zu spüren. Ich wurde immer viel freundlicher behandelt, als ich sagte, ich sei Deutsche.

Ein Soldat erzählte mir, er hätte Frau und Tochter, die in Maputo wohnen. Er sieht sie einmal im Jahr, wenn er Urlaub hat, für 30 Tage. Weiter meinte er, man sei erst ein Mann, wenn man einen Sohn gezeugt hätte. Eine Tochter zähle nicht, die ginge ja eh weg.

Ich meinte, ich fahre nach Inchope (der nächste größere Ort). – „Warst Du schon einmal dort?" – „Nein!" – „Woher kennst Du es dann?" Uns trennten Welten.

Auf der Suche nach einem Platz zum Zelten kam ich an einem Sendemasten einer der drei großen Mobiltelefonanbieter vorbei. Daneben wohnte ein junger Mann, ein Wächter, in einer Hütte, die war so klein, dass ich mir gar nicht vorstellen konnte, dass er ausgestreckt darin liegen konnte. Der Mast funktionierte nicht, da der Diesel für den Generator fehlte. Er hatte praktisch nichts zu tun nur herumsitzen. Dafür gab es auch kaum Geld. Seine Familie wohnte 200 Kilometer entfernt.

Inchope entpuppte sich nur als eine große Kreuzung, wo ich nur ein paar kleine Läden in Schuppen sah, keine Bank, nichts.

Die schönsten Strände in Mosambik

Viel Bevölkerung am Sambesi-Fluss

Weiter im Norden wurde es wieder bergiger. Die Straße führte um den Berg Gorongosa herum. Am Abend folgte ich einem Jungen, der mit dem Fahrrad von der Straße ins Gebüsch abbog. Tatsächlich befand sich hier ein kleines Dorf mit einer Schule. Auch hier wohnte die Lehrerin in einer Hütte gleich daneben und erlaubte mir, in der Schule zu zelten. Ich hatte ja schon einiges an Schulen gesehen. Aber so etwas! Es gab ein Blechdach, aber keine richtigen Wände, nur ein paar Pfosten. Zwei Klassenzimmer waren gerade mal durch die Tafel abgetrennt. Tische gab es überhaupt nicht und als Stühle musste ein Baumstamm genügen. Wenn es richtig regnete, verstand man sein einiges Wort nicht. Es war mir unverständlich, wie man hier etwas lernen sollte.

Fahrradfahrer waren ständig um mich herum. Erstaunlich, wie schnell sie waren, wenn sie ein Wettrennen mit mir machen wollten. Ich mochte es nicht sehr, wenn sie hinter mir fuhren. Ich ließ sie immer überholen. Heute waren es zwei Männer, mit Frauen auf dem Gepäckträger. Sie hatten ein Baby im Wickeltuch an der Brust und eine Schüssel auf dem Kopf. Einer hatte noch einen kleinen Jungen auf der Lenkstange.

Inzwischen hatte ich mein Sand-Paranoia soweit überwunden, dass ich mir zutraute, vor dem Sambesi-Fluss auf eine Piste abzubiegen. In diesem fruchtbaren Flusstal nahm die Bevölkerung auf einmal zu. Es wurde sehr viel angebaut. Ich bekam die besten und günstigsten Bananen und Orangen. Der letzte Tag in Mosambik war einfach fantastisch. Die Sandstraße war viel besser zu fahren, als erwartet. Ich genoss es richtig, jedem das landestypische „Bom Dia, Bom Diaaaaa" (Guten Tag) zuzurufen.

In Vila de Sena stand ich vor der sieben Kilometer langen Dona Ana-Brücke über den Sambesi. Weil es noch sehr früh war, fuhr ich gleich darüber. Es ist eine Eisenbahnbrücke, die einen schmalen Streifen für Fußgänger und Fahrradfahrer hat. Es hielt aber die Mopedfahrer nicht davon ab, auch darüber zu düsen. Bei den Stufen standen kräftige Männer bereit, die halfen, das Fahrzeug hoch oder herunter zu tragen. Mir kamen sie natürlich auch sehr gelegen. Von der anderen Seite, von Mutarara, hatte ich einen fantastischen Blick auf die gesamte Brücke. Hoch über dem Fluss mit wunderbarem Sonnenuntergang und Blick auf die Brücke, konnte ich zelten.

Ich hatte den Fluss nun dreimal überquert. Das erste Mal im Kanu in Angola, das zweite Mal über die Victoria Falls Bridge von Sambia nach Zimbabwe, nun das dritte Mal. Nicht weit von hier beendet der 2.574 Kilometer lange Fluss seine Reise und mündet in den Indischen Ozean.

Für mich ging die Reise weiter. Da es keine Autobrücke gab, fuhren zwischen Mutarara und der etwa 40 Kilometer entfernten Grenze nach Malawi so gut wie keine Autos. Nur einige Mopedfahrer und Radfahrer mit ihren gelben Kanistern, in denen sie Wasser transportierten. Etwas entfernt vom Fluss war es wieder trocken, anstatt Palmen wuchsen hier nur Baobabs.

Dann stand ich vor der Grenze zu Malawi.

Malawi: Das warme Herz von Afrika

Endlich! Vor ungefähr dreißig Jahren hatte man mir Fotos von Malawi gezeigt. Seitdem stand das Land ganz oben auf meiner Wunschliste. Endlich war ich in dem Land mit den angeblich sehr netten Menschen, schönen Bergen und wunderbarem See.

Am südlichsten Zipfel Malawis kam ich über die Grenze. So abgeschieden wie es in Mosambik aufgehört hatte, ging es in Malawi weiter. Nach etwa vier Kilometern kam tatsächlich ein Grenzposten. Es war gerade Mittagszeit. Der Immigration-Officer war trotzdem sofort zur Stelle. Wieder einmal war alles problemlos. Ich fragte ihn, ob ich das Visum auch hier bekommen hätte? Nein, meinte er, sie seien noch nicht soweit. Vielleicht in ein paar Wochen. Uff, da hatte ich doch gut daran getan, mir das Visum gleich in Maputo zu besorgen. Die 25 US-Dollar extra waren gut investiert. Er meinte, ich solle auf den Zoll warten. Ich wusste, dass die nichts von mir wollten, da ich nur ein Fahrrad hatte. Aber da ich eh eine Pause machen wollte, war es mir egal. Kurz darauf kam er wieder, entschuldigte sich, meinte es sei alles in Ordnung und dass ich weiterfahren könne. Anscheinend war hier noch nie jemand mit dem Fahrrad über die Grenze gekommen.

Es war weiterhin kaum Verkehr auf der Schotterpisten, auch nicht, als circa 27 Kilometer später der Teer anfing. Viel mehr Fahrradfahrer als Autos waren unterwegs, auch Fahrradtaxis, mit gepolstertem Gepäckträger. Selbst mit Passagier waren sie sehr schnell, ganz schön fit die Jungs.

Das Tal des Sambesi ist hier sehr breit. Noch einen ganzen Tag hatte ich es schön eben. Dann ging es aber ruckzuck von etwa 70 Höhenmeter auf 1.000 Höhenmeter nach Blantyre. Ich hatte einen wunderbaren Blick zurück auf den Sambesi. Teilweise fuhr ich im dichten Wald. Zum Glück kamen ab und zu ein paar Hütten, wo ich mich mit Essen und Trinken versorgen konnte. Langsam wurde mir klar, was mich hier erwartete: überall nur Berge.

Blantyre ist eine der ältesten Städte. Sie wurde nach der Geburtsstadt David Livingstones benannt. Wegen der Höhe hat sie ein sehr angenehmes Klima.

Viele Europäer haben sich hier in der zweitgrößte Stadt Malawis niedergelassen. Ich fand eine Lodge, wo ich in einem schönen Garten mit blühenden Bäumen mein Zelt aufstellen konnte. Obwohl nicht weit entfernt der Busbahnhof war, war es erstaunlich ruhig. Am Busbahnhof war ein Mann, der Pommes frites machte. Von morgens bis abends stand er da, jeden Tag, schnippelte er Kartoffeln und frittierte sie. Hier waren genug Leute, dass er davon leben konnte. Ich hatte auch täglich meine Portion.

Die St Michael and All Angels-Kirche ist sicherlich eines der berühmtesten Monumente der Stadt. Hier konnte sich Ende des 19. Jahrhunderts ein Klerikaler ohne große architektonischen Vorkenntnisse einmal so richtig austoben. Herausgekommen ist eine riesige Backsteinkirche, mit vielen Erkern und Türmchen.

Begleitet von vielen Radfahrern fuhr ich über die Berge nach Zomba. In Malawi war ich niemals allein. Ich suchte mir eine Lodge auf dem halben Weg zum Zomba-Plateau. Es war ruhig, von Bäumen umgeben, und von meinem Zelt hatte ich eine wunderbare Aussicht ins Tal und auf die Felsen des Plateaus.

Am nächsten Abend konnte ich in einem kleinen Dorf wieder bei dem Chef zelten. Es war ein älterer, zahnloser Muslim, mit dem breitesten Lachen. Ich erwies ihnen eine große Ehre, dass ich auf dem schmalen Platz zwischen Haus und Bastzaun zeltete. Den Nachbarn wurde ich voll Stolz vorgeführt. Ein paar Männer aus dem Dorf kamen, fragten den Chef um Rat. Er hörte sich alles in Ruhe an und gab mit klaren ruhigen Worte eine Antwort. Eine wahre Autorität.

In ganz Afrika wurde morgens zuerst einmal gekehrt. Deswegen war ich schon um fünf Uhr auf und saß früh auf dem Rad. Nicht mehr weit, und ich war am Malawi-See. Sofort fand ich etwas außerhalb von Monkey Bay einen wunderschönen Platz zum Zelten, auf dem kleinen, privaten Strand der „Mufasa Lodge“, unter einem Baum, neben einer Hängematte. Zuerst sah ich zwei Frauen, die ich in Zomba schon gesehen hatte, dann tauchte Gülcin, eine Türkin, auf, die im selben Backpacker wie ich in Swaziland war. Auch das war ein Grund hier länger zu bleiben. Ich hatte richtige Unterhaltung, wie lange hatte ich das schon nicht mehr. Morgens kroch ich aus dem Zelt, tat einen Schritt und legte mich in die Hängematte um den Sonnenaufgang zu genießen.

Dann kam aber wieder alles anders. Ich bekam Arbeit in einer Lodge auf der anderen Seite der Halbinsel angeboten. Nach zwei Tagen war somit mein Aufenthalt an diesem schnuckeligem Platz vorbei. Es waren nur zwanzig Kilometer über den Berg nach Cape MacLear zur „Thumbi View Lodge“. In dem kleinen Fischerdorf gab es viel mehr Touristen, aber sonst nicht viel. Die

Lodges waren in einer gehobeneren Klasse als das Backpacker in Monkey Bay. Einen besseren Platz hätte ich kaum finden können. Nach einer Woche durfte ich die Besitzer vertreten und „bossie“ spielen. Obwohl sehr zeitintensiv, war es für mich eine fantastische Abwechslung zum Radfahren und eine sehr interessante Erfahrung, vierzehn Malawier unter mir zu haben. Da es „Freiwilligenarbeit“ war, bekam ich „nur“ Kost und Logis. So ein Zimmer würde ich mir nie gönnen und so gut gegessen hatte ich auch schon lange nicht mehr. Zudem luden mich die Besitzer, Noleen und Chris, zu Ausflügen ein. Es tat gut, die Räder mit Segeln auszutauschen. Bei der Sunset-Tour ging es um die Inseln mit verschiedenen Bademöglichkeiten.

Das Leben der Einheimischen spielte sich rund um den See ab. Frühmorgens kamen sie zur Wäsche der Kleider und des Körpers. Sogar Zähne wurden geputzt und Geschirr gewaschen. Da alle noch sehr gesund aussahen, machte ich mir keine weiteren Gedanken um Bilharziose. Das morgendliche Schwimmen hatte einen solch positiven Effekt, dass ich die geringe Gefahr, Bilharziose zu bekommen, gerne in Kauf nahm. Heutzutage kann man dem medikamentös sehr gut vorbeugen. Die Einheimischen bekommen anscheinend eine Prophylaxe.

Einmal in der Woche fand ein großer Kleidermarkt statt. Es sah so aus, als ob alle Altkleidercontainer der westlichen Welt ausgeschüttet worden wären. Ich fand teure Markenkleidung, die in der „Ersten Welt“ bei Nichtgefallen in Kleidercontainer geworfen wurden, zu, für unsere Verhältnisse, sehr geringen Preisen. Ich erstand ein Funktions-T-Shirt für zwei Euro.

Ein weiteres Highlight war die Bootsfahrt zur Otter Bay. Zwischen hohen Felsen waren kleine Buchten voll mit Fischen, aber keine Otter. Dann die Fütterung der Fischadler, die von weit her majestätisch angeflogen kamen, um die Fischstücke, die von uns ins Wasser geworfen wurden, aufzupicken. Bevor wir gefüttert wurden, waren wir schnorcheln. Das ganze Wasser war voll von blauen Fischen. Da es außer „relaxen“ auf der Thumbi-Insel nichts zu tun gab, schwamm ich zurück. Es war bei Weitem nicht das erste Mal, dass ich 1,5 Kilometer am Stück geschwommen war, aber das erste Mal in offenem Gewässer, von A nach B. War das herrlich, habe ich die Ruhe auf dem Wasser genossen!

Nach fast drei Wochen war meine Zeit in „Thumbi View" wieder vorbei. Mit schwerem Herzen, aber gut erholt und mit kribbelnden Beinen hieß es Abschied nehmen. Über die Hügel ging es zuerst nach Monkey Bay zurück. Die einheimischen Radfahrer waren sehr zu bemitleiden. Den Berg kamen sie nicht hoch, da sie keine Gangschaltung hatten, und hinunter konnten sie auch nicht fahren, da die Bremsen fehlten. Dank Rohloff und Magura kam ich hoch und runter.

Kaum aus Cape MacLear raus, wo man mich kannte und ich meine Ruhe hatte, war ich wieder von Kindern umzingelt. Nach den drei Wochen Ruhe konnte ich es besser ertragen und damit umgehen.

Cape MacLear liegt ganz im Süden des Sees. Ich hatte noch die ganze fantastische Fahrt und die netten Campingplätze entlang des Sees vor mir. Zuerst kam ein Campingplatz mehr in den Bergen, bei der Mua Mission. Es war mehr ein Kulturzentrum, wo ich zelten konnte. Bekannt ist es für die Schnitzkunst. Jede Hütte ziert einer der hier geschnitzten Maske. Auch traditionelle Tänze werden hier gelehrt. Es war eine interessante Abwechslung zu den Orten am See.

Vollbeladene Fahrräder ohne Bremsen und ohne Gangschaltung

Der nächste Stopp war Senga Bay. Übrigens hat man am Malawi-See nur am Cape MacLear den Sonnenuntergang, sonst, von Malawi aus, den Sonnenaufgang. Im Osten des Sees liegen Mosambik und Tansania. Der Fischerort war viel größer als Cape MacLear, das Wasser aber nicht mehr so klar.

Damit ich auch etwas anderes als das touristische Malawi entlang des Sees kennenlernte, machte ich einen Abstecher zur Hauptstadt Lilongwe. Sie liegt auf über 1.000 Höhenmetern, die ich zuerst einmal überwinden musste. Auf dem Weg kamen mir auf einmal Heerscharen von Leuten entgegen, meist Frauen und Kinder. Alle hatten eine Schachtel von „Christmas in a Box" in der Hand. Irgendwo muss hier am 17. Juni 2017 ganz groß Weihnachten gefeiert worden sein. Als ich am Abend wieder bei einem Chef des Dorfes zelten konnte, stand auch hier der ganze Hof voll Schachteln. Ich bekam das erste Mal in Afrika eine Puppe zu sehen. Abgesehen davon, dass es keine Puppen zu kaufen gab und man für so etwas kein Geld hatte, wofür brauchte man eine Puppe, wenn man das kleine Geschwisterchen versorgen musste? Die gab es immer und überall zuhauf. Eine Frau versuchte den Sinn und Zweck eines Jojos herauszufinden. Es war aber so schlecht, dass ich es ihr nicht einmal vorführen konnte. Dann kam eine andere Frau mit einem undefinierbaren Gegenstand an. Es war ein Deo-Stift. Das war auch so ziemlich das Letzte, was man hier brauchte. Das einzige, womit die Kinder etwas anfangen konnten, waren die Buntstifte und Malbücher. Einerseits fragte ich mich, warum die Weihnachtsgeschenke mitten im Juni verteilt wurden. Andererseits freute ich mich, da die Kinder beschäftigt waren und ich meine Ruhe hatte.

Die Gegend um Lilongwe herum und Blantyre waren die einzigen Orte in Malawi, wo man von Verkehr sprechen konnte. Lilongwe ist allerdings völlig unspektakulär. Die Stadt entstand erst 1947 und ist seit 1964 Hauptstadt. Das „City Center" ist nur ein Banken- und Büroviertel, nicht das Stadtzentrum.

Nachdem ich die Botschaft von Tansania endlich fand, bekam ich gleich das Visum. Der Weg zurück Richtung See war wirklich „off the beaten track", weg von dem Touristenstrom. Zuerst war die Straße noch geteert, aber da sich ein Lastwagen in einer Kurve über die gesamte Fahrbahn gelegt hatte – ich kam nicht einmal mit dem Fahrrad vorbei –, mussten alle in die Pampa ausweichen. Nach der Abzweigung war nichts mehr geteert, damit hatte ich nicht gerechnet. Laut meiner Karte sollte diese Straße geteert sein.

Auch hier machten die Berge nicht Halt. Oben wird auf einer Plantage Kaffee für den Export angebaut. Da der junge Manager der einzige weit und breit war, der Englisch sprach, wurde er gerufen, als ich nach einem Platz zum Zelten fragte. Direkt neben seinem neuen, relativ modernen Haus konnte ich mein Zelt aufschlagen.

Außer dem Ntchisi-Regenwald und der Kaffeeplantage gab es da oben nichts. Da er sehr bekannt ist, dachte ich, dass er besser zugänglich sei. Das Gegenteil war der Fall, die Straße wurde immer mühsamer. Entgegen der Information, dass es nach der Einmündung in die M18 wieder geteert sein sollte und ich durch das Nkhotakota Wildlife Reserve mit dem Fahrrad fahren dürfe, wurde ich gestoppt. Direkt an der Einmündung war eine Schranke, dahinter Schotter. Keine Chance, man ließ mich nicht durch. Diesmal halfen mir Leute von „World Vision“. Sie luden mein Fahrrad in das Auto und brachten mich die 36 Kilometer durch den Park. Sie waren auf dem Weg zum Krankenhaus in Nkhotakota. Malaria war hier noch ein großes Problem. Sie waren ganz erstaunt, dass es in Europa kein Malaria gibt. Dann endlich wieder Teer und freie Fahrt den See entlang. Sogar der Rückenwind kam mir noch zugute.

Am Abend wurde ich herzlich vom Chef des Dorfes aufgenommen. Die Familie war eine Mischung aus Moslems und Christen. Der Chef ging in die Moschee, die anderen blieben zu Hause. Es war Ramadan. Gemeinsam wurde erst nach Sonnenuntergang gegessen. Ich schloss mich dem an. Wie üblich habe ich auch gekocht. Das Essen war dann sehr vielseitig. Jeder bekam von jedem etwas. Es gefiel mir sehr gut.

Entlang des Sees gab es immer wieder luxuriösere Campingplätze. Ich gönnte mir eine Nacht im „Kachere Kastle“. Da hat jemand wirklich gemeint, ein Schloss – oder besser eine Burg –, an den See stellen zu müssen. Ein Schwimmbad durfte natürlich auch nicht fehlen. Zelten konnte ich direkt am Strand. Dahinter war ein Bambuswald, in dem sich die Duschen befanden. Farblich war das Gebäude gut auf die Pflanzen abgestimmt.

Entlang des Sees wurde es immer bergiger. In einem Wald sprangen immer wieder Männer und Kinder heraus, die mir Gummibälle jeglicher Größe verkaufen wollten. Das hatte mich etwas verwundert, bis ich das Schild sah von der „Vizara Plantations“ sah. Ich fuhr durch einen Kautschuk-Wald.

Danach ging es wieder bergab und noch weiter hinunter nach Nkhata Bay, einem Treffpunkt für Reisende. Wieder einmal überlegte ich mir kurz, ob ich mir das wirklich antun mochte, das musste ich ja alles wieder hoch – aber nur ganz kurz. Ich fand es richtig nett, immer wieder die gleichen Leute zu treffen und andere Reisende. Bisher hatte ich nicht viele solcher Möglichkeiten.

Hier gab es am Ufer keinen Strand, sondern Felsen. Die Lodge und der Campingplatz war praktisch an eine Steilküste gebaut. Dank meiner Freunde schafften es auch mein Fahrrad und das ganze Gepäck auf die Plattform, wo ich mein Zelt aufstellte. Mein Fahrrad konnte sich drei Tage lang ausruhen. Ich blieb auch so fit. Egal, wohin ich wollte, ich musste entweder steil bergauf oder steil bergab. Es war schon fast peinlich, um halb Afrika gefahren zu sein und hier Muskelkater zu bekommen. Nach drei Tagen war ich dann wieder bereit, alles die Steilküste hoch zu tragen, beziehungsweise hoch tragen zu lassen.

Und weiter ging es nach Mzuzu bis auf 1.250 Höhenmeter. Ich zeltete im Garten eines Backpackers. Die drei Hunde, die herum sprangen, beachtete ich nicht weiter, saß auf der Veranda und schrieb. Auf einmal machte es in knackendes Geräusch und mein Zelt nahm eine komische Form an. Einer der Hunde war auf mein Zelt gesprungen, sodass eine Zeltstange zerbrach. Ich war den Tränen nahe, sagte mir aber, dass Weinen mich jetzt auch nicht weiter bringe und suchte nach einer Lösung. Da entdeckte ich, dass es ein Ersatzteil gab. Schnell hatte ich das Zelt repariert. Ich wüsste nicht, was ich ohne Zelt machen sollte.

Nach längerem Auf und Ab kam eine geniale Abfahrt, bei der ich immer wieder eine schöne Aussicht auf den See hatte. Bei der Abzweigung nach Livingstonia machte ich einen kurzen Versuch, auf den Berg zu kommen. Aussichtslos. Die Piste war viel schlimmer als erwartet, große Steine, tiefe Auswaschungen und sehr steil. Ich hatte große Probleme, mein Fahrrad zu schieben. Nach zwei Kilometer gab ich auf. Nicht einmal die Abfahrt würde hier Spaß machen. Ich drehte um und fand in der „Thunduzi Campsite" einen ruhigen Campingplatz am Strand, wo ich vom See Abschied nahm.

Malawi ist jetzt noch mehr eines meiner liebsten Länder in Afrika. Wenn ein Land größtenteils aus einem so schönen See besteht, braucht es daneben nicht mehr viel. Die Pause von drei Wochen hat auch unglaublich gut getan. Nun stand wieder ein ganz anderes Land auf dem Programm: Tansania.

Tansania: Vom Südwesten nach Dar Es Salaam

Nach dem beschaulichen Malawi kam jetzt wieder ein größeres, bekannteres Land: Tansania. Schon an der Grenze merkte ich, hier geht es anders zu. Selten war so viel Betrieb vor der Einreise. Wieder waren viele Geldwechsler unterwegs. Es ging hin und her, bis ich entschied, mein Geld offiziell zu wechseln, waren 2.000 Malawi-Kwacha (ungefähr 2,30 Euro) weg, für Afrika nicht gerade wenig Geld. Kein guter Start in das neue Land.

Vom Malawi-See geht es in Tansania zuerst mal auf ein Hochplateau. Es war fast so, als ob ich gleich am ersten Tag den Kilimandscharo hoch radeln sollte. Gestartet bin ich auf 470 Meter, mein Ziel war auf 1.470 Metern, nach 59 Kilometern.

Nachdem ich die Grenze hinter mir gelassen hatte, ging es wesentlich ruhiger durch Teeplantagen und Bananenstauden. Die Größe Tansania merkte ich gleich an der Bevölkerungsdichte. Hier verteilen sich die Leute viel mehr. Es kam kaum mehr ein Ort. In der ersten Stadt, Tukuyu, wurde mir bewusst, wie aufgeräumt Malawi gewesen war. Hier ging es drunter und drüber. Alte Busse und sonstige Fahrzeuge standen kreuz und quer auf der Straße. Überall waren Marktstände, wo man frisches Obst und Gemüse kaufen konnte. Am zweiten Tag ging es noch schlimmer den Berg hoch: 1.000 Höhenmeter auf 38 Kilometer. Es kamen auch keine Orte mehr. Was es am Wegesrand zu kaufen gab, war immer das Gleiche – entweder kilometerweit nur Kohlköpfe, dann über lange Strecken nur Kartoffeln, dann Zwiebeln ... Damit konnte ich nicht viel anfangen.

Bei Uyole war ich auf dem Hochplateau und an der Einmündung in eine Hauptstraße. Hier bekam ich zum Glück alles, sogar einen Geldautomaten, und brauchte deswegen nicht nach Mbeya, der angrenzenden größeren Stadt. Der Verkehr war hier schon schrecklich und der Belag der Straße wurde furchtbar. Der Teer hatte tiefe Rillen und hohe Höcker entlang der Straße, sehr unangenehm, wenn ich einem Lastwagen ausweichen musste. In anderen afrikanischen Ländern fragte ich immer nach dem „Chief of the Village“, wenn ich einen Platz zum Zelten suchte. Ich lernte sehr schnell, das war in Tansania anders. Hier gibt es so viele verschiedene Stämme. Ein Chef ist der Chef eines Stammes und nicht der „Ortsvorsteher“, den nennt man hier Chairman. Erstaunlich wenige sprachen Englisch. In ganz Tansania wird hauptsächlich Swahili gesprochen. Es lohnte sich auf jeden Fall, diese Sprache zu lernen.

Landschaftlich war es sehr schön hier oben. Nur war es nicht immer so schönes Wetter. Gegen Nachmittag hatte es angefangen zu regnen, und ein ungeheurer Wind blies mir entgegen. Ich sagte mir, ich sei nicht hier, um mich zu quälen, und machte um die Mittagszeit in einer kleineren Stadt namens Makambako Schluss. Ich war erstaunt, was für ein sauberes, neues Zimmer ich für wenig Geld hier in einem Gästehaus bekam. Am Nachmittag hatte ich Zeit, in dem Ort herumzustreunen und zu schauen, was man hier so alles bekam. Wunderbar, ich konnte all meine Vorräte an Erdnussbutter und Haferflocken aufstocken und bekam jede Menge Obst.

Danach wurde die Straße noch grausiger. Die Chinesen waren wieder schwer mit Straßenbau zugange. Anstatt eine Straße Stück für Stück zu erneuern, wurde gleich die ganze Strecke aufgerissen. Das konnte sich über zig Kilometer hinziehen. Wirklich gearbeitet wurde dann aber nur in kleinen Abschnitten. Der ganze Schwerverkehr und ich mussten sich auf Behelfswegen zurechtfinden. Logisch, dass da der eine oder andere afrikanische Lastwagen stecken blieb.

Was hätte ich gemacht, wenn die Verpflegung unterwegs nicht so wunderbar gewesen wäre! Immer wieder kamen Buden, wo ich „Chipsies“ (Pommes) bekam, manchmal auch auf die tansanische Art im Rührei, fast wie spanische Tortillas.

Ich hätte nie gedacht, dass es in Tansania so kalt werden konnte. Regen und Wind in dieser Höhe um 2.000 Höhenmeter waren einfach unangenehm. Nicht nur einmal bevorzugte ich ein Gästehaus gegenüber meinem geliebten Zelt.

Hinter Iringa kam dann ein absolut gigantischer Tag. Es ging endlich wieder in tiefere und vor allem wärmere Gefilde. Innerhalb acht Kilometern ging es um 800 Höhenmeter in eine tiefe Schlucht hinunter. Unten konnte ich mich dann endlich wieder von Regenjacke und einigen Lagen Kleidung befreien.

Nicht nur die Landschaft änderte sich, auch die Leute. Ich war jetzt im Masai-Land. Sie weideten ihre Tiere in dem eher kargen Buschland. Am Abend war es dann wieder Afrika pur: Ich zeltete unter Baobabs, an einem Fluss, in dem es Krokodile und Nilpferde geben sollte. Gesehen habe ich aber nur viel Affen und Fledermäuse. Wäre am nächsten Tag nicht ein Reisebus gekommen, wäre ich gerne noch geblieben.

Es ging fantastisch weiter. Zuerst in dem engen Tal, umgeben von Felsen, mit scharfen Kurven. Als das Tal sich öffnete, machte sich der Mikumi-Nationalpark breit. Erstaunlich, dass sie mich da durchfahren ließen. Die einzige Bedingung war, dass ich vor Sonnenuntergang wieder aus dem Park war. Das schaffte ich gut. Auf einem Schild war aufgelistet, wie viel man zahlen muss, wenn man einen Löwen, Elefanten, ein Zebra oder sonstiges überfuhr. Wahrscheinlich hätte mich eher ein Löwe zur Strecke gebracht als ich das Tier. Außer ein paar Antilopen und ein paar Paviane hatte ich mal wieder nichts gesehen.

Die Steppenlandschaft war in dem Spätnachmittagslicht auch so wunderschön. Masai waren hier sehr zahlreich vertreten. Die Männer waren schon an ihrer Körpergröße sehr leicht zu erkennen. Sie hatten meist ein rotes Tuch umgebunden. Am Straßenrand boten sie ein spezielles Barbecue an. Obwohl man erkennen konnte, dass es sich nicht um Ratte oder Maus handelte, war es nichts für mich.

Und so näherte ich mich immer mehr Dar Es Salaam. Der Verkehr war verheerend, die Lkw überholten viel zu knapp. In der Großstadt gab es tatsäch-

Spezielles Masai-Barbecue

lich einen Fahrradweg. Leider wurde er von anderen Verkehrsteilnehmern genutzt, wenn Marktstände, die oft auf den Radwegen standen, genug Platz ließen. Dem Chaos konnte ich schnell wieder mit der Fähre entfliehen. Auf der anderen Seite des Hafens liegt Kigamboni. Hier war es wesentlich ruhiger. Ich fand einen fantastischen Platz zum Zelten, direkt am Meer.

In den elf Tagen, die ich in Tansania verbracht hatte, erlebte ich fast jegliches Wetter, von über 2.000 Höhenmetern auf Meeresspiegel, Regen und Sonnenschein.

Ich fuhr nur noch zum Hafen zurück. Die Kigamboni-Fähre war um diese Zeit voll Fahrräder, die mit Kokosnüssen beladen waren. Auf der anderen Seite des Hafens konnte ich gleich auf die Fähre nach Sansibar.

Sansibar mit dem Fahrrad

Sansibar, welch mythische Geschichten um diese Insel kreisen. Wie sah es nun aus? Auf der Landkarte sah ich, die Insel ist groß genug und hat Straßen – sehr geeignet, um sie mit dem Fahrrad zu erkunden.

Bei meinen Vorbereitungen merkte ich, dass die Insel wirklich teuer ist, wie mir es schon oft prophezeit wurde. Aber, wie vielleicht schon bemerkt, ich habe einen Dickkopf. Ich wollte unbedingt nach Sansibar, also machte ich es irgendwie möglich.

Schon um auf die Insel zu gelangen gab es preisliche Unterschiede. Es gab zwei unterschiedliche Fährgesellschaften, die günstigere fuhr nur einmal um die Mittagszeit, dauerte drei Stunden anstatt 90 Minuten, und das Fahrrad war frei. Die Mittagszeit war sehr praktisch für mich. Morgens hatte ich genug Zeit zu packen und zum Hafen zu kommen und war auf jeden Fall vor Dunkelheit auf Sansibar, selbst wenn es die übliche Stunde Verspätung hatte. Als ich mich Sansibar näherte, merkte ich, hier erwartete mich wieder ein ganz anderes Afrika.

Selten fand ich es so spannend, an einen neuen Ort zu kommen. Schon von Weitem sah die Gewürzinsel einfach faszinierend aus. Kleine Segelboote, Dhows, mit einem weißen oder schwarzen Segel kreuzten vor der Küste. An Land standen hell strahlend Paläste, Zeugen vergangener Zeit, die an Tausend und eine Nacht erinnerten. Wie vermutet kam ich nicht um 15 Uhr, sondern um 17 Uhr an. Es war gerade noch genug Zeit, meine Unterkunft bei Tageslicht zu finden.

Mit meinen Übernachtungen hatte ich mal wieder viel Glück. Rund um die Insel hatte ich Einladungen. Die erste war bei „Bluebikes", einer Fahrradverleih- und Touragentur, mitten in der Altstadt von Stone Town. Die Gassen waren so eng, dass ich mit meinem GPS nicht weit kam. Es war wie in einem Labyrinth und erinnerte mich an die Medinas in Marokko. Humud, ein Tourguide von „Bluebikes", las mich auf und brachte mich zu deren Haus inmitten der Altstadt. Welch ein Luxus. Ich war so glücklich, hier zu sein, aber auch müde. In Anbetracht dessen, dass es schon spät war und ich allein nicht hierher gefunden hatte, ging ich lieber nicht mehr aus. Die Stadt konnte ich noch am nächsten Tag erkunden. Das tat ich dann und zwar sehr ausgiebig.

Auf den bunten Märkten konnte man die verschiedenen Gewürze der Insel bekommen, auch schön in Geschenkpackungen verpackt. Ohne Fahrrad war es in den engen Gassen sehr viel angenehmer. Mich wunderte sehr, dass es

Ankunft auf Sansibar

weitgehend erlaubt war, mit dem Auto durchzufahren. Bei den vielen schönen Häusern mit den filigranen Fassaden, Balkonen und Dachgiebeln, lief ich ständig wie „Hans guck in die Luft“ herum.

Einen Tag lang war ich Touristin, klapperte zu Fuß all die Highlights ab. Sie liegen zum Glück alle beieinander. Das größte Highlight war wie immer, einfach los zu gehen und interessante Winkel und Gassen zu entdecken. Aber ein Tag reichte auch, dann wollte ich die Insel und vor allem die legendären wunderbaren Strände erkunden. Natürlich fanden es auch hier die Nachbarjungen interessant, wie ich mein Fahrrad bepackte und startklar machte. Über den Gassen hingen mindestens vier aus jedem Fenster. Bis zum Ausgang der Stadt war viel Verkehr. Mir gefiel das bunte Treiben, vor allem wie sich andere Fahrradfahrer furchtlos durchgeschlängelt hatten.

Nachdem ich den Verkehr hinter mir gelassen hatte, warteten wunderbare Alleen und Wälder auf mich. Auf der kleinen Straße dazwischen waren kaum Autos. Dafür hörte ich ein „Jambo” hier und ein „Jambo” dort. Zuerst wollte ich in den Süden, durch den Jozani Forest. Schilder wiesen auf Colobusse, eine spezielle, kleine, schwarzweiß, witzig aussehende Affenart, hin. Später waren wieder mehr Menschen unterwegs. Ein alter Mann flocht kunstvoll aus Palmwedel Matten, die zum Beispiel als Dach für Hütten verwendet werden.

Es schien so, als ob Sansibar ein einziges Genussradeln werden würde. Ich hatte relativ kurze Strecken, schöne Strände und viel Natur.

Kizimkazi ist ein kleiner Fischerort ganz im Süden der Insel. Es war gerade Ebbe. Alle Boote lagen auf einem weiß-türkisfarbenen Untergrund. Daneben gab es mehrere kleine Lodges. Es war nichts los. Zelten war auf Sansibar eigentlich nicht erlaubt. Ich hatte auch überhaupt keine Campingplätze gesehen. Ab und zu wurde mir erlaubt, auf privaten Grundstücken zu zelten. Neben den kleinen, intakten Lodges gab es mehrere große Anlagen, wunderbar angelegt, Cottages, wo man sah, hier war richtig Geld investiert worden. Jetzt war alles am Verfallen. Dabei war es wunderschön. Auch hier war nicht alles nur Sonnenschein.

Auf ebenen, leeren guten Straßen durch Buschland fuhr ich in den Osten der Insel. Immer wieder kamen schöne Strände. Das Wasser im Indischen Ozean hatte die richtige Temperatur. Zum Schwimmen musste ich allerdings immer die Flut abwarten. Nichtschwimmer haben es hier leicht, es ist nicht tief. Es gibt auch keine Krokodile, Haie, Quallen oder sonstige unangenehme Tiere.

Über Makunduchi ging es nach Jambiani. Es war nicht mehr viel vom Fischerdorf zu sehen. Auch hier waren die meisten Hotels leerstehend. Es gab eine Kitesurf-Schule, die so manche Touristen anzog. In Makunduchi fand das Mwaka Kogwa Festival statt. Es ist das Persische Neujahr, ein Relikt der Geschichte Sansibars. Als Außenstehende war es sehr merkwürdig. Frauengruppen und Männergruppen rannten im Kreis und schrien anscheinend all die Dinge von sich, die sie im letzten Jahr besonders genervt hatten. Manche Männer waren als Frauen verkleidet. Dann fingen die Männer an, mit langen dicken Pflanzenstängeln aufeinander einzudreschen. Jetzt wurde mir klar, warum es gleich hinter dem Krankenhaus stattfand. Um 14 Uhr war vorerst Schluss. Es sollte am Abend weitergehen. Ich war etwas enttäuscht, ich hätte mehr Musik und Tanz erwartet. Es war der erste Tag von dreien. Abends sollte es dann Musik und Tanz geben, aber mit sehr viel Alkohol verbunden und nicht ganz ungefährlich.

Ich fuhr lieber schön ruhig an der Ostküste weiter Richtung Norden. Mein nächstes Ziel: Kiwengwa. Hier gab es sogar ein paar Touristen. Ich wurde

Masai in Nungwi

von Peter in seine „Sipano Beach Lodge" eingeladen. In diesen farbenfrohen, rotorangen Häusern direkt am Strand fühlte ich mich sofort wohl. Es war richtig schön, nicht zu viel, aber auch nicht zu wenig los.

Da jeder von Nungwi schwärmte, wollte ich auch noch in den Norden. Auf dem Weg dorthin stand ein Zeuge der Geschichte Sansibars, Plattenbauten. Wahrscheinlich die schrecklichsten Gebäude in ganz Afrika, Geschenke von Walter Ulbricht. Nach dem britischen Protektorat war Sansibar 1964 kurz „Volksrepublik Sansibar", bevor es sich mit Tanganjika zu „TanSania" zusammenschloss.

Nungwi, ganz oben im Norden, ist die Haupttouristenhochburg. Es gab erstaunlich viele Masai. Alle hofften durch Touristen, vor allem Touristinnen, schnell an viel Geld zu kommen. Da muss nur einer mit einer Weißen viel Geld gemacht haben, dann kommen gleich hunderte nach und wollen auch schnell reich werden. Ein weiteres Problem von Sansibar. Wie überall: Geld zieht viele Leute an, die auch einen Teil davon haben wollen. Aber nur ein Bruchteil bekommt etwas, der Großteil bleibt auf der Strecke. Hinter den Sushi-Bars, Nobelhotels und Casinos sind die Hütten der Einheimischen.

Die Ziegen freuten sich an den Müllbergen. Nach einer halben Stunde musste ich wieder fort. Das war definitiv nicht mein Ort.

An der Westküste ging es zurück nach Stone Town. Bevor es abends auf die Fähre ging, stattete ich „Bluebikes“ einen Besuch ab um Informationen und Erfahrungen auszutauschen. Von Sansibar nach Dar Es Salaam ging die Flying Horse Fähre um 21 Uhr. Die Nacht verbrachte sie auf See und kam morgens um sechs Uhr in Dar Es Salaam an, für mich sehr praktisch. Ich konnte gut auf der Fähre schlafen.

Sansibar war zum Fahrradfahren ein Traum, ich kann es nur empfehlen. Es ist nur etwas teuer.

Tansania: Von der Küste nach Ruanda

Früh am Morgen kam ich auf dem Festland Tansanias wieder an. In Dar Es Salaam gab es überall in den Straßen Kaffee- oder Tee-Verkäufer, die frisch aus großen Kannen ausschenkten. Dazu gab es etwas Süßes zu essen. Ich setzte mich zu ihnen und frühstückte.

Ich blieb noch ein paar Tage in Dar Es Salaam, beziehungsweise in Kigamboni. Mein Computer wollte endgültig nicht mehr starten. Ich hoffte, ich könnte ihn hier reparieren lassen. Mangels Ersatzteile war leider nichts zu machen. Das stimmte mich nicht gerade glücklich.

Von Tansania wollte ich nicht direkt nach Kenia. Zuerst fuhr ich am Kilimandscharo vorbei Richtung Ruanda. Einen Tag fuhr ich noch am Meer bis Bagamoyo. Außer dem deutschen „Boma“ (alte deutsche Siedlung) gab es Strände, die nicht so schön wie in Kigamboni, aber touristischer waren. Hier musste ich Abschied vom Indischen Ozean nehmen. Wer weiß, ob ich ihn auf dieser Reise nochmals sehen würde. Es ging nun in das Landesinnere und somit wieder in höhere Gefilde. Der erste Teil war sehr bergig. Ich hatte das Gefühl, bis ich Moshi erreicht hätte, die Basis-Station vom Kilimandscharo, hätte ich die Höhenmeter des höchsten Berges Afrikas schon bewältigt. Dann musste ich nicht mehr über, sondern entlang der Bergkette fahren. Die Bevölkerungsdichte nahm in dieser Gegend so stark ab, dass ich sogar mitten im Busch, umgeben von Baobabs, ein nettes Plätzchen zum Wildzelten fand.

Ich näherte mich dem Kilimandscharo. Nur, der höchste Berg Afrikas ließ sich nicht blicken. Während der ganzen Zeit blieb er permanent hinter den Wolken versteckt, sehr schade! Nachdem es die letzten Tage dank schlechter, lärmender Lautsprecher, „Mzungu"-schreiender Kinder und unglaublich vieler Busse so laut war, genoss ich einen ruhigen Tag in Moshi. Arusha war auch nur eine Tagesetappe entfernt. Allerdings war das die Haupttouristenstrecke zwischen Kilimandscharo und Serengeti. Viele Busse und große Jeeps waren unterwegs. Für die Touren konnte man leicht 2.000 Euro bezahlen.

Da ich vom Kilimandscharo von unten nichts sah, musste ich auch nicht hoch gehen. Und meine Erinnerung an Masai Mara vor 30 Jahren waren noch so gut und positiv, die konnten von einer Tour in Serengeti nicht übertroffen werden. So konnte ich gleich nach Arusha durchfahren.

Diese Stadt war viel größer und hatte mehr zu bieten. Im „Arusha Bicycle Center" fand ich sehr gute Hilfe, um endlich meine Kette, Ritzel und das Kettenblatt wieder auszuwechseln. Die Ersatzteile hatte ich dabei, das benötigte Werkzeug allerdings nicht. Der Manager des Centers wollte, dass ich den Lehrlingen zeige und lehre, was ich mache. Das tat ich doch sehr gern, war auch sehr spaßig. So verging die Zeit wie im Flug. Außerdem erstand ich endlich einen neuen Computer. Ohne den Laptop vermisste ich den Kontakt zur „Außenwelt" und das Schreiben doch sehr.

Mit frisch gewartetem Fahrrad und neuem Computer ging es voll bepackt weiter. Am ersten Tag blieb ich schön auf geteerter Straße. Dank des Windes, der hier ständig vom Indischen Ozean wehte, hatte ich einen wunderbaren Rückenwind. Dann hatte ich genug von geteerten Straßen. Die vielen Touristenjeeps und Busse fuhren nach Arusha weiter in die Serengeti. Ich bog lieber bei Madukani auf die Piste und Berge ab. Hier war es viel ruhiger und abenteuerlicher. Mir ging es gleich viel besser. Der erste Abschnitt bis zum Manyara-See war noch gut zu fahren. Die 20 Kilometer waren sogar fast eben. Wie gut, dass ich nicht vorher gewusst hatte, was mich erwartete. Wahrscheinlich hatte ich die steilste Strecke hoch auf die Bergkette erwischt.

Auf den nächsten 15 Kilometern ging es 1.000 Höhenmeter hoch. Gigantisch, wie sich der Weg hoch schlängelte. Fragt nicht, wie ich mein schwer beladenes Fahrrad dort hoch brachte. Hoch über dem Manyara-See fand ich ein ruhiges Plätzchen zum Zelten mit der besten Aussicht über das Tal.

In den nächsten Tagen bleib ich auf der Piste über die Hochebene. Nur ab und zu kamen kleine Dörfer. Eigentlich dachte ich, ich könnte gut Wildzelten. Es waren keine Spuren weit und breit, keine Leute in Sicht. Am Abend saß ich noch vor meinem Zelt, trank meinen Tee, da kamen sie. Vier Männer, zwei Frauen und zwei Kinder. Keiner von ihnen sprach Englisch. Mit Zeichensprache machte ich ihnen klar, dass ich hier nur die Nacht verbringen wollte und am nächsten Morgen weiterführe. Einer der Männer war nicht sehr erfreut darüber, ein anderer war netter und gab sein Ok. Dann zogen sie ab. Ich wusste, sie ließen mich jetzt in Ruhe. Ganz sicher war ich allerdings nicht und schlief nicht sehr gut. Am nächsten Morgen kamen zuerst ein paar Männer um zu schauen, ob alles in Ordnung sei, und dann Frauen und Kinder, nur um mich zu beobachten.

Steile Anstiege bei Manyara

Die Piste wurde immer sandiger und war eigentlich nur noch zum Gehen geeignet. Radfahrer hatten sich einen schmalen Pfad neben der „Straße“ angelegt. Es ging am Balangida-See vorbei. An Land war einiges los, im Wasser so gut wie nichts. Der See ist einer der sehr natriumhaltigen Soda-Seen von Tansania. Endlich kam ich nach Merya. Je länger ich in Tansania war, desto weniger ertrug ich die „Mzungu, give money“-schreienden Kinder, die mir hinterher rannten. In Merya fand ich Zuflucht in einem kleinen Laden. Mein Zelt konnte ich hinter der Polizei-Station aufstellen. Das waren die besten Plätze zum Zelten. Keiner kam hier freiwillig her.

Auf der letzten Etappe nach Singida kamen nur noch wenige Dörfer. Mein GPS führte mich auf abenteuerlichen Pfaden. Es gab so viele und tiefe Auswaschungen, dass hier keine Autos fahren konnten. Nur wenige Mopeds kamen vorbei. Dazu noch der starke Wind, der wenigstens ein bisschen abkühlte. In einem kleinen Dorf ruhte ich mich bei Tee und süßem Gebäck windgeschützt aus. Was hätte ich nur ohne diese fleißigen Frauen gemacht. Den ganzen Tag machten sie die leckeren, süßen Teile. Dazu gab es den scharfen Tee, mit viel Ingwer, der meiner Erkältung sehr zugute kam.
Nach zwei sehr lauten Nächten in Pensionen, in Singida und Nzega, wollte ich wieder auf freier Wildbahn zelten. Es wäre unproblematischer gewesen, wenn die Masai mit ihren furchterregenden Bemalungen nicht gewesen wären. Es dauerte lange, bis ich einen Platz hinter Dornbüschen fand, wo ich mich sicher fühlte. Aber selbst hier kamen nachts Männer mit Taschenlampen vorbei, leuchteten auf mein Zelt, redeten und lachten. In solchen Situationen mache ich mich nicht bemerkbar und bleibe einfach ruhig im Zelt. Das half auch hier. Sie zogen weiter. Das war dann vorerst das letzte Mal, dass ich einen Versuch startete, wild zu zelten.

Um dem Verkehr auszuweichen, bog ich wenigstens für 60 Kilometer auf eine Piste ab. Selbst hier brausten die Busse ohne Rücksicht auf Verluste durch. Es war sogar noch schlimmer, denn sie hinterließen eine große Staubwolke. Zurück auf geteerter Straße ging es durch ein nicht sehr angenehmes Gebiet. In Kahama gab es eine große Goldmine. An einer erstaunlich ruhigen, neuen Tankstelle durfte ich zelten, bekam sogar eine Dusche. Fließend sauberes Wasser, es geht doch! Ich füllte gleich alle meine Flaschen. Danach kam eine Goldgräbersiedlung, wie ich sie schon so oft in Afrika gesehen hatte. Immer haben sie etwas sehr Verwahrlostes an sich. Kein Platz zum Zelten. Nur die Affen fühlten sich wohl, fanden Nahrung in den Abfällen.

Je näher ich zur Grenze kam, desto schlechter wurde die Straße. Wieder einmal gab es mehr Schlaglöcher als Teer. Selbst für mich auf dem Fahrrad schlecht zu fahren. Und natürlich wieder eine Polizeistation. Ich hatte das Gefühl, dass sie es schon gewohnt waren, dass Radfahrer hier zelteten. Zum Schluss ging es nochmals sehr steil hoch. Eingehüllt von einer roten Staubwolke von den Tanklastzügen und Container-Lkw, schob ich mein Fahrrad über die Steine. Dann ging es endlich hinunter in die Schlucht des Kagera-Nil-Flusses bei Rusumo, wo die Grenze zu Ruanda ist. Ich war sehr froh das Land verlassen zu können und hoffte, in Ruanda würde alles besser. Zum Glück weiß man nicht alles vorher.

Ruanda: Mit dem Fahrrad die Berge rauf und runter

Der Völkermord in Ruanda war inzwischen mehr als 23 Jahre her. Wie sah es nun in dem Land aus?

Außer Genozid und Berge wusste ich noch etwas über Ruanda: Plastiktütenverbot! Natürlich hatte ich meine Taschen voll von Plastiktüten. Ich hatte sie zwar in den vorherigen Ländern meistens abgelehnt, trotzdem sammelten sie sich an. Wer weiß, für was ich sie noch brauchen würde. Vieles war auch in Plastiktüten verpackt. Auf den letzten Kilometern hatte ich genug Zeit, mir Geschichten, warum ich die Tüten brauchte, auszudenken, die ich dem Grenzbeamten erzählen wollte. Als ich zur Taschenkontrolle musste, war ich dann gut vorbereitet. Ich musste nur die vorderen Gepäcktaschen öffnen. Obenauf waren schon einige Plastiktüten. Das war aber dem Grenzbeamten egal. Ohne dass ich eine meiner Geschichten los wurde, winkte er mich durch. Also waren Plastiktüten nicht generell verboten oder man nahm es nicht so genau.

Da die Grenze in einer Schlucht lag, ging es danach wieder hoch. Noch war es schön ruhig. Erst als ich an einer Schule vorbei kam, hörte ich das erste „Mzungu“. Also auch hier. Ganz schlimm wurde es, als ich in einem

Dorf kurz anhalten wollte, um etwas zu trinken. Plötzlich kamen sie überall hervor. Mindestens zwanzig Kinder umzingelten mich: „Mzungu, give money, give money." Ich ergriff schnell die Flucht.

Die Bevölkerungsdichte von Ruanda ist etwa neunmal so hoch wie in Tansania. Die Einwohnerzahl hatte sich seit dem Genozid mehr als verdoppelt. Über 50 Prozent der Bevölkerung sind Kinder. Sie waren wirklich überall. Auch waren hier viele Radfahrer unterwegs, meistens mit den gelben Kanistern. Ich möchte nur wissen, was Afrika ohne diese Kanister machen würde. Es gibt sicher Millionen davon. Täglich wird das nötige Wasser darin transportiert. Auch hier, bei diesen Bergen. Drei bis vier Kanister pro Fahrrad waren keine Seltenheit.

Dank des Rückenwindes und dass die Berge mal eine Pause machten, erreichte ich noch am Abend die Hauptstadt Kigali. Wurde Rom auf sieben Hügel gebaut, sind es in Kigali tausend Berge. Entweder ging es rauf oder runter. Dank Mio, einer ehemaligen japanischen Reiseradlerin, die jetzt in Kigali ein japanisches Restaurant hat, konnte ich mich ausruhen. Sie ließ mich in ihrem Garten zelten. Meine kleinen Wunden hatten sich entzündet und meinen Fuß anschwellen lassen. Der Arzt riet mir eine Pause zu machen und fünf Tage lang jeden Tag vorbei zu kommen, um jeweils eine Antibiotikaspritze zu bekommen. Da ich eh eine Pause machen wollte, hatte ich nichts dagegen. Jeden Tag fuhr ich sechs Kilometer (weiß nicht, wie viele Höhenmeter) zur Klinik und bekam meine Spritze. Auf dem Weg zurück schaute ich mir einige Sachen an.

Zuerst stand das Genozid-Museum auf dem Programm. Mit vielen Fotos und Interviews wurde geschildert, wie es zum Völkermord kam und wie es während der Zeit von 6. April 1994 bis Mitte Juli 1994 war. Es wurden auch Genozide in anderen Ländern gezeigt, natürlich zuerst der Holocaust, das Massaker von Srebrenica, Kambodscha, sogar der Völkermord in Deutsch-Südwestafrika an den Hereros. Aber kein Beispiel von Australien, Kenia, USA. Von wem wurde wohl das Museum gesponsert?

Wenn ich mich in Tansania registrieren musste, war immer eine Spalte für „Tribe", welchem Stamm ich angehöre. Spaßeshalber schrieb ich immer

„Schwäbisch“ hinein. In Ruanda gibt es so etwas nicht. Es ist sogar offiziell verboten, es dürfen keine Rassenunterschiede gemacht werden. Aber jeder darf mir „Mzungu“ (Weißer Mann) hinterher rufen.

Die Gedenkstätten waren zu richtigen Touristenattraktion geworden. Auch ich ging zum „Hotel des Mille Collines“, dem Hotel vom Film „Hotel Ruanda“, in dem 1268 Tutsis versteckt wurden. Inzwischen wurde es neu renoviert. Nachdem ich all die Touristenjeeps und strömenden Touristenmassen sah, verzichtete ich darauf, hinein zu gehen. Daneben gibt es nun viel größere und vornehmere Hotels. Das Polizeiaufgebot und die Anzahl der Sicherheitsmänner waren enorm. Wollte man in eines der Hotels oder Supermärkte, wurde man wie auf dem Flughafen durchgecheckt.

Ohne Zweifel, Kigali ist eine der saubersten Großstädte Afrikas. Sie hat das beste Internet. Dank der riesigen Anzahl von Hilfsorganisationen und den dazugehörigen „Expats“ (Expatriats: eigentlich nur für Weiße benutzter Ausdruck, die im Ausland arbeiten) gab es einige Coffee-Shops mit Latte Macchiato und Wi-Fi. Unglaublich, was hier alles wuchs und man auf den Märkten zu kaufen bekam. Die Papayas waren sehr lecker, die Mangos in Westafrika wesentlich besser. Außerdem hatte ich Avocados für mich entdeckt. Mittlerweile aß ich sie einfach so, mit etwas Salz.

An meinem letzten Abend fand zufällig im „Kisegi“-Restaurant eine Party statt. Mio fuhr einige japanische Leckereien auf, zum Beispiel eine Sushi-Torte. Leider esse ich kaum Fisch und rohen schon gar nicht. Aber es gab auch leckeren Salat. Und ich hatte endlich den japanischen Sake versucht. Er war wirklich sehr lecker. Sie waren sehr beleidigt, als ich ihn mit dem chinesischen verglich.

Frisch gestärkt verließ ich nach einer Woche mein Refugium. Ich hatte das Gefühl, ich führe den ganzen Tag nur mit vier Kilometern pro Stunde den Berg hoch. Die Kinder hatten ein leichtes Spiel mit ihrem „Mzungu, give money“. Kilometerweit liefen sie neben mir her, bis die Ablösung kam. Nur die paar Minuten bergab hatte ich meine Ruhe. Um mich etwas auszuruhen, flüchtete ich in den Hof eines kleinen Krankenhauses, das zu einer Mission gehörte. Da es schon Spätnachmittag war und ich keine Lust mehr hatte, weiterzufahren, fragte ich, ob ich hier mein Zelt aufstellen dürfe. Sie hatten einen besseren Vorschlag, sie boten mir ein Zimmer an. Paradies! Ruhe, Dusche, Strom und eine prima Aussicht auf die Berge.

Am nächsten Tag musste ich auf über 2.000 Höhenmeter. Nicht schlimm, dachte ich, ich bin ja schon auf 1.700 Höhenmeter. Aber Ruanda wäre nicht Ruanda, wenn es nicht zuerst nochmals runter gegangen wäre, so auf 1.400 Meter, damit sich danach der Anstieg auch richtig lohnte. Es ging dann auch auf 2.300 Höhenmeter hoch. Ich war fix und fertig, vor allem auch wegen der schreienden Kinder. Einmal winkte ich einem entgegenkommenden Auto und zeigte auf sie. Kaum zu glauben, wie schnell sie die Böschung herunterliefen und im Wald verschwanden.

Vor Kibuye bog ich zum Congo Nile Trail ab. Der Anfang war noch geteert. Plötzlich merkte ich, ich war nicht mehr auf dem Trail, ich musste eine Abzweigung verpasst haben. Obwohl es donnerte und nach Regen aussah, fuhr ich zurück. Tatsächlich, da ging ein kleiner Pfad ab. Ein paar Mopeds und Fahrräder bogen dort ab. Sollte ich da wirklich lang? Ich wusste, ich würde es mein Leben lang bereuen, wenn ich es nicht tat. Also nochmals tief durchatmen und los. Der Anfang war noch relativ einfach, nicht sehr steil ansteigend. Andere Fahrradfahrer, die große Säcke oder ein paar Kisten transportieren mussten, hatten mehr Probleme. Autos gab es keine.

Am Abend zeltete ich an einer „Zelle“, der Hütte der Ortsverwaltung. Auch hier war es zuerst schön ruhig, dann versammelte sich das ganze Dorf um mich herum. Es war nicht so, dass hier nie „Mzungus“ vorbeikamen. Der Trail war sehr beliebt zum Wandern und Radfahren. Ich hatte einige getroffen. Bei dieser bezaubernden Landschaft ist es nicht verwunderlich.

Von hoch oben hatte ich einen prima Blick auf den Kivu-See. Dann ging es steil hinunter und wieder hoch. Hier war ich für die Kinder dankbar, die mit Freude mein Fahrrad den Berg hochschoben. Einige Anwohner waren dabei, die Wege auszubessern. Eine sehr löbliche Aktivität, dachte ich. Dann fiel mir ein: Es war Samstag und auch noch der letzte im Monat. Es war „Umuganda“, was soviel bedeutet wie „ein Zusammenkommen, um eine Aufgabe gemeinsam zu bewältigen“. Die Regierung hatte diese ruandische Tradition institutionalisiert. Jeder Ruander zwischen 18 und 65 Jahren musste sich jeden letzten Samstag im Monat daran beteiligen. Eigentlich eine gute Idee.

Am letzten Berg des Tages nahm sich ein Mann meiner an. Er schob so schnell mein Fahrrad den Berg hoch, dass ich kaum mehr hinterher kam. Von oben hatte ich wieder einen gigantischen Blick auf den Kivu-See mit den tausenden Inseln. Am Ufer war einer der vielen Kaffeewaschstationen.

Ohne oder mit weit weniger Gepäck wäre der Trail fantastisch gewesen. Mit dem voll beladenem Fahrrad war es eine ganz schöne Herausforderung. Auf sehr schmalen Pfaden ging es bergab und am See entlang. Endlich war es trotz voll beladenem Fahrrad gut zu fahren. Hier kam bestimmt kein Auto durch. Danach ging es auf breiterem Weg steil den Berg hoch, wo ich wieder auf Hilfe angewiesen war. Glücklicherweise hatte ich den Trail auf mein GPS geladen, obwohl ich gelesen hatte, es sei nicht nötig, die Strecke wäre gut ausgeschildert. Ich sah lange kein Schild. Erst am zweiten Tag tauchten sie auf. Die Strecke war in der anderen Richtung, von Norden nach Süden, ausgeschildert!

Selbst auf diesen Wegen schwerbeladene Fahrräder

Wahrscheinlich war es die beste Zeit für den Trail. Es war kurz vor der Regenzeit, nicht so heiß und die Kaffeepflanzen standen in voller Blüte. Überall waren die weißen Blüten. Der Duft war wirklich betörend.

Die Fahrräder hier waren meist schwerer beladen als meines. Auf einem Fahrrad waren sechs volle Kisten Cola. Wie viele Kilogramm das wohl sind? Bergab musste es mit den ausgeklügelten Bremsen gut gegangen sein. Als Bremszug diente eine Fahrradkette.

Das Dorf Kinunu liegt auf über 1.600 Höhenmeter. Unten am See gab es eine Lodge, wo ich zelten könnte. 200 Höhenmeter runter, die ich am nächsten Tag wieder hoch musste. Der Wunsch, einen ruhigen Schlafplatz zu haben und vielleicht andere Reisende zu treffen, war größer als die Abschreckung durch die Höhendifferenz. Das war mal wieder eine sehr gute Entscheidung. Ich bekam ein Zimmer in einem Haus mit einer jungen Deutschen, die zu Fuß unterwegs war. Es war noch ein Franzose mit Fahrrad da, allerdings mit Mountainbike, kaum Gepäck, und Guide. Ich verbrachte einen wunderschön unterhaltsamen Abend, wie schon lange nicht mehr. Und als es anfing zu schütten und donnern, lag ich schön unter festem Dach. Jutta, die Deutsche, half mir am nächsten Tag mein Fahrrad die zwei Kilometer wieder hoch schieben. Die letzte Etappe war dann weit weniger schlimm, die Wege breiter, nicht mehr so steinig und steil.

Auf der letzten Abfahrt nach Gisenyi gaben sich Jungs ein Wettrennen mit mir. Sie waren auf Holzfahrrädern unterwegs. Es waren keine Kinderfahrzeuge. Damit wurden Kisten, Kanister mit Wasser und Säcke mit Kaffeebohnen transportiert. Ich hatte solche schon in Angola gesehen.

Nach drei Tagen auf dem Trail hatte mich die Zivilisation wieder.

Gisenyi liegt am Kivu-See, ganz im Nordwesten Ruandas. Wie dicht es an der Grenze zum Kongo (Demokratische Republik Kongo) war, merkte ich erst, als ich zu einem Supermarkt wollte, den mir mein GPS anzeigte. Drei Kilometer entfernt, kein Problem, dachte ich. Nach einem Kilometer stand ich vor der Grenze. Der Supermarkt war in Goma, die kongolesische Stadt, die praktisch mit Gisenyi zusammengewachsen ist.

Nach den anstrengenden Tagen konnte ich mich hier in dieser wunderschönen Stadt direkt am See gut ausruhen. Dank der vielen Touristen wurde ich nirgends angestarrt. Kaum ein Kind schrie mir „Mzungu, give money" hinterher. Kaum war ich aus Gisenyi heraus, hatte ich wieder eine schreiende Kinderschar hinter mir. Auf den 30 Kilometern bergauf hatten sie wieder ein leichtes Spiel. Oben war zum Glück eine Tankstelle, in die ich mich flüchten konnte. Mit einem sehr netten Paar teilten wir unser Mittagessen in einem kleinen Raum.

Unglaublich, was hier alles angebaut wurden. Karotten brachten neben den Zwiebeln und Kartoffeln richtig Farbe ins Spiel. Das leuchtende Grün lieferten die großen Teeplantagen.

Nach einer Nacht im Guesthouse in Ruhengeri ging es an Vulkanen, die teilweise schon zu Uganda gehörten, vorbei. Nur ganz schemenhaft konnte ich die Kegel im Nebel erkennen. Nur noch 30 Kilometer zur Grenze. Ich zählte jeden Kilometer herunter. Selten hatte ich mich so gefreut, das Land endlich verlassen zu können. Raus aus Ruanda, rein nach Uganda. Noch gab ich die Hoffnung nicht auf, dass alles wieder gut werden wird.

Uganda: Es grünt so grün ...

Für Ruanda, Uganda und Kenia gab es ein gemeinsames Visum, das East-African-Visum. Es war drei Monate gültig. In dieser Zeit konnte ich zwischen den Ländern hin und her reisen.

Die Abwicklung an der Grenze war somit noch weniger kompliziert. Zufällig sah ich im Immigrationsbüro im Fernsehen, dass die Wahlen in Kenia, die am 8. August stattgefunden hatten, wiederholt würden. Das passte mir gar nicht. Ich war froh gewesen, dass ich Anfang August nicht in Kenia gewesen war. Jetzt bestand die Möglichkeit, dass mich doch die Unruhen der Wahlen erwischen würde. Mal abwarten.

An der Grenze rief tatsächlich ein Kind „Mzungu, give money!" Oh je! Aber es war nur ein einziges.

Kann man damit noch fahren?

Das Dreieck Kongo-Ruanda-Uganda wurde hauptsächlich durch Dian Fossey und vor allem durch den Film „Gorillas im Nebel“ weltberühmt. Den Nebel hatte ich gesehen, die Gorillas nicht. Ich wollte den „Gorilla-Tourismus“ nicht unterstützen. Für hunderte von US-Dollar werden Touren angeboten. Und da die Touristen für das Geld auch Gorillas zu sehen bekommen sollten, werden diese quer durch den Wald gejagt. Warum kann man die armen Tiere nicht einfach in Ruhe lassen?

Über Kisoro ging es nach Kabale. Es war weit weniger bergig als gedacht. Ich genoss es vor allem, dass es kaum Kinder gab. Ich hatte schon beinahe vergessen, wie schön es sein kann, in Ruhe Fahrrad zu fahren, ohne „Mzungu, give money“ um mich herum. In der Stadt fand ich ein Backpacker, wo ich in einem kleinen Garten zelten konnte. Da es regnete, hatte die Managerin Mitleid mir und wollte mir unbedingt ein Zimmer geben. „My tent is my home”, ich wollte lieber in mein Zelt.

Nach Kabale wurde es viel bergiger. Ich hatte das Gefühl, ich führe Stalagmiten rauf und runter, bis ich von hoch oben einen Ausblick in ein tiefes Tal hatte. Da da unten eine geteerte Straße war und da es nur eine geteerte

Straße gab – nämlich meine – wusste ich, da musste ich hinunter. Ruckzuck war ich mehrere Kilometer weiter und einige Höhenmeter tiefer. Jetzt war es auch wesentlich wärmer. Endlich konnte ich wieder in Ruhe Pause machen. Niemand blieb stehen und starrte. Niemand rief „Mzungu“ – Paradies! Kam jemand vorbei, lief er mit einem „Hello“, oder „Jambo“ vorbei.

In Ntungamo setzte ich mich an der Abzweigung an eine Tankstelle. Ich wollte nicht mehr viel weiter. Die Managerin setzte sich zu mir. Es war sehr angenehm, nur zu sitzen, schauen und reden. Auf einmal meinte sie, ich könne auch hier zelten. Prima! Es war eine der leisesten Nächte an einer Tankstelle, ich habe sehr gut geschlafen.

Ich ging davon aus, dass die Straße von Ntungamo nach Ishaka nicht geteert war. Was mich aber erwartete, war eine fantastisch neue Straße. Zuerst ging es durch eine wunderbare Berglandschaft. Nach Ishaka fingen die Teeplantagen an. Endlich hatte ich mal wieder blauen Himmel. Zusammen mit dem leuchtendem Grün der Teepflanzen gab es ein herrliches Bild. Uganda gefiel mir von Tag zu Tag besser. Danach kam ein dichter Wald, in dem es einen kleinen Campingplatz gab. Auch hier gab es viele Affen. Mittlerweile hatte ich keinen Gefallen mehr an ihnen. Sie hatten es zu sehr auf meine Lebensmittel abgesehen. Kaum hatte ich mich umgedreht, schnappten sie mein Brot. Bis eine 16-köpfige Reisegruppe kam – bewaffnet mit ihren Kameras, um die Affen zu fotografieren –, hatte ich diese (leider) schon erfolgreich verjagt. Ein paar Kilometer weiter ging es hinunter in den Queen-Elizabeth-Nationalpark. Das erste Mal seit Langem, dass ich knapp unter 1.000 Höhenmetern war. Auch hier wimmelte es von wilden Tieren, aber es war keiner da, der mir verbot, weiterzufahren.

Die Straßen waren viel schlechter als zuvor. Viele Schlaglöcher ließen die Autos wieder „Ringelreihen“ tanzen. So waren sie auch sehr langsam. Die Gefahr für die Tiere, dass sie überfahren werden, war sehr gering. Als aber die Autos stehen blieben, wunderte ich mich sehr und fuhr weiter. Dann sah ich wenige Meter vor mir drei riesige Elefanten die Straße kreuzen. Sofort blieb ich ebenfalls stehen. So viel Mumm, dass ich sie auch noch fotografierte, hatte ich nicht. Die Uganda-Kobs, eine Antilopenart, sahen doch wesentlich ungefährlicher aus.

Nachdem es zwischen dem Lake George und Lake Eduard durch ging, verließ ich die Südhalbkugel. Ein nicht zu übersehendes Zeichen sagte mir, dass ich nun den Äquator überfuhr. Ich näherte mich langsam Europa. Richtung Fort Portal nahmen die Bevölkerung und die Stationen zur Nahrungsaufnahme zu. Neben Bananen gab es „Rolleggs". Spiegeleier in Chapati gewickelt. Ein paar davon reichten für weitere Kilometer, selbst bei den Steigungen. Mittlerweile hatte die Regenzeit angefangen. Bisher hatte es mich nicht weiter gestört. Es fing erst an zu regnen, als ich das Zelt aufgebaut hatte. Und in meinem Hilleberg-Zelt kann mich nichts erschüttern.

Als aber Immaculate, mein Warmshower-Gastgeber in Fort Portal, mir ein Zimmer anbot, sagte ich nicht nein. Es dauerte nicht lange und es fing an zu schütten, donnern und blitzen.

Die Straße nach Kyegegwa war mal wieder eine ewig lange chinesische Baustellen 50 Kilometer zog sie sich hin. Ich kam nur schwer über den Schotter vorwärts. Danach kam ein Wettrennen mit dem Regen. Um mich herum wurde es total schwarz. Etwas zu früh, heute würde ich kein Glück haben. Es fing gerade an, als ich mitten in der Pampa war. Schon patschnass stellte ich mich an einem kleinen Laden unter. Es war zu gefährlich, weiter zu fahren. Eine Sicht war praktisch nicht mehr vorhanden und das Wasser auf der Straße nahm eine unangenehme Höhe an. Als es weniger stark regnete, fuhr ich weiter. Kurz darauf fing es wieder an. Ich fuhr nur weiter zu einer Lodge, wo ich unter einem Dach zelten und heiß duschen konnte. Welch Wohltat! Am nächsten Tag war meine Kleidung so nass wie am Abend vorher.

Je näher ich der Hauptstadt Kampala kam, umso stärker wurde der Verkehr, wie üblich. Aber hier war es besonders schlimm. Überall gab es diese Minibusse, die ständig hielten, immer losfuhren, wenn ich daneben stand, Staus ohne Ende wegen Baustellen, dazwischen Mopeds. Zum Schluss ging es zum Backpacker einen Kilometer steil nach oben. Zum Glück blieb wenigstens der Regen aus. Ich war ganz erstaunt, dass ich es ohne Unfall geschafft hatte. Ich war so fix und fertig, dass ich nur noch mein Zelt aufstellte, aß und schlief. Am Morgen war ich noch immer erschöpft. Half aber alles nichts, ich wollte einige Visa besorgen. Zuerst einmal das Visum für Äthiopien. Wagemutig schlängelte ich mich durch den Verkehr oder fuhr ganz knapp am Straßenrand. Verkehrstechnisch entpuppte sich Kampala als eine der schlimmsten afrikanischen Städte. Zuerst erfuhr ich an dem Ort, wo eigentlich die äthiopische Botschaft hätte sein sollen, dass sie umgezogen war. Also nochmals ein paar Kilometer weiter. Als ich sie endlich gefunden hatte, hieß es, ohne Wohnsitz in Uganda gibt es hier kein Visum für Äthiopien. Da die Dame am Empfang nicht sehr freundlich war und ich mein Glück in Nairobi versuchen konnte, ging ich gleich unverrichteter Dinge wieder. Die anderen Visa (Sudan und Ägypten) konnte ich somit auch bleiben lassen. Wieder ging es durch den verheerenden Verkehr an den unzähligen Baustellen vorbei.

Einerseits war ich froh, dass ich die Stadt schnell wieder verlassen konnte, andererseits musste ich jetzt nach Nairobi. Mein nächstes Ziel war Jinja an einer der Quellen des Nils am Victoriasee. Es ist eine einfache Tagesreise von Kampala entfernt. Aber die ersten 30 Kilometer musste ich mich wieder durch schrecklichen Verkehr in der Stadt quälen.

Außer, dass es zu früh angefangen hatte zu regnen, war der weitere Verlauf der Strecke angenehm. Total nass kam ich in den „Source of the Nile"-Garten. Von hier hatte ich einen guten Blick auf die zwei „handgemachten" Inseln. An einer von beiden sind Quellen, die 30 Prozent des Nilwassers liefern. Die anderen 70 Prozent kommen aus dem See. John Hanning Speke war 1857 von den Briten losgeschickt worden, um die Quelle des Nils, die Hauptwasserquelle des damaligen britischen Ägyptens, zu finden. Als er an den Victoriasee kam, beschloss er, das sei nun die Quelle. Auch Tansania und Ruanda haben ihre Nilquellen, Flüsse, die in den Victoriasee fließen.

Zelten konnte ich an der „Kingsfisher Lodge", direkt am See. Ein Japaner hatte hier ein kleines Paradies geschaffen. Es gab ein Schwimmbad mit Bächlein und Springbrunnen in einem wunderschön tropischen Garten. Welch ein Genuss nach der Stadt.

Nach dem Niger, Kongo und Sambesi, ging es jetzt über den Weißen Nil. Vor der Grenzstadt Busia konnte ich in meiner letzten Nacht in Uganda im Garten eines kleinen, einfachen Hotels unter einem wunderbaren Baum zelten. Er sah wie der Baum eines Reisenden aus. Palmenartig, mit fächerartigen förmigen Staudenblättern, ein großartiger Schattenspender und im

Notfall auch Wasserquelle, da sich in dem Blättern Wasser sammelt. Am Morgen ging es an Reisfeldern vorbei nach Busia, der Grenzstadt. Der Verkehr hatte seit Jinja sehr abgenommen. Auf den Straßen war es bis Busia sehr ruhig.

Uganda war nach den letzten Ländern, trotz Regens und des Verkehrs und der Straßen in Kampala, ein Paradies.

Kenia: Von Uganda nach Nairobi

Nach 30 Jahren war ich wieder zurück in Kenia. In meiner Jugend war ich hier allein mit Rucksack gereist. Deswegen war dieses Land etwas Besonderes für mich.

Die Grenzstadt Busia geht auf kenianischer Seite weiter. Der kenianische Teil ist wesentlich größer. Hier hatte es stark geregnet. Nur die Hauptstraße zur Grenze war geteert. Der Rest waren von Matsch und Wasserlöchern gezeichnete Wege. Auf der Hauptstraße war kein Vorwärtskommen. Busse, Autos und Lkw blockierten sich gegenseitig. Das übliche Spiel. Nur hatte ich gehofft, dass es in Kenia besser sei. Kurz nach der Grenze bog ich auf eine Seitenstraße ab. Dank der Zuckerrohrplantagen und Industrie gab es eine prima neue Straße und kaum Verkehr. Am Abend konnte ich mich gerade noch in ein Hotel retten, bevor es zu stürmen, blitzen und regnen anfing.

An dem Kakamega Forest fuhr ich nur vorbei. Zu schöne Erinnerungen hatte ich noch an meinen ersten Besuch, als ich bei den Forschern im Wald zeltete und Vögel und Affen beobachtete. Heute ist es touristisch erschlossen, der Wald ist voll von Lodges und sehr exklusive Touren können gebucht werden.

Kisumu, eine der größeren Städte in Kenia, am Victoriasee, habe ich kaum mehr wiedererkannt. Große Hotels und Bankgebäude prägen heute das Stadtbild. An den Hippo-Point außerhalb der Stadt konnte ich mich noch gut erinnern. Dorthin bin ich schon vor 30 Jahren gelaufen. Dieses Mal zeltete ich nicht weit davon, direkt am Victoriasee im „Dunga Hill“-Campingplatz. Hier konnte ich mich endlich mal wieder ausruhen und bekam jeden

Abend ein nettes Naturschauspiel. Schwarze Regen- und Gewitterwolken verdunkelten den orangefarbenen Sonnenuntergang. Dunkle Streifen zogen am Horizont senkrecht vom See in die Wolken. Auch hier war Regenzeit. Allerdings wieder so, dass es mich kaum störte. Wenn es anfing, wurde es für mich sowieso Zeit, ins Zelt zu gehen. Außerdem gab es hier eine Bar und Restaurant, wo ich im Trockenen sitzen konnte. Den Sonnenuntergang ließ ich mir aber nicht entgehen. In der Stadt waren genug Supermärkte, dass ich meine Essensvorräte wieder aufstocken konnte. Wahrscheinlich wäre das hier nicht nötig, wo jetzt doch öfter ein Supermarkt kommen sollte. Sogar eine SIM-Karte bekam ich ohne große Probleme und ohne Registrierung. Am Abend waren andere Reisende am Campingplatz. Ein Paar aus Neuseeland mit ihrem Jeep. So selten wie ich bisher Gleichgesinnte sah, freute ich mich immer, wenn ich andere traf.

Irgendwie hatte ich ein glückliches Händchen für Baustellen oder Afrika war voll davon. Auch außerhalb von Kisumu und auf der Landstraße gab es nur Schotter. Da es keine chinesische Baustelle war, war sie relativ kurz. In der Nähe des Victoriasees war es noch eben. Nördlich von mir erhoben sich die Berge, vor mir lagen die leuchtend grünen Reisfelder, eine gute Entschädigung für die schlechte Straße.

Später fragte ich bei einer Polizeikontrolle nach einem Platz zum Zelten. Sie schickten mich zur Polizeistation ins Dorf. Von dem Hang hatte ich einen schönen Blick über das Tal und den Berg gegenüber. Ganz oben war eine Straße. Ich fragte, ob das die Hauptstraße sei? Nein, das sei meine, die ich morgen hoch müsste. Als ich vor 30 Jahren in Kenia war, war ich nicht mit dem Fahrrad unterwegs gewesen – ich hatte daher keine Ahnung, wie bergig das Land war. Nicht nur, dass es das Great Rift Valley rauf und runter ging. Nach 55 Kilometern war ich auf etwa 2.500 Höhenmeter und fix und fertig. Und wie so oft, nahm das Schicksal eine glückliche Wende. Ich stand vor den Toren der Mission der Franziskaner-Mönche. Ein kleines Paradies. Rund um die Agrar-Hochschule, die sie betrieben, sah man, was alles hier wachsen konnte. Schon der Duft am Tor von all den blühenden Pflanzen war betörend. Mit all dem Gemüse und Getreide, das sie anbauten, und mit den vielen Tieren, waren sie fast Selbstversorger. Hier wurde ich nicht nur sehr herzlich empfangen, bekam sogar ein Zimmer, Abendessen mit wunderbar

Giraffe am Naivashasee

interessanten Gespräche. Zum Frühstück gab es selbst gemachtes Brot, das beste seither in Afrika, und Käse dazu!

So wie es am vorherigen Tag hoch ging, ging es am nächsten Tag hinunter in das Rift Valley. Hier reihen sich einige Natronseen aneinander. Der erste, größte und bekannteste ist der Nakurusee. Die Stadt Nakuru war mir viel zu groß, ich bin nur schnell durchgefahren. Flamingos und Flusspferde gab es auch an den anderen Seen. Ein paar Kilometer weiter kam der Elmentaitasee. Über dem See zeltete ich an einem ruhigen Campingplatz und hatte einen wunderbaren Blick über das Gewässer und die Berge gegenüber. Außer Buschland war nichts drum herum. Ich war der einzige Gast.

Morgens färbten die Flamingos den See rosa. Für mich hieß es weiter zu ziehen. Dass es bald einen langen Steilhang hoch gehen musste, sah ich an den Lkw, die auf der einen Straßenseite die Bremsen auskühlen ließen und auf der anderen Seite sich für den langen Anstieg klar machten. Von oben hatte ich dafür einen schönen Blick über das Rift Valley. Sehr gespannt war ich auf den dritten See, den Naivashasee. An ihn und die Campingplätze hatte ich sehr gute Erinnerungen. Zu meiner Freude konnte ich vor dem See auf eine Nebenstraße abbiegen und praktisch um den See fahren. Der größte Teil war sogar geteert. Es gab so gut wie keinen Verkehr. Zuerst ging es durch eine schöne Schlucht, dann den Berg hoch. Die Hütten einer noblen Lodge waren in den Hang gebaut, mit exklusiven Blick über den See. Nach einem kleinen Dorf hörte der Teer für ein paar Kilometer auf. Es ging durch eine Art Märchenwald. Dichte, moosbewachsene Bäume, Schlingpflanzen überall. Hier konnten sich wilde Tiere gut verstecken. Eine Giraffe schaute hinter Büschen hervor und hieß mich willkommen. Auch Warzenschweine kamen manchmal hervor.

Die Südostseite des Sees hat sich in den letzten 30 Jahren stark verändert. Nicht nur, dass jetzt die Straße geteert war. Lodges und Campingplätze reihte sich aneinander. Früher gab es nur das „Fishermen's Camp“ und der Campingplatz des YMCA. Obwohl das „Fishermen's Camp“ jetzt viel größer war, erkannte ich es sofort. Es hatte immer noch die große Wiese mit den alten Bäumen direkt am See. Ich wollte jedoch zu dem kleinen, einfachen Campingplatz der YMCA. Wie hatte ich mich gefreut, als ich dort angekommen war, nicht nur weil ich so einen wunderbaren Fahrradtag hatte. An dem Campingplatz hatte sich kaum etwas geändert. Voller Aufregung erzählte ich dem Manager , wie es hier vor 30 Jahren war. Er war damals vielleicht gerade geboren worden. Als ich erwähnte, dass nachts Hippos aus dem See gekommen waren und um mein Zelt getrampelt waren, lachte er nur und meinte: „Das machen sie heute auch noch!“ Die Umgebung des Platzes hat sich allerdings sehr verändert. Jetzt standen überall Gewächshäuser. Darin wächst allerdings nichts zum Essen, Nahrung für Afrika, sondern Blumen, meist Rosen für Europa! Der Abendhimmel war mal wieder fantastisch. Im See sah ich Rücken oder Kopf der Hippos. In der Nacht blieben sie im See. Wie vor 30 Jahren leisteten mir blau-braune Vögel (Dreifarben-Glanzstare) beim Frühstück Gesellschaft.

Um Naivasha herum führte mich mein GPS wieder auf abenteuerlichen Pfaden. Zu hohe Stufen durchzogen den Weg, da bekam ich mein Fahrrad nicht hoch. Ich suchte mir lieber einen Weg außen herum. Ich brauche wohl nicht zu erwähnen, dass hier kein Verkehr war. Von oben sah ich auf die Old Nairobi Road. Ich hatte angenommen, hier wäre nicht so viel Verkehr. Weit gefehlt. Es reihten sich Lkw an Lkw. Dafür war sie neu geteert mit einem breiten Seitenstreifen. Kühe und Zebras grasten in aller Eintracht neben der Straße. In Mai Mahiu parkten viele Lkw. Danach ging es einen langen Steilhang hoch. Katastrophe! Obwohl es nach meiner Karte nicht die Hauptstraße nach Nairobi war, standen die Fahrzeuge Stoßstange an Stoßstange. Dazu die Baustelle, mein Seitenstreifen wurde aufgebaggert. Es war einfach viel zu eng, zu steil, zu kurvig. Oben standen auf der anderen Straßenseite Hütten mit Souvenirs und Schildern, auf denen stand, das sei der beste Blick in das Rift Valley. Ich wollte nur noch weg. Hier anzuhalten wäre eh nicht möglich gewesen, geschweige denn, auf die andere Straßenseite zu gelangen, um zu fotografieren. Als ich die Möglichkeit hatte, auf einen Motorway zu fahren, tat ich das. Man wird mich schon aufhalten, wenn ich dies nicht darf, dachte ich. Aber keinen störte es. Ich war zwar auf einer Autobahn, hatte aber einen Seitenstreifen für mich! Und es war vergleichsweise viel weniger Verkehr. Ich fühlte mich wesentlich sicherer als auf der kleineren Straße zuvor. So kam ich schnell um das Zentrum von Nairobi herum und nach Karen, in die „Jungle Junction“. Karen ist benannt nach Karen Blixen, die „Out of Africa“ geschrieben hat. Und so war es hier auch, wie jenseits von Afrika. Alles schön ruhig und sauber. „Jungle Junction” ein Treffpunkt für „Overlander“. Die meisten kamen mit ihren großen 4WD-Wohnmobilen oder Jeeps, drei mit Motorrädern. Ich war die einzige Radfahrerin. Ein guter Umschlagplatz für Informationen rund um Afrika.

Fast jeden Tag fuhr ich mit dem Fahrrad zu irgendwelchen Botschaften in die Innenstadt. Im Vergleich zu Kampala war das paradiesisch. Erstaunlich schnell bekam ich mein äthiopisches Visum. Leider brachte ich für das sudanesische Visum nicht mehr die Geduld auf. Das könne ich mir auch noch in Addis Abeba besorgen, dachte ich.

Als Maria und Tico, die ich in Malawi getroffen hatte, auch in Nairobi angekommen waren, gingen wir in das „Karen Blixen Museum“. Sehr schön, wie im Film. Nur Robert Redford fehlte.

Nach fast einer Woche „out of Africa” zog es mich wieder in das wahre Afrika.

Durch den Norden Kenias

Schweren Herzens verließ ich die „Jungle Junction“ in Karen. Es war so schön erholsam.

Um dem ganzen Chaos durch die Stadt zu entgehen, blieb ich weitgehend auf dem Motorway. Keiner hatte etwas dagegen und mir ersparte es das ganze Kuddelmuddel in den Vororten. Zwischen den Minibussen und Mopeds hätte ich wirklich nicht durchfahren wollen. Von oben und von einer gewissen Distanz konnte ich das Treiben gelassen beobachten. Außerdem hatte ich den Seitenstreifen für mich, ich fühlte mich einfach sicherer.

Tankstellen waren auch hier gute Plätze zum Zelten oder auch nur um Pause zu machen. Einmal kam ein Händler mit Wassermelonen-Stücken vorbei, ich aß gleich drei. Bei der nächsten Tankstelle gab es Bananen. Hier brauchte ich wirklich nicht zu hungern.

Am 8. August hatten die Wahlen in Kenia stattgefunden, die aber annulliert wurden. Am 17. Oktober sollten sie wiederholt werden. Bis dahin wollte ich

Fahr raus aus Nairobi!

außer Landes sein. Auch hier sind Wahlen meist mit Krawallen verbunden. Mir reichte das Chaos, das Wahlveranstaltungen verursachten. Überall war laute Musik und Lautsprecher. Ganze Straßen waren blockiert, nichts ging mehr. Selbst ich mit meinem bepackten Fahrrad hatte Mühe durchzukommen. Diese Wahlveranstaltungen beschränkten sich glücklicherweise auf das Wochenende. Ansonsten hatte ich Ruhe.

Vor dem Mount Kenya verließ ich endgültig die Südhalbkugel. Es ging wieder ganz schön hoch, auf über 2.000 Höhenmeter. Ich hatte schon die Befürchtung, dass der gigantische Mount Kenya mir genau so verborgen blieb wie der Kilimandscharo. Auf der ganzen Fahrt zu dem Berg und drum herum blieb er hinter den Wolken. In der letzten Nacht zeltete ich am höchsten Punkt, auf 2.520 Höhenmeter, an einer riesigen Farm. Als ich am Morgen aufwachte, hatte ich den Mount Kenya in aller Pracht und Schönheit vor mir. Vor 30 Jahren war ich da hochgekraxelt, was ich mir heute nicht mehr vorstellen konnte. Hier oben gibt es riesige Getreidefelder, die zur Kisima Farm gehören. Die Einheimischen haben nur einen schmalen Streifen zwischen Zaun und Straße, das sie für sich beackern können. Danach kamen – wie am Naivashasee, unzählige Gewächshäuser, in denen Blumen für den europäischen Markt gezüchtet werden. Dafür wird ein Teil des Wassers, das vom Mount Kenya kam, in Staubecken gesammelt. Und auf der Straße fahren Konvois vom „World Food Project“ vorbei. Da kommen doch einige Fragen auf. Vor allem, wenn man bedenkt, dass die Leute weiter im Norden kein Wasser haben.

In schneller Fahrt ging es etwa 1.000 Höhenmeter hinunter nach Isiolo. Fantastisch, mit gigantischem Blick auf die Wüste, die ich nun vor mir hatte. In Isiolo konnte ich wieder einige Kleiderschichten ablegen. Hier war der Start der Wüste.

Noch vor ein paar Jahren galt die Strecke zur Grenze im Norden als eine der gefährlichsten überhaupt. Hunderte von Kilometern ging es durch wüstenähnliches Gebiet. Überfälle standen auf der Tagesordnung. Seit die gesamte Strecke geteert ist, kam es kaum mehr zu Überfällen. Das war schon mal positiv. Allerdings herrschte im Norden starke Trockenheit. Die Nomaden konnten sehr aggressiv werden, wenn man ihnen kein Wasser gab. Vorerst sah ich dem gelassen entgegen. In Isiolo sah ich die ersten Nomadenstämme, die Samburu in ihren bunten Gewändern und dem breiten, aus Perlen gemachten Halsschmuck.

In Sereolipi konnte ich wieder an der Polizeistation kampieren. Was für ein Unterschied zur letzten Nacht! Da war alles grün gewesen, bunte Blumen um mich herum und furchtbar kalt. Hier war nur Wüste, stockdunkel und noch sehr warm. Am Anfang der Wüste gab es noch einen Fluss mit etwas Wasser. Danach war es nur noch trocken. Unglaublich viele Kamele gab es in der Gegend. Sie mussten sehr weit ziehen, um noch an Wasser zu kommen. Das nächste Flussbett war ausgetrocknet. Unterirdisch war meist noch etwas Wasser. Trotzdem war es für mich schwer vorstellbar, wie man hier leben kann.

Kurz nach Merille hatte ich die erste Begegnung mit Steine werfenden Kindern. Ein Junge warf sogar seine Machete auf mich, die genau neben mir landete. Er hatte sicherlich nicht damit gerechnet, dass ich sie schnell aufhob und damit weiterfuhr. Danach flogen erst recht Steine. Ich war aber schnell, kein Stein traf mich. Nach ein paar Kilometern warf ich die Machete in den Graben. Was sollte ich auch damit? Es war sicherlich das letzte Mal, dass der Junge damit warf. Danach hatte ich wieder meine Ruhe und konnte die Landschaft genießen.

Ein anderer Junge, weit entfernt von Orten, in grünem Tuch und breitem, roten Halsschmuck, fragte nach Wasser. Er bekam eine meiner kleinen Flaschen, die ich extra auf meinen Vorderradtaschen deponiert hatte.

Nach Moyale in Äthiopien ging es über eine Ebene, wo immer wieder vor starkem Seitenwind gewarnt wurde. Zu Recht, schon von Weitem sah ich die dunklen Säulen fast senkrecht aus der Wüste aufsteigen. Furchtbar starker Wind blies den ganzen Sand auf. Die Straße war allerdings so kurvenreich, dass ich auch ab und zu Rückenwind hatte.

Im „Camp Henry" in Marsabit konnte ich wieder einen Ruhetag einlegen. Henry ist gebürtiger Schweizer, der seit Jahrzehnten hier lebt. Er ist mit einer Frau vom Gobra-Stamm verheiratet. Deswegen steht hier ein original

Gobra-Haus. Da der Stamm Nomaden waren, ist es praktisch wie eine Jurte, leicht auf- und abzubauen, mit schönen bunten Tüchern. Drinnen waren Wasserbehälter, kleine Krüge, die aus Gras geflochten wurden. Sie waren nicht nur dicht, sondern hielten das Wasser auch kühl. Marsabit liegt auf etwa 1.400 Höhenmetern. Die Höhe hatte den Vorteil, dass es in der Nacht abkühlte , sodass ich gut schlafen konnte. Dafür ging ständig ein starker Wind. Der hörte hier wahrscheinlich nie auf. Das „Camp Henry" hat sehr angenehme, windgeschützte Plätze, aus denen ich nicht mehr heraus wollte. Bleiben wollte ich aber auch nicht. Nach einem kleinen selbstverschuldeten Unfall in der Stadt habe ich am Abend noch meinen Fuß verstaucht. So was musste eigentlich nicht sein und vor allem nicht mitten in der Wüste. Was war nur los mit mir? Sträubte ich mich innerlich, nach Äthiopien zu fahren? Nach zwei Nächten und mit aufgestockten Vorräten, machte ich mich auf die letzten 245 Kilometer in Kenia. Meinem Fuß war zum Glück nichts weiter passiert.

Von Marsabit ging es wieder bergab. Es wurde wärmer und der Wind war weniger stark. Dafür kam er nun meist direkt von vorn. In Bursia, dem nächsten Örtchen, traf ich eine Gobra-Frau, die sehr gut Englisch sprach. Sie war nie zur Schule gegangen. Ihr Mann hatte es ihr beigebracht. Mit ihr und somit auch ein paar anderen Frauen konnte ich mich etwas unterhalten. Ich fand sie wunderschön. Sie hatten leuchtende Augen und strahlend weiße Zähne. Eingewickelt in ihren bunten Tüchern, gaben sie ein faszinierendes Bild ab.

Außer starkem Gegen- und Seitenwind kam lange nichts. Dann, nach 50 Kilometern, eine Antenne und ein paar Hütten. In einer der bunten Hütten befand sich das „Hotel Tico". „Hotel" hieß nicht unbedingt, dass man übernachten konnte. Meist war es nur ein Restaurant. Windgeschützt in der Hütte, bekam ich einen Tee, Chapati und noch etwas Kaltes zu trinken. Nach einer weiten Ebene sah ich die Stadt Turbi an einem Hügel. Oben war eine sehr große, neue Polizeistation. Als ob es das Natürlichste der Welt wäre, ließen die Polizisten mich hinter einem Haus windgeschützt zelten. Es gab sogar eine „Messe", das war wie eine Bar, in der die Polizisten sehr günstig was trinken konnten und fernsehen. Auch ich bekam am Abend ein kaltes Bier. In der Nacht war es wesentlich heißer als oben in Marsabit. Ich schwitzte die ganze Nacht.

Je näher ich Äthiopien kam, desto bergiger wurde es und dazu hatte ich überwiegend Gegenwind. Zu meinem Glück kam zehn Kilometer vor Moyales, der Grenzstadt, nochmals eine kleine Polizeistation, bevor es richtig den Berg hoch ging, wozu ich überhaupt keine keine Lust mehr hatte. Ich war ganz schön fertig, Nicht einmal zu dem nächsten Laden wollte ich fahren, wo ich noch was zu trinken bekommen hätte. Das übernahm dann ein Polizist. Vielen Dank.

Es lag so viel Müll herum, dass ich schon ahnte, das gibt wieder einen Platten, als ich am nächsten Tag weiter fuhr. Und tatsächlich, nach zwei Kilometern machte es laut Zissscccchhhhh. Mein erster Platten seit Langem. Es war schon zehn Uhr, als ich Moyales und die Grenze nach Äthiopien erreicht hatte.

Vor mir stand nun das Äthiopien, von dem noch kein Radfahrer Positives berichtet hatte. Mir war auch nicht ganz wohl, bei dem Gedanken, mich den Steine werfenden Kindern auszusetzen.

Äthiopien: Das Land mit zwei Gesichtern

Nun stand mir das Land bevor, von dem ich von Radfahrern nichts Gutes gehört hatte. Außer über Steine werfende Kinder hatten sie kaum etwas zu berichten. Nach meinen Erfahrungen in Ruanda hatte ich darauf überhaupt keine Lust. Leider führte an Äthiopien kein Weg vorbei.

Es war Sonntag um die Mittagszeit, als ich die Grenze überquerte. Erstaunlich wie unterschiedlich auf einmal die Gesichter waren. Sie sahen eher Arabisch als Afrikanisch aus. Ältere Männer hatten weiße Haare und rotorange gefärbte Bärte. Die Frauen waren sehr hübsch und hatten lange Haare. Sie waren alle wesentlich kleiner als die hochgewachsenen Nomaden im Norden Kenias. Auch die Schrift war anders.

Nachdem ich endlich die Immigration in einer Seitenstraße fand, war Stromausfall. Ohne Strom konnten sie meinen Reisepass nicht mit dem Computer einlesen. Also musste ich warten, Tagebuch schreiben. Nach mehr

Rundhäuser im Süden Äthiopiens

als einer Stunde hatten die Beamten genug. Sie gaben mir den Einreisestempel, ohne den Reisepass eingelesen zu haben. Mittlerweile war es zu spät, um weiter zu fahren. Der nächste Ort mit Unterkunft war hundert Kilometer entfernt. Da ich von Äthiopien fast nur schlimmes gehört hatte, wollte ich nicht unterwegs wild zelten.

Das Polizei- und Militäraufgebot in der Grenzstadt Moyales war enorm. Leider fand ich nicht heraus, warum. Ob das immer so ist? Ein Soldat warf Steine auf einen Mopedfahrer. Vielleicht ist ja das Steinewerfen eine Art der Kommunikation? Der Ranghöhere bewirft Steine auf den nächsten: Soldat auf Männer, Männer auf Kinder, Kinder auf Tiere – oder Radfahrer.

Ich fand ein Hotel in der Stadt, in dem es Wi-Fi geben sollte. Das gab es auch, funktionierte aber nicht. Das sollte noch häufiger der Fall sein. An einen Geldautomaten konnte ich äthiopische Birr rauslassen. Gut ausgeruht ging ich den ersten Tag in Äthiopien an. Außerhalb der Stadt war eine Zollkontrolle. Der Mann wollte doch tatsächlich Zollpapiere für mein Fahrrad. Ich sagte, die habe und brauche ich nicht! Es sei ein Fahrrad und kein Motorrad! Ach so – er ließ mich weiter ziehen.

Die Überraschung war groß. Es war ein wunderbarer Tag. Ruhig und friedlich ging es durch das wenig bevölkerte, hügelige Buschland. Gegen Ende des Tages kamen sowohl Berge als auch Wolken. Der Regen setzte leider schon viel zur früh ein. Nach Mega musste ich noch 300 Höhenmeter überwinden und das im stärkstem Regen. Es goss wie aus Kübeln. Das Wasser kam mir nur so entgegen geschossen. Ruckzuck war ich patschnass. Es gab keinen Platz, wo ich mich hätte unterstellen können. Auch am Anfang des Ortes nicht, alles war eingezäunt und zur Straße hin waren keine Vordächer. Dann endlich, ein offenes Tor! Dahinter befand sich eine Pension. Sofort wurde mir ein Zimmer aufgeschlossen und ich mitsamt dem Fahrrad hinein (die Zimmertür ging, wie so oft, nach außen). Innerhalb weniger Minuten stand ich unter der heißen Dusche. Welch eine Wohltat! Auch hier sollte es Wi-Fi geben, funktionierte aber auch nicht. Diesen Satz werde ich noch häufiger wiederholen ...

Am nächsten Tag ging es zuerst weiter den Berg hoch. Danach kam eine fantastische Abfahrt auf einer leeren, guten Straße mit großartigem Blick. Durch den Niederschlag war es viel grüner und fruchtbarer als im Norden Kenias. Auch am zweiten Tag blieb ich von den Steinen der Kinder verschont. Was mir nicht so gefiel, waren die vielen Männer, die auf ihren Mopeds neben mir her fuhren oder mit Speeren hinter mir her rannten. Auch hier reichte es, wenn ich einem entgegenkommenden Auto zuwinkte und auf sie zeigte. Ruckzuck waren sie verschwunden. Ebenso, sobald ich meinen Fotoapparat auspackte. In den Ortschaften standen ständig mindestens zwanzig Männer um mich herum. Äthiopien ist nicht mehr "Mzungu"-Land, es wird kein Swahili gesprochen. Die Kinder kamen mit „You you you"-Geschrei auf mich zu gestürmt. Erst am dritten Tag um die Mittagszeit hatte ich die erste unangenehme Begegnung mit Steine werfenden Kindern. Gerade da, wo es richtig steil bergauf ging. Es war für sie ein Leichtes, mir Steine werfend und rufend hinterher zu rennen. Einer der kleinen Jungs machte ein Zeichen, als ob er mir die Kehle aufschlitzen wollte. Dabei war er vielleicht gerade mal zwölf Jahre. Was für eine Generation wuchs hier heran? Wieder hielt ich einige Autos an, auch Polizeiautos. Nicht primär, um mir zu helfen, vielmehr um sie über den Zustand im Lande aufmerksam zu machen. Das erste Auto war von USAid. Gerade sie sollten wissen, was in Äthiopien los ist. In ihren großen, weißen Jeeps bekommen sie davon nichts mit.

Vor Hagere Maryam wurde die Bevölkerungsdichte und somit der Verkehr größer. Der Verkehr bestand hauptsächlich aus jungen Männern, die nichts Besseres zu tun hatten, als neben mir her zu fahren: „You, you, you, where are you go?“ Es gibt Fragen, die beantworte ich nicht mehr. Wenn man sie über einen längeren Zeitraum hundert mal am Tag gefragt wird, hat man genug. Meist waren sie eh nicht an einer Antwort interessiert und hätten sie wahrscheinlich auch nicht verstanden, sondern es war die einzige Frage, die sie auf Englisch kannten. Ganz schlimm war es, wenn sie auch noch Musik dabei hatten.

Vor der Stadt fing es wieder an zu regnen. Die Straßen waren nicht mehr geteert, sondern nur sandig. Sie war wesentlich größer als vermutet. Zum Glück fand ich schnell ein günstiges Hotel. Nach all dem Regen litt die Bevölkerung wenigstens nicht mehr an Wassermangel. Für einige gab es aber trotzdem kein sauberes Wasser. Als ich am Morgen die Stadt wieder verließ, schöpfte ein Vater mit seinen zwei kleinen Söhne Wasser aus einer Pfütze. Ich fragte mich, was konnte man mit dem dreckigen Wasser anfangen? Ich mochte mir gar nicht vorstellen, wie groß die Not sein musste, dass man darauf zurückgriff.

Gerade als ich dachte, wie froh ich sein konnte, dass die Straßen gut geteert waren, und somit in der Ebene schnell genug war, um Ruhe vor den Kindern zu haben, hörte der Teer auf. Wenn ich dachte, es könnte nicht schlimmer kommen, kam es schlimmer. Es war ein einziger Matsch mit großen Steinen. Bäche flossen quer über das, was einmal eine Straße war. Ein Lkw hielt an und wollte mich mitnehmen. Es sei viel zu gefährlich, hier Fahrrad zu fahren.Zuvor ging es ständig den Berg hoch. Inzwischen war ich auf 2.550 Höhenmeter, und ich wusste, dass der nächste Ort 1500 Metern Höhe lag. Die Abfahrt wollte ich mir nicht nehmen lassen. Ich fragte, wie weit es denn noch so schlimm sei? Die Antwort gefiel mir gar nicht: Bis Dilla, das waren noch 50 Kilometer! Am Abend gönnte ich mir in einem Ort ein besseres Hotel mit heißer Dusche. Da konnte ich einige Strapazen abwaschen.

Es war nur noch ein halber Tag bis Dilla. Die Strecke hätte so schön sein können, aber der steinige Weg hielt an. Dilla war meine erste größere Stadt in Äthiopien. Hier wurden mir das erste Mal seit Langem die unterschiedlichen Aufgaben von Mann und Frau vorgeführt. Frauen schleppten die vollen Taschen vom Markt nach Hause, wie auch das Feuerholz. Ansonsten waren sie nicht zu sehen. Die Männer bevölkerten die Bars und Cafés.

In Äthiopen gab es gerade mal einen Internet- und Mobile-Anbieter: Ethio Telecom. Natürlich staatlich. Wenn es keine Konkurrenz gibt, braucht man auch keine Werbung zu machen. Es ist auch egal, ob es funktioniert oder nicht, die Leute haben ja keine andere Wahl. In Dilla bekam ich endlich eine SIM-Karte, die ich natürlich auch mit meinem Reisepass registrieren lassen musste. Sie meinten, es dauere 24 Stunden, bis die Registrierung durch sei. Bis dahin würde ich aber schon weiter gefahren sein und hätte bei ihnen nicht reklamieren können, wenn es nicht funktionierte. Mein Hotel hatte Internet. Das funktionierte sogar, wenigstens sporadisch. Um meine E-Mails abzurufen und manche zu verschicken, reichte es gerade.

Nachmittags probierte ich das äthiopische Essen. Obwohl ich sehr hungrig war, konnte ich es nicht essen. Es war viel zu scharf. Das säuerliche äthiopische Fladenbrot, Injera, wollte mein Magen auch nicht akzeptieren.

Ständig von Kindern und jungen Männern umgeben

Der nächste Tag fing nicht gut an und wurde dann noch schlimmer. Zuerst ging es nur Berg hoch, landschaftlich war es wie üblich sehr schön. Nur war ich wieder in Begleitung von Kindern und Mopedfahrern. Ich versuchte sie komplett zu ignorieren, schaute sie nicht einmal an. Wie mit Scheuklappen fuhr ich an ihnen vorbei. Jegliche Reaktion meinerseits war nur eine Motivation für sie, weiterzumachen.

Eigentlich sollte die Straße nach Dilla wieder besser werden. Wurde sie auch, war aber noch weit davon entfernt, gut zu sein. Am Anfang war sogar noch Teer, dann überwiegend Schotterpiste, nur noch ab und zu Matsch. Die Kinder boten mir heute ihr volles Programm. „You, you, you" war noch das harmloseste. Über das „Fuck you, fuck you", das ab und zu in „Fuck me" umgewandelt wurde, konnte ich nur lachen. Diese kleinen Kerle, wer weiß, wo sie das aufgeschnappt hatten. Steinewerfen war schon heftiger. Einer traf mich sogar am Unterschenkel. Spucken stand heute auch auf der Liste. Mir war alles egal, ich wollte nur noch durch und nach Hawassa. Wegen den schlechten Straßen hat es länger gedauert als gedacht. Ich war fix und fertig.

Vor der Stadt war eine Wasserverteilstelle. Mindestens 30 Leute standen an. Und wieder einmal fragte ich mich, was würde Afrika ohne die gelben Kanister machen. Hier waren es sicher hundert Stück.

In Hawassa gönnte ich mir ein etwas besseres Hotel. Aber auch hier funktionierte das Internet nicht. Die Registrierung meiner SIM-Karte hatte auch nicht geklappt, ich kam nicht ins Internet. Es war mir egal, ich war so müde und wollte nur noch schlafen. Auf der Straße bekam ich mit Linsen gefüllte Samosas, das ersparte mir das Kochen. An der Bar wollte ich mir ein Bier holen. Da traf ich das erste Mal Weiße, zwei Geologen aus Prag, die hier den Boden für den Straßenbau untersuchten. Auch ein äthiopischer Geologe war dabei. Endlich jemand, dem ich all meine Fragen stellen konnte. Mit seiner langjährigen Ausbildung verdiente er im Staatsdienst gerade mal 2.000 Birr, das sind ungefähr 61 Euro im Monat. Davon konnte man keine Familie ernähren. Die Infrastruktur für eine gute Krankenversorgung und Schulsystem sei da, nur funktioniere überhaupt nichts. Wenn man das Gehalt von staatlich Angestellten anschaut, wunderte mich das nicht. Es war dann doch etwas später, bis ich ins Bett kam.

Seit ein paar Tagen hatte ich einen Stock bei mir, als Abschreckung für die Kinder. Am Morgen vergaß ich ihn im Hotelzimmer. Das war nicht weiter schlimm, ich wollte eh nach etwas Besserem schauen. Gegenüber dem, was die Hirtenjungen hier hatten, war mein kurzes Stöckchen lächerlich. Aber wo sollte ich so einen Stock herbekommen? Kein Problem! Kurz darauf warf ein Hirtenjunge seinen Stock auf mich, der direkt neben mir landete. Schnell hielt ich an und hob ihn auf, bedankte mich und fuhr davon. Das bewirkte zwar ein paar Steine in meine Richtung, aber keiner traf mich. Ich freute mich riesig über meinen fantastischen Stock.

Seit Hawassa war ich wieder im Rift-Valley. Eben ging es an verschiedenen Seen vorbei.

Es war Sonntag. In Shashemene liefen alle mit ihren weißen Umhänge der äthiopisch orthodoxen Kirche herum. Von dem Rastafari-Dorf hier wusste ich zu dem Zeitpunkt noch nichts. Ich sah auch nichts. Es zog anscheinend weit weniger Rastafaris an, als ursprünglich erwartet.

Vor Ziway kamen wieder Gewächshäuser. Von der Straße konnte ich nicht sehen, was darin wuchs. Darum fuhr ich näher heran. Sofort war ich umzingelt mit teilweise schwer bewaffneten Wachmännern. Ich wollte doch nur wissen, was in den Gewächshäusern wüchse! Sie taten so, als ob sie kein Englisch verstehen würden. Dann fragte mich aber einer in gutem Englisch, was ich in meinen Taschen hätte. Wenn ich nicht wissen darf, was in den Gewächshäusern wächst, braucht er auch nicht zu wissen, was in meinen Taschen ist. Ich fuhr weiter.

Nach ein paar Kilometern sah ich Anzeigen von Blumen und Rosen. Später erfuhr ich, dass das Gelände für die Gewächshäuser den Einheimischen weggenommen wurde, um sie den europäischen Blumenzüchtern zur Verfügung zu stellen. Deswegen waren sie vor nicht allzu langer Zeit Ziele von Anschlägen. Darum wurden sie nun so stark bewacht. Das muss man sich mal vorstellen: Die Blumen werden morgens geschnitten, abends kommen sie ins Flugzeug, damit sie am nächsten Tag bei uns im Supermarkt sind. Von einem Land, das von so vielen Hilfsorganisationen unterstützt wird, unter anderem vom „World Food Project", weil sie nicht genug zu essen haben.

Von den meisten Seen in der Gegend sah ich kaum etwas. In Ziway hatte ich etwas Zeit mich genauer umzuschauen. Von der vielfältigen Vogelwelt hatte ich schon einige Exemplare gesichtet. Hier gab es Pelikane, weiße Reiher und Marabus. An dem See selbst dachte ich, dass ich nicht viel verpasst hatte, dass ich die anderen nicht gesehen hatte. Das Wasser animierte mich nicht zum Schwimmen. Ein junger Mann, der hier für Touristen Bootstouren machte, verdiente 2.000 Birr, genau so viel wie der Geologe und Lehrer.

Am See stand eine der bunten und reich geschmückten äthiopisch-orthodoxen Kirchen. Im Dorf war eine Moschee. Auf dem Markt gab es hauptsächlich Kartoffeln, Zwiebeln und Tomaten. Als Obst nur Bananen. Alles war auf dem Boden verteilt. Drum herum lag Abfall, dazwischen liefen Kühe. Es war nicht so ganz appetitlich. Auch außerhalb von Ziway gab es Gewächshäuser. Hier musste ich nicht lange erforschen, was darin wuchs. Die Gewächshäuser gehörten zur „Syngenta Flower Cutting Plant".

Über Mojo ging es nach Addis Abeba. Seit Marsabit in Kenia hatte ich keinen Ruhetag mehr. Das bekam ich sehr zu spüren. Dafür hatte ich in Addis umso mehr „Ruhetage". Ich musste mir die Visa für die letzten afrikanischen Länder, Sudan und Ägypten, besorgen. Nie hätte ich gedacht, dass das die schwierigsten Visa werden und am längsten dauern würden. Ich wusste, dass man für das Sudan-Visum zuerst ein Ägypten-Visum im Pass haben musste. Was ich nicht wusste war, dass in der ägyptischen Botschaft seit Kurzem ein neuer Konsul war, der alle Regeln erneuerte und ich offiziell hier nur ein ägyptisches Visum bekäme, wenn ich einen Wohnsitz in Äthiopien hätte. Ich versuchte den Konsul zu erreichen. Der war aber noch mehr mit seinem Umzug beschäftigt, als mit seiner neuen Aufgabe.

Je länger ich in Addis war, desto mehr gefiel es mir. Dass mein Kocher nicht funktionierte, war weniger schlimm. In meinem Zimmer hätte ich ihn eh nicht benutzen können. An jeder Ecke in der Stadt saß eine Frau und machte diesen leckeren äthiopischen Kaffee. Am Nachmittag kamen die Pommesverkäufer hervor. Ich brauchte wirklich nicht zu kochen. Auch das Fahrradfahren ging erstaunlich gut, obwohl die Gesamtlänge der Fahrradwege vielleicht gerade mal 100 Meter lang war.

Da Sonntag war und ich ein richtiges Wochenende hatte, da die Botschaften geschlossen waren, wollte ich die Bob-Marley-Statue sehen. Also packte ich mein Fahrrad und fuhr in die Gegend, wo sie stehen sollte. Das einzige, was ich vorfand, war eine große Ampelanlage. Ich hätte eigentlich einen Kreisverkehr und in der Mitte Bob Marley erwartet. In einem Hotel neben der Kreuzung fragte ich nach und bekam als Antwort zuerst einmal ein Lachen. „Ja, da war die Statue. Es kamen aber jeden Tag so viele Leute und haben den ganzen Verkehr blockiert, dass Bob Marley wieder abtransportiert wurde." Die nette Dame wusste nicht, wo er jetzt stand. Also kein Denkmal, dafür eine schöne Fahrt durch die Stadt. Auf dem Rückweg schaute ich mir die Dreieinigkeitskathedrale an. Sie ist mit Sicherheit eine der größten und wichtigsten Kirchen Äthiopiens, aber bei Weitem nicht so bunt wie die meisten orthodoxen Kirchen. Nur die Fenster mit den Glasmalereien sind farbenprächtig. Im hinteren Ende der Kathedrale ist die Gruft des Kaisers Heile Selassi. Um die Kirche ist ein großer Friedhof, wo die bedeutendsten Herrschaften bestatten wurden, unter anderem die Sufragette Sylvia Pankhurst, eine Unterstützerin Heile Selassie.

Inzwischen waren meine französischen Freunde, „Les Doudz", eine Familie mit zwei kleinen Söhnen, angekommen. Wir hatten uns das erste Mal in Nairobi getroffen. Gemeinsam teilten wir nun Freud und Leid der Visa-Beschaffung. Am Montag verbrachten wir den ganzen Morgen in der ägyptischen Botschaft. Kurz bevor sie schloss, um 11:30 Uhr wurde uns gesagt, wir könnten jetzt den Konsul sprechen. Ich konnte es kaum glauben. Sofort versprach er, uns ein zweimonatiges Visum auszustellen. Freude! Leider hatten unsere Passfotos nicht die richtige Größe, wir mussten am nächsten Tag wieder kommen. Nachdem wir am Dienstag den Antrag mit Passfotos in der richtigen Größe abgegeben hatten, hatten wir Urlaub! Drei Tage, an denen wir nicht auf die Botschaft mussten. Endlich war Zeit für andere Exkursionen. Ein Besuch von Lucy stand an, dem einstmals ältestem Skelett, 3,2 Millionen Jahre alt. Die Person muss sehr klein gewesen sein. Die restlichen Knochen lagen vor uns in einer Vitrine, der Kopf fehlte.

Zweimal bin ich in Addis Abeba umgezogen. Meine letzte Bleibe war die Allerbeste: hoch über der Stadt auf dem Dach des „Taitu Hotel", wo ich mein Zelt aufstellen konnte. Es war gleich um die Ecke meiner anderen Herberge, wo die Doudz noch waren und blieben, darum konnten wir unsere abendliches Biertreffen beibehalten. Außerdem fanden wir herrliche Obst- und Gemüsestände, wo wir riesige Salatteller, Smoothies und Obstsäfte bekamen. Selten hatte ich mich auf Reisen so gesund ernährt.

Am Freitag Nachmittag bekamen wir unser ägyptisches Visum. So schnell ich konnte düste ich die Kilometer hinunter zu der Botschaft vom Sudan. Die Familie im Tuk-Tuk war viel langsamer. Leider war ich trotzdem zu spät. Wir sollten am Montag um acht Uhr wieder kommen. Jetzt, wo ich den genialen Zeltplatz hatte, die nette Unterhaltung und das gute Essen, machte es mir kaum etwas aus. Das Wochenende verging dementsprechend schnell. Im „Taitu“ waren immer wieder Reisende oder auch Leute, die im Land arbeiteten. Mittags traf ich mich mit der Familie zum Salatessen, abends ab und zu Pizza und Bier. Am Montag gaben wir den Antrag für das Sudan-Visum ab, am Dienstag bekamen wir es. Dann war zuerst mal Feiern angesagt. Am Mittwoch, nach fast zwei Wochen, konnte ich Addis Abeba wieder verlassen. Und wieder hieß es Abschied nehmen. Aber es war klar, wir werden uns wieder treffen.

Der Norden Äthiopiens

In den zwei Wochen in Addis Abeba konnte ich mich wunderbar erholen – trotz der Visa-Organisatons-Aktivitäten. Ich war für die nächsten tausend Kilometer bereit.

Niemand hatte mich vor dem langen und steilen Anstieg, der nach Addis Abeba kam, gewarnt. Eigentlich dachte ich, in Addis wäre ich schon bei 1.500 Höhenmetern auf dem „Ethiopian Highland“, aber weit gefehlt. Auf den ersten zehn Kilometern ging es gerade nochmals 1.500 Höhenmeter hoch. Zum Glück war der Verkehr in meine Richtung nicht ganz so stark. Leider blieb mir der schöne Blick auf die Stadt verwehrt. Sie lag tief unter mir im Dunst oder hinter Bäumen. Danach war es besser. Man könnte es direkt als eben bezeichnen. Auch die Familie Doudz hatte es mit ihrem Truck geschafft und es gab das zweite Frühstück am Straßenrand. Sie boten mir wieder an, mich ein Stück mitzunehmen. Ich lehnte wieder dankend ab.

Als Dank dafür kamen jetzt wieder steile Anstiege. Am Abend war ich fix und fertig und schlief schon um 20 Uhr.

Die Kinder ließen mich weitgehend in Ruhe. Nur zwei- bis dreimal pro Tag warfen sie mit Steinen. Ich stoppte Autos und zog die Erwachsenen in die Verantwortung. Das klappte prima. Dazwischen hatte ich genug Zeit die Landschaft zu genießen. Die Felder standen in voller Blüte, mal knallgelb, mal weinrot. Dazwischen das grüne Gras und die roten Felsen, wunderbar.

Eigentlich dachte ich, Lesotho wäre das höchste Land in Afrika. In Äthiopien ging es aber noch viel weiter hoch. In Lesotho war mein höchster Punkt knapp über 3.000 Höhenmetern, und es war wirklich ein Punkt. Danach ging es schnell wieder runter. Hier war es eine Hochebene. Über Kilometer hinweg fuhr ich auf weit über 3.000 Höhenmetern. Ab und zu wurde sie durch Schluchten unterbrochen, damit es auf der anderen Seite wieder steil nach oben gehen konnte.

Ich hatte Probleme, an Benzin für meinen Kocher zu kommen. Die Tankstellen hatten keines mehr. Am Straßenrand standen immer wieder ausgebrannte Autos von den Unruhen, die hier vor Kurzem noch stattgefunden hatten. Ob das Benzin deswegen hier so sanktioniert wurde? Von den Leuten bekam ich keine konkrete Antwort. Sie vertuschten einiges.

Das Hochland

Dann stand ich vor dem Abgrund der Schlucht des Blauen Nils! Unglaublich, was für einen Spalt der Fluss in das Hochland gegraben hatte. Auf 21 Kilometern ging es 1.400 Höhenmeter hinunter. Es ging knapp an der Felswand vorbei, überall wurde vor Steinschlag gewarnt. Eigentlich hätte man schön hinunter düsen können. Die geteerte Straße war leider in einem verheerenden Zustand. Der Belag war in jede Richtung gewellt. Manchmal gab es richtige Stufen in Fahrtrichtung, sodass ich nicht ausweichen konnte, sehr gefährlich. Je tiefer, desto wärmer. Unten saßen Affen auf den Felsen und sonnten sich.

Die neue Brücke über den Blauen Nil wurde auf beiden Seiten streng vom Militär bewacht. Es war auf einmal sehr heiß. Dann ging es wieder die nächsten 21 Kilometer 1.400 Höhenmeter hoch. Der Belag war auf dieser Seite auch nicht besser. Auf halber Strecken kamen ein paar Häuser, wo ich im Schatten ausruhen konnte und zu essen und trinken bekam. Es war steil, sehr steil. Alte Frauen trugen in Körben auf dem Rücken Feuerholz und Kuhfladen nach oben. Unter einem Baum im Schatten wollte ich Pause machen. Da merkte ich, da stand ja schon einer, ein Polizist, kaum zu sehen. Wenn man genauer hinschaute merkte man, dass etwas in dem Land nicht stimmte. Kurz vor Sonnenuntergang war ich glücklich, aber erledigt, in Dejen angekommen. Als Belohnung gab es ein Zimmer mit heißer Dusche.

In Debre Markos bekam ich das erste Mal seit Addis Abeba Benzin und meinen geliebten Obstsaft. Zum Glück machte ich eine längere Pause. Es sah nach Regen aus, dort blieb es trocken. In dem Gebiet, in dem ich danach durchfuhr, hatte es geregnet. Sehr viele Hirten mit ein paar Schafen, Kühen und Esel kamen mir entgegen. Woher – wohin? Keiner schrie „You, you, you“, jeder grüßte freundlich. Bekleitet waren sie mit sehr kurzen schwarzen Hosen, die mit bunter Borde verziert waren. Oben ein T-Shirt. Die Frauen hatten Fransenröcke an, an denen Muscheln angebracht waren, die beim Gehen klackten.

Mit dem Wetter hatte ich weiterhin Glück. Wenn es regnete, dann war es nachts. Am Morgen war es sehr frisch. Die Leute liefen in ihren weißen Baumwolldecken, Schamma, eingewickelt herum. Leider sprach kaum jemand eine europäische Sprache. Die Landessprache ist Amharisch. Auch sonst ist hier vieles anders, nicht nur die Kinder, und das Essen ist extrem scharf. Sehr oft sah ich die knallrote Peperoni auf den Feldern. Wie die Sprache ist auch die Schrift Amharisch. Religion ist äthiopisch-orthodox. All das merkte ich sehr schnell.

Es dauerte, etwas bis ich merkte, dass auch die Uhrzeit anders war. Wie auf Swahili war sechs Uhr die Stunde „null". Also sieben Uhr war ein Uhr. In der Nähe des Äquators macht es Sinn. Die Sonne geht immer ungefähr um sechs Uhr auf und um 18 Uhr unter. In den Swahili-Ländern sagten sie trotzdem die Uhrzeit, wie ich es gewohnt war. Hier verwirrten sie mich ab und zu. Sehr spät merkte ich noch einen anderen Unterschied. Als ich ein Bier kaufte, stand darauf „Happy New Year 2012". Es war Oktober 2017! Schmeckte das noch? Wie kann man so etwas mit gutem Gewissen verkaufen? Dann erfuhr ich, dass sie auch ihren eigenen Kalender haben. Neujahr ist im September und sie sind dem gregorianischen Kalender 5,5 Jahre hinterher. Das Bier schmeckte deswegen im Oktober 2017 noch sehr gut.

Kein Tag war wie jeder andere. Nach einem prima Tag folgte ein nicht so guter Tag. Die Kinder nervten wieder und mein GPS ging kaputt. In solchen Fällen suchte ich mir sehr früh ein Hotel. Dann wieder ein prima Tag, es ging fast nur bergab. Es gab keine Chance für die Kinder, mich zu belästigen, ich war viel zu schnell. Am Abend traf ich einen jungen Mann, der erstaunlich gut Englisch sprach. Bei einem Bier klagte er mir sein Leid. Er arbeitet mit englischen NGOs, ist aber vom Staat angestellt. Er meinte, die Projekte mit NGOs funktionieren nur, wenn jemand von der Organisation hier ist. Sobald sie weg sind, läuft nichts mehr: Geräte verschwinden und Berichte werden gefälscht, nur damit weiterhin Geld fließt und bald wieder jemand kommt und die Arbeit macht. Es wäre besser, wenn niemand mehr kommen würde, damit sie endlich selbstständig werden würden. Es ist immer wieder interessant, die verschiedenen Meinungen zu hören.

Eine der größeren Städte im Norden ist Bahir Dar. Um die Mittagszeit war ich dort und entdeckte eine Salatbar, wie ich sie aus Addis Abeba kannte. Sofort bestellte ich mir einen Salat und einen Saft. Die Bedienung schaute komisch, dass ich beides wollte. Als es kam, verstand ich, warum. Es war ein riesengroßer Salat mit dem üblichen Grünen, Tomaten und Paprika sowie

Die alten Bauten in Gondar

Avocados, Bananen, Papayas, die auch im Saft waren. Trotzdem hatte ich alles verputzt, war sehr lecker. Hier wollte ich eigentlich wieder einen Ruhetag einlegen. Aber die Stadt hatte viel zu viel Verkehr, die Unterkünfte waren zu überteuert. Ich lief nur kurz am See entlang, ging einkaufen und fuhr am nächsten Tag wieder weiter.

Die Landschaft übertraf sich wieder. Es wurde wieder sehr bergig mit fantastischen Felsformationen. Jeder der wegen der Kinder nicht nach Äthiopien möchte, verpasst einiges. Auch wenn sie mir heute wieder bergab fast ins Fahrrad gerannt waren.

Ohne Zweifel, einer der bedeutendsten Städte des Landes ist Gondar. Es war die erste Hauptstadt von Äthiopien, beziehungsweise Abessiniens. Es gibt noch viele alte Bauten, zum Beispiel den Fasiledes-Palast, der wie eine Festung mitten in der Stadt steht. Heute ist Gondar eine große Stadt mit einer renomierten Universität und viel Verkehr mit den vielen Autorikschas (Tuk-Tuks). Für Touristen ist es Ausgangspunkt für Trekking-Touren in die Simien-Berge.
Mein GPS funktionierte nicht mehr. Ich hatte große Schwierigkeiten, mich in dem Chaos zurechtzufinden. Dass es immer weiter bergauf ging, erleichterte die Sache auch nicht. Ich hatte den Eindruck, das Yohannes Gästehaus, wo

ich zelten konnte, am obersten Rand der Stadt war. Es hat sich aber wieder einmal gelohnt. Es war ruhig und ich konnte gut zu Fuß zu all den Sehenswürdigkeiten gelangen.

Von Gondar bis zur Grenze zum Sudan waren es noch 200 Kilometer. Ich weiß nicht warum, aber ich hatte angenommen, dass es nur bergab gehen würde. Damit lag ich mal wieder komplett falsch. Es ging noch über 80 Kilometer bergauf und bergab. Die Kinder und junge Männer machten mal wieder die Fahrt nicht gerade angenehmer. Es kamen kaum Dörfer, Plätze, wo ich mich ausruhen hätte können. Dann endlich konnte ich von der äthiopischen Hochebene hinunter düsen. Das war einfach herrlich. Es war fast wie bei der Schlucht des Blauen Nils, nur war hier die Straße wesentlich besser. Mit jedem Höhenmeter tiefer wurde es wärmer. In der Grenzstadt Metama war es dann sehr heiß. So würde es jetzt weiterhin im Sudan sein.

Gleich am Rand von Metemma wurde ich von einem Mann abgefangen, der Geld tauschen wollte. Im Sudan bekam man kein Geld. Geldautomaten gab es nur für Einheimische. In Addis Abeba bekam ich zum Glück von einem Bekannten genügend US-Dollar. Hier tauschte ich meine übrigen Birr (äthiopische Währung) und bekam doppelt so viel, wie der offizielle Kurs war.

Da ich nur ein 15-Tages-Visum für den Sudan bekommen hatte, war ich früh morgens an der Grenze. Es war das erste Mal, dass die Grenze noch geschlossen war. Der Wachmann meinte, sie würde um ein Uhr aufmachen. Ich erwiderte: „Also um sieben Uhr". Noch 30 Minuten dösen. Bis die Grenze geöffnet wurde, hatten sich sehr viele Leute auf äthiopischer Seite versammelt. Alle strömten in den Sudan. Keiner wollte nach Äthiopien. Der äthiopische Teil war schnell erledigt. Würde jetzt wieder alles gut werden? Die meisten waren überaus glücklich, die Kinder hinter sich zu lassen.

Ein bisschen Schummeln in Sudan

Wie ist es, als Frau allein in einem Land, in das die Scharia – die strengen islamischen Gesetze – wieder eingeführt wurde, Rad zu fahren und das noch in Hosen?

Auf der Immigration in den Sudan dauerte es ewig. Zuerst hieß es, ich müsse warten, bis der Strom da sei. Dann meinten sie, ich müsse noch 570 Sudanesische Pfund zahlen. Das sind offiziell umgerechnet 66 Euro. Warum? Noch nie musste ich an der Grenze extra zahlen, wenn ich das Visum schon hatte. Aber hier kam ich nicht darum herum. Für mein 15-Tages-Visum hatte ich schon 64 US-Dollar gezahlt. Das macht zusammen ungefähr 118 Euro, das sind 7,80 Euro pro Tag allein dafür, dass ich in dem Land sein darf. Damit war Sudan für mich das weitaus teuerste Land. Ich möchte lieber nicht darüber nachdenken, was die Regierung mit dem Geld macht. Allerdings muss ich dazu sagen, dass nach meinem Schwarzmarktkurs die 570 sudanesische Pfund nur 27 US-Dollar waren. Keiner der Beamten sprach Englisch. Freundlich waren sie nicht gerade. Mir stand ein junger, schmächtiger Äthiopier zur Seite, der neben Amharisch, der Sprache in Äthiopien, auch Arabisch und Englisch sprach. Bei der Immigration wurde er akzeptiert. Als ich allerdings noch zum Zoll musste, wurde er regelrecht hinaus geprügelt. Auch mein Einschreiten half nichts. Welcome in Sudan.

Erstaunlich schnell ging der Kauf einer SIM-Karte und sie funktionierte sogar sofort. In Äthiopien hatte die Registrierung nie geklappt. Nun konnte ich endlich wieder mein Smartphone benutzen. Jetzt aber nichts wie weg hier. Nicht einmal etwas zu trinken kaufte ich mir. Nur ein paar Kilometer weiter kam noch ein Dorf, wo ich Wasser und sogar eine Cola bekam.

Seit Kenia rechnete ich mit Gegenwind, wie mir prophezeit wurde. Und da ich an der Ostküste nach Süden so fantastischen Rückenwind hatte, konnte ich es mir gut vorstellen. Aber nicht einmal hier am Anfang vom Sudan kam der Wind von Norden.

Es lief erstaunlich gut. In Äthiopien war es bis zur Grenze bergig gewesen. Nach der Grenze wurde es plötzlich topfeben, schon fast langweilig. Und es wurde heiß. Hier im Süden vom Sudan ist noch keine Wüste, hier wächst noch einiges, zum Beispiel Sesam.

Als ich später an einem Platz, wo ich Tee bekam, Pause machte, bekam ich diesen spendiert. Ein Mann kam und stellte mir eine Flasche Apfelschorle hin, auch ein Geschenk. Vielleicht sind die Leute in diesem Land doch ganz nett.

Sahen die Äthiopier eher Arabisch aus, waren die Sudaner wieder richtig Schwarz. Ich sah kaum Frauen, nur Männer, Moslems in ihren langen, weißen Gewändern.

In den 570 Pfund, die ich an der Grenze zahlen musste, müssen mindestens fünf Gratis-Übernachtungen an Polizeistationen beinhaltet sein, beschloss ich. Gleich am Abend fand ich eine Polizeistation an einer Abzweigung. Kein Problem, ich konnte hier zelten. Welch Freude! Vorbei die Zeiten der Gästehäuser, Hotels und Pensionen. In Äthiopien war mir nirgends danach zu fragen, ob ich zelten darf. Außer in Addis Abeba nahm ich immer ein Zimmer.

Je weiter es in den Norden ging, desto wüstenartiger wurde das Gebiet, desto heißer und desto ruhiger. Es kam kaum mehr etwas, wo ich im Schatten hätte Pause machen können. Ich traf zwei Holländerinnen, Joyce und Lynn, die auf dem Weg in den Süden waren. Sie waren sich noch nicht sicher, ob sie durch Äthiopien mit dem Fahrrad fahren oder den Bus nehmen sollten. Jetzt konnte ich mir es richtig vorstellen, was für ein Schock es sein musste, wenn man vom Sudan, von dieser Ruhe, kaum Kinder, überhaupt kaum Bevölkerung, nach Äthiopien kam, mit „You, you, you" schreienden Kinder und steilen Berge, da hatte man natürlich seinen Spaß.

Auch am zweiten Abend stellte ich mein Zelt an einer Polizeikontrolle auf. Es war mal wieder sehr nett, ich bekam Wasser und Hilfe beim Fahrradflicken.

Es gab nur eine Straße, der ich nach Karthum folgen wollte. Bei den 15 Tagen konnte ich keine großen Extratouren machen. Nach 250 Kilometern Ebene kam endlich so etwas, was man Berge nennen konnte. Zwischendrin waren ein paar Restaurants, ich bekam Rührei und Brot. Dazu trank ich meist 1,5 Liter Wasser. Das wurde bei der Hitze schnell wieder ausgeschwitzt. Am Abend zeltete ich hinter einer Cafeteria. Dort schliefen meist auch Fernfahrer. Viele Bettgestelle standen dafür bereit. Hier waren sogar ein paar Frauen. Leider sprach niemand Englisch. Ich trank nur noch einen Tee und Saft und verschwand im Zelt. Es wurde immer heißer und kühlte auch in der Nacht nicht mehr ab. Im Zelt konnte ich kaum mehr schlafen. Ständig goss ich

Wasser über mich, das sofort verdunstete. Morgens stand ich schon im Dunkeln auf, damit ich, sobald es hell wurde, losfahren konnte, allerdings ohne Wasser, das war total braun, wahrscheinlich direkt vom Fluss. Ich wollte es nicht einmal meinem Wasserfilter zumuten. Ich fragte mich, ob sie damit auch Tee machten. Vor neun Uhr waren wieder die besten Stunden zum Radfahren.

Ein Paar aus Südafrika überholte mich in ihrem Jeep, die ersten „Overlander", die ich seit Langem sah. Sie hielten sogar an und füllten meine Flaschen mit sauberem Wasser. Sehr nett, das reichte, bis ich wieder Wasser kaufen konnte.

Je länger ich im Sudan war, desto mehr fragte ich mich, warum Radfahrer so froh waren, hier zu sein, abgesehen von den Kindern. Landschaftlich war Äthiopien viel interessanter. Es war bei Weitem nicht so heiß und größten Teils nicht so dreckig. Hier stank es auf langen Strecken erheblich. Der Straßenrand lag voll von Müll, teilweise wurde er verbrannt. Tote Tiere verwesten und die Autoabgase brachten auch noch ihren Beitrag. Bei der Hitze war es natürlich noch viel schlimmer. Und mit den arabischen Moslems hatte ich teilweise ein Problem, wenn sie außer im Fernsehen keine Frau sahen, die nicht komplett bedeckt war. Vor allem darf keine Strähne des Haares hervorschauen. Früher hatte ich mich den Sitten des Landes angepasst. Jetzt war ich der Meinung, sie sollten lernen, dass eine Frau, die sich nicht komplett bedeckt, nicht leicht zu haben oder schlechter ist. Fast immer wurde es akzeptiert und respektiert. Aber halt nur fast. Es gab immer noch Männer, die meinten, weiße Frauen, vor allem, wenn sie allein reisten, seien Freiwild. Es wurde nie gefährlich, es war nur so unheimlich lästig und machte mich wütend. Alkohol ist strengstens verboten. Aber ich möchte nicht wissen, was sie immer unter die Oberlippe schieben. Als ob ich es nicht merken würde, wurden Plastiktütchen gegen einen gewissen Geldbetrag getauscht.

In der Wüste gab es kaum Schatten, ich hechelte von Tankstelle zu Tankstelle, wo ich meistens auch etwas zu trinken bekam und im Schatten etwas ausruhen konnte. Wie immer wurde der Verkehr stärker, je näher ich der Hauptstadt Khartum kam. Eine größere Herausforderung für mich war, ohne GPS mein Gästehaus zu finden. Eigentlich hätte ich gut dazu mein

Smartphone nehmen können. Nur hatte ich schon lange keinen Zugang zu Strom, und der Akku entlud sich mittlerweile sehr schnell. Also immer nur schnell schauen und dann ruhig stellen, damit kein Strom verbraucht wurde. Das funktionierte soweit ganz gut, bis etwa 200 Meter vor meiner Unterkunft. Ich versuchte das Gästehaus auf die alte, herkömmlich Art zu finden: Leute fragen! Gar nicht so einfach, nicht einmal hier sprachen viele Englisch, geschweige denn, dass sie das „German Guesthouse" kannten. In einem Supermarkt konnte ich mein Smartphone an eine Steckdose hängen und mir den Weg genau einprägen. Das war nicht weiter schwierig, denn es war wirklich nur ein paar hundert Meter entfernt.

Endlich hatte ich wenigstens einen Ruhetag in Khartum. Im „German Guesthouse" wurde fantastisch für mich gesorgt. Selten war ich an einem Ort mit solch interessanten Leuten. Alle anderen Gäste waren geschäftlich hier, teilweise schon sehr lange oder immer wieder. Ein paar Tansanier, die in die Wüste flogen, um für ein Bergbauunternehmen Gold zu suchen, ein Syrer, der hier festhing, weil er nicht weiter durfte und für eine Nichtregierungsorganisation arbeitete, ein Österreicher, der Fabriken für die Lebensmittelindustrie aufbaute, ein Deutscher, der die Helikopter managte, die für Ölfirmen flogen, ein Ungar, der Flugzeuge reparierte, und ein Norweger, der als Konfliktmanager im Nahen Osten tätig war. Bis in die Nacht hinein sprachen und diskutierten wir. Obwohl ich so müde war, wollte ich nicht ins Bett, ich hätte ja etwas verpassen können.

Kaum vorstellbar, früher hatte es in Khartum eine der besten Universitäten gegeben. Frauen durften sogar Miniröcke tragen. Jetzt wurden sie verhaftet, wenn sie Hosen trugen. Außer Touristinnen. Kaum einer sprach Englisch und Frauen waren selten auf der Straße anzutreffen.

Es war so heiß, dass ich den schattigen Innenhof vom „German Guesthouse" nur kurz zum Einkaufen verließ.

In Khartum musste ich ein Touristenformular ausfüllen, abstempeln und Kopien machen. Unter anderem hatte ich anzugeben, was ich fotografieren wollte. Hier sollte man nur die schönen Dinge angeben: Natur und Denkmäler – nicht Dreck und Armut. Vor Khartum hatte ich das Formular noch nicht und nichts unterschrieben. Norbert, der Inhaber des „German Guesthouse" hatte mir bei allem sehr geholfen. Es war wirklich „all Inclusive". Zum Abschied kochte der deutsche Gast: Spätzle mit Sauerbraten! Wann hatte ich das das letzte Mal? Vielen Dank.

Mein Visum hätte ich für 1770 Pfund um einen Monat verlängern lassen können. Ich rechnete aber mit nur circa zehn Tagen mehr. Für jeden Tag, den ich überziehen würde, müsste ich an der Grenze 100 Pfund zahlen, wurde mir gesagt. Damit würde ich wesentlich günstiger wegkommen. Also ließ ich es darauf ankommen und fuhr weiter.

Nach Khartum kam wirklich die Wüste. Erstaunlicherweise war es aber bei Weitem nicht mehr so heiß. Dafür hatte der Gegenwind, den ich schon lange erwartete, eingesetzt. Je kühler es wurde, desto stärker der Wind. Oder je stärker der Wind, desto kühler. Am Anfang kamen in regelmäßigen Abständen Cafeterias, wo ich zelten konnte. Nur war ich meistens die einzige Frau. Sauberes Wasser gab es kaum. Die Fahrt war nicht gerade spaßig. Ich musste eine Entscheidung treffen. Wollte ich wirklich für jeden Tag, den ich hier gegen den Wind anstrampelte – und es würden mehr Tage sein, als ich angenommen hatte – an der Grenze nochmals 100 Pfund zahlen? Oder sollte ich lieber das Geld in Transport investieren? Dazu kam noch mein Geburtstag, den ich nicht gerade irgendwo in dieser unwirtlichen Gegend verbringen wollte, sondern eher in Wadi Halfa. Zufälligerweise fuhr auch das Schiff von Wadi Halfa nach Assuan an meinem Geburtstag. Das wäre doch ein schönes Geburtstagsgeschenk. Einen Tag später würde mein Visum abgelaufen sein. Nach einem weiteren Tag im Gegenwind, meine Geschwindigkeit fiel auf 6 bis 8 Kilometer pro Stunde, war der Entschluss gefällt: „Hitch-biken!" Ich setzte mir zum Ziel, einen Tag vor meinem Geburtstag in Wadi Halfa zu sein, damit ich noch ein Ticket für die Fähre und alles Weitere organisieren konnte. Ich wollte weiterhin Radfahrern, aber dazwischen immer wieder auf ein Fahrzeug zurückgreifen.

Um die Mittagszeit kam ich in ein „Dorf", eher eine Ansammlung von Cafeterias und einer Polizeikontrolle. Ich fragte den Polizisten, ob hier ein Bus nach Karima käme. Ja, meinte er, ich sollte so lange Tee trinken und Mittagessen, er gebe mir dann Bescheid. Ich konnte in Ruhe meine Rühreier mit

Brot essen und dazu zwei Tassen Tee trinken. Nach drei Stunden wurde ich gerufen. Es war kein Bus, sondern einer der bemalten, alten Lastwagen. Der Fahrer war ein Moslem mit langem weißen Gewand, Kaftan. Ich hatte zuerst Bedenken, dachte aber, wenn der Polizist es organisiert hatte, würde es schon in Ordnung sein. Ich hielt mich aber während der Fahrt sehr zurück. Eine Konversation wäre wegen der Sprachbarriere sowieso nicht möglich gewesen. Sie ließen mich an der Abzweigung nach Karima an einer Tankstelle und Cafeteria raus. Als ich etwas Geld geben wollte, lehnten sie rundweg ab, sie machten sogar einen leicht beleidigten Eindruck. Da hatte ich mich wieder in den Männern total getäuscht! Hinter der Tankstelle bekam ich einen fantastischen Platz unter einem Dach, abseits der Straße, zum Zelten. In der Cafeteria war eine einheimische Angestellte, die erste Frau, die ihr Haar teilweise zeigte! Ich hätte sie umarmen können.

Am nächsten Tag startete ich wieder früh mit dem Fahrrad. Der Wind war noch erträglich. Es sollten nur noch 60 Kilometer nach Karima sein, dachte ich. War aber wesentlich weiter. Ich stieg einfach für ein paar Kilometer wieder in einen Minibus. Dann ging es wieder auf das Rad. Ich fand Gefallen an diesem „Hitch-Biken“. Fahrrad und Transport fand ich hier gut. Alles

Die Pyramiden von Kamira

mit dem Fahrrad hätte zu lange gedauert und länger als zwei Stunden wollte ich in keinem Fahrzeug sitzen. Am frühen Nachmittag war ich bei den Pyramiden von Karima. Ich hatte mir extra viel Zeit genommen. Ich fand fünf Pyramiden, die entlang der Abbruchkante in das Niltal standen. Oben war es trocken, steinig, sandig, unten grün und fruchtbar.

Es war Freitag, Feiertag bei den Moslems. Alles war geschlossen. Mit Mühe fand ich noch so etwas wie Brot und etwas zu essen. Sehr früh war ich an der Polizeikontrolle Richtung Dongola. Ab hier war für 170 Kilometer nichts, rein gar nichts, nur Sand. Das wollte ich nicht mit dem Fahrrad fahren, vor allem nicht bei dem Wind. Ich war kaum dort, kam schon ein Minibus. Er hätte mich mitnehmen können. Aber bevor ich überhaupt eingestiegen war, schrie der Fahrer schon „Money, money, give money", gar nicht nett. Ich hatte bald genug, ließ ihn ohne mich weiterfahren. Wie so oft hatte ich auch hier festgestellt, dass die Leute entweder sehr großzügig oder sehr gierig sind. Einen Tee bekommt man bezahlt, beim anderen muss man den doppelten Preis zahlen. Der Minibus war allerdings auch der letzte, der mich heute hätte mitnehmen können. Als es dunkel wurde, stellte ich mein Zelt hinter der Polizeikontrolle auf.

Am nächsten Morgen wurde meine Geduld wieder sehr auf die Probe gestellt. Es dauerte Stunden, bis ein Minibus kam, der mich mitnehmen konnte. Die Polizisten waren aber sehr nett, telefonierten mit den Minibusfahrern im Ort, dass sie nicht ganz voll losfahren sollten, da hier noch jemand einsteigen wollte. Die Zeit nutzte ich, um mir von den Polizisten wenigstens die Zahlen und die wichtigsten Ausdrücke beibringen zu lassen. Endlich ein Minibus, wo mein Fahrrad und ich noch Platz hatten. Auf den nächsten 170 Kilometern kam wirklich nichts, nicht einmal die sonst üblichen Karaffen mit Wasser. Nur Kilometersteine, Telefonmasten und viel, viel Sand. Die Straße war neu und es war kein Verkehr. Der Minibus musste mit fast genau 100 Kilometern pro Stunde durchgedüst sein, denn eine Stunde und 45 Minuten später waren wir an der Einmündung in die andere Straße. Glücklich verließ ich hier den Minibus, bestieg mein Fahrrad und fuhr gleich weiter Richtung Wadi Halfa.

Hier war es viel wärmer und windstiller. Das änderte sich am nächsten Tag. Der Gegenwind war so heftig, dass ich nach 18 Kilometern in einen Minibus einsteigen wollte. Bis ich allerdings bei der Polizeikontrolle ankam, wo der Bus stand, war der schon wieder abgefahren. Dann bekam ich von dem Polizisten zwei Bananen geschenkt, das erste Mal im Sudan. Da konnte ich ja auch keine Blöße zeigen und fuhr weiter. Erst viel später, bei der nächsten Cafeteria, nahm ich wieder einen Bus in Anspruch. Als ich im Bus saß und die Wüste mit dem Wind und den Steinen an mir vorbei zog, hatte ich nicht das Gefühl, viel zu verpassen. So schaffte ich es tatsächlich bis Montag nach Wadi Halfa. Wegen der Sprachschwierigkeiten war es sehr schwierig, etwas über das Schiff nach Assuan herauszufinden. Die einen sagten, es führe jeden Tag morgens um sieben Uhr. Da ich aber wusste, es fährt nur einmal pro Woche, forschte ich weiter nach. Tatsächlich, es fährt dienstags. Die Uhrzeit war aber noch nicht klar. Als ich mein Ticket kaufte, meinten sie um 17 Uhr. Ob es tatsächlich erst nachmittags fuhr, wagte ich zu bezweifeln.

An meinem Geburtstag hatte ich genug Zeit, mir in Wadi Halfa einen schönen Tag zu machen. Es gab auf einmal alles wieder, Obst und verschiedene Dinge zu essen, nicht nur den Fuhl, den Bohnenbrei, den man sonst nur bekommt. Vor allem die kleinen, klebrigen, süßen Stückchen waren sehr verlockend.

Wadi Halfa war viel kleiner, als ich vermutete. Außer mir sah ich nur ganz kurz auf der Durchreise ein Paar. So war ich mal wieder die Attraktion. Kaum jemand scheint sich hier länger aufzuhalten.

Meinen Geburstag konnte ich tagsüber an Land verbringen. Erst um 18 Uhr durften wir auf das Schiff. Ich hatte eine Zweier-Kabine ganz für mich allein. Ein Passagier erzählte mir, früher wäre das Schiff mit über 600 Leuten immer total ausgebucht gewesen. Heute waren es schätzungsweise 200. Deswegen hatte ich keine Probleme, noch ein Ticket zu bekommen, und die Kabine für mich allein.

Nachdem ich an Deck den Sternenhimmel und die dunklen Silhouetten der umliegenden Berge bestaunte, wurde ich sanft auf dem Nassersee in den Schlaf geschaukelt.

Ägypten: Am Nil entlang

Wie fantastisch hatte ich geschlafen! Dank des Muezzin bin ich früh aufgewacht und konnte den Sonnenaufgang über den Bergen von Ägypten genießen. Welcome in Egypt!

Leider sind wir mitten in der Nacht an Abu Simbel vorbei gefahren.

Ich hatte noch einen halben Tag Ruhe vor mir, bis wir um die Mittagszeit in Assuan am Hafen ankommen sollten. Außer, dass sie mein Gepäck durchsuchen wollten, war die Einreise total unkompliziert.

Sofort war ich von Kofferträgern und Taxifahrer umzingelt. Der erste meinte, es wären 30 Kilometer in die Stadt, beim Zweiten waren es nur noch 25. Ich hatte nicht damit gerechnet, dass es noch so weit war. Keine Frage, ich fuhr trotzdem mit dem Fahrrad und war sogar glücklich darüber. So bekam ich gleich einen ersten Eindruck von Assuan. Nie hätte ich gedacht, dass die Stadt so groß ist. An das Navigieren ohne GPS mochte ich mich lieber nicht mehr gewöhnen müssen, vor allem in dem heillosen Durcheinander. Nach der Wüste im Sudan und dem kleinen, beschaulichen Wadi Halfa ein richtiger Schock. Und was es hier alles zu essen gab! Früchte, Gemüse, Falafel, Pommes und natürlich all die Süßigkeiten. Sehr gefährlich.

Mein Hotel war im Zentrum am Bahnhof, nicht weit vom Nil, trotzdem sehr ruhig. Als ich durch den Souk, den Markt, schlenderte, wurde ich von den Händlern sofort auf Deutsch angesprochen. Oh je, das war ich ja überhaupt nicht mehr gewohnt. „Nur schauen, nur schauen ..." Am Spätnachmittag fuhr ich mit dem Fahrrad entlang des Nils zu dem Tempel von Philae. Die Fahrt war gigantisch schön, an den nubischen Dörfern mit den bunten kleinen Häuser vorbei. Der Tempel ist erst seit 1980 auf der Insel Agilkia. Die ursprüngliche Insel Philae ist seit dem Bau des Assuan-Staudammes überflutet. Um auf die Insel zu kommen, brauchte ich ein Boot. Außer mir war niemand allein da, nur Gruppen mit Führern. Eine war so freundlich und nahm mich mit. Da der ursprünglich im vierten Jahrhundert vor Christus erbaute Tempel erst neu aufgebaut wurde, sah er noch sehr frisch aus. Auch wenn ich die Bedeutung all der Hieroglyphen nicht kannte, ich genoss es, in den Hallen herum zu laufen und sie zu bestaunen. Ein Führer half mir auch nicht viel weiter. Am besten las ich immer alles selbst nach.

Der Vorteil, dass es schon so spät war, war, dass das Licht mal wieder fantastisch war. Bis sich meine Reisegruppe wieder versammelt hatte und ich zurück bei meinem Fahrrad war, war es schon nach 17 Uhr, kurz vor Dunkelheit. Also nichts wie aufs Fahrrad und los. Auf den zehn Kilometern lief es sehr gut. Mit dem letzten Tageslicht erreichte ich die Stadt. Und dann? Stand ich im Stau! Es war ein Umzug. Bunt geschmückte Pferdekutschen blockierten die Straße. Mit Vuvuzelas wurde ein unglaublicher Krach gemacht. Dann erfuhr ich, was los war; es war Prophet Mohammeds Geburtstag. Besser ich verließ Assuan so schnell wie möglich. Die kulinarischen Versuchungen waren zu groß.

In Ägypten gab es in den letzten Jahren mehrmals Anschläge. Die Anzahl der Touristen ging immer weiter zurück. Das Letzte, was sich Ägypten nun erlauben konnte, war ein neuer Anschlag. Tourismus ist einer der Hauptwirtschaftsfaktoren des Landes. Radfahren für Ausländer war deswegen in den meisten Gebieten nur mit Polizeieskorte erlaubt.

Bevor es auf die Hauptstraße ging, konnte ich noch über 20 Kilometer entlang des Nils fahren. Wunderschön. Auf der neuen Straße war kaum Verkehr. Dann musste ich leider auf die viel mehr befahrene Hauptstraße. Dort kamen auch immer wieder Polizeikontrollen. Als ich in einem Straßencafé saß und Mittagspause machte, entdeckten sie mich. Dann fing der Spaß an. Die erste Eskorte war sehr nett. Sie warteten geduldig, bis ich meinen Tee getrunken hatte. Ich hatte das Gefühl, sie wollten mich nicht stören, blieben fast unmerklich vor oder hinter mir. Ab und zu schlossen sie auf und befragten mich. Als ich ihnen sagte, wie alt ich sei, fuhren sie davon. Meine „Freiheit" währte aber nicht lange. Bei der nächsten Kontrolle kam die Ablösung. Sie versuchten mich davon zu überzeugen, dass es doch viel schneller und einfacher wäre, wenn das Fahrrad auf das Auto geladen würde und ich mit ihnen führe. Dazu hatte ich aber überhaupt keine Lust. Zu oft musste ich im Sudan wegen Gegenwind und Zeitlimit irgendwo mitfahren. Sie ließen keine Ruhe, immer wieder hielten sie an und fragten. Erst als ich ihnen deutlich sagte, dass ich bis 16 Uhr mit dem Fahrrad fahren wollte, gaben sie auf.

Eigentlich störte mich an der Eskorte am meisten, dass ich nicht irgendwo zelten konnte. Die Polizisten achteten darauf, dass ich im Hotel übernachtete. Das hieß, ich musste auch immer bis in ein Hotel kommen. Die letzten Kilometer nach Edfu fuhr ich dann doch im Auto mit.

Bevor ich am nächsten Tag weiter fuhr, besuchte ich den Tempel von Edfu, einer der besterhaltenen Tempelanlagen. Sie wurde im vierten Jahrhundert vor Christus erbaut und dem Gott Horus, dem Hauptgott der Ägyptischen Mythologie, gewidmet. Obwohl es noch sehr früh war, waren schon viele Touristen dort. Hier brauchte ich kein Boot und keinen Führer. Allein schlenderte ich durch die Säulenhallen. Es wurde noch viel gegraben und zusammengesetzt.

Da der Tempel auf der Westseite des Nils lag, blieb ich dort. Es war eine kleine Landstraße, gut geteert, durch kleine Dörfer und durch Felder, entlang von Kanälen. Erstaunlicherweise blieb mir hier die Polizeieskorte erspart. Nur gab es wieder Moped- und Tuk-Tuk-Fahrer, die sich einen Spaß daraus machten, mir immer wieder den Weg zu versperren. Vielleicht war der Polizeischutz gar nicht so schlecht.

In Esna kam der nächste Tempel. Zuerst fragte ich bei der Polizei, ob es hier ein Hotel gäbe, was sie einheitlich bejahten. In Polizeigewahrsam wurde ich dann zum Tempel des Chnums geführt. Nur noch der Vorraum ist erhalten. Wegen der Überschwemmungen wurde der Tempel immer mehr im Schlick begraben. Wahrscheinlich ist der Gott Chnum daran selbst Schuld. Er war für die Überschwemmungen am Nil verantwortlich. Der wieder ausgegrabene Tempel liegt nun neun Meter unter der Stadt. Ich durfte nicht allein zur Polizeistation zurücklaufen, wo mein Fahrrad stand. Ich musste warten, bis ein Polizist mich abholte. Der führte mich zuerst zur Polizeistation und dann zu dem vermuteten Hotel. Es war ein größeres Haus mit einem Schild „Hotel“. Aber es war anscheinend kein Hotel. Und nun? Telefonieren! Ich hatte natürlich kein Wort verstanden, trottete einfach dem Polizisten, der kein Englisch sprach, hinterher. Es war eine große, eigentlich schöne Stadt, die aber schon bessere Zeiten erlebt hatte. Die schönen alten Häuser standen leer und zerfielen so langsam. Wir endeten an einer Polizeikontrolle am Nil. Anscheinend gab es doch kein Hotel. Jetzt wussten sie nicht, was sie mit mir anfangen sollten. Das nächste Hotel war in Luxor, 60 Kilometer entfernt. Es war spät, ich konnte und wollte die Strecke nicht mehr fahren. Zum Glück konnten sie mich mangels Auto auch nicht fahren. Dann wurde ich zu der Touristenpolizei gebracht. Kurz darauf kam der „Captain", ein sehr junger Mann, der sehr gut Englisch sprach. Schnell wurde ein Büro aufgeräumt, in dem ich mit meiner Iso-Matte und Schlafsack schlafen konnte. Alle waren sehr nett und ich wurde zum Essen eingeladen. Der „Captain" betrachtete sich als mein Sohn. Er meinte, er würde alles für mich tun, ich müsse nur sagen, was ich wolle. Manchmal ist es ganz nett, etwas älter zu sein. Mein „Sohn" schlief noch, als ich die Polizeistation verließ. Die Fahrt aus der Stadt war einfach fantastisch. Ich verstand einfach nicht, warum so ein schöner Ort am Nil mit einem Tempel kein Hotel hatte.

Nach der Stadt kam eine Brücke über den Nil. Ich war wieder auf der anderen Seite und auf der Hauptstraße. Gleich kam auch eine Polizeikontrolle und ich hatte meine Eskorte wieder. Es lief mal wieder gut und mit der Polizei im Rücken wollte ich schnell in Luxor sein. Zirka alle 20 Kilometer kam ein Schichtwechsel. Bei der letzten Kontrolle, zehn Kilometer vor der Stadt, dachte ich, sie würden mich jetzt allein fahren lassen. Aber nein, ich musste eine halbe Stunde warten, bis die nächste Eskorte bereit war. Sie fragten, in welches Hotel ich wollte. Normalerweise weiß ich das vorher nie, diesmal schon, weil es mir empfohlen wurde. Ich sagte es ihnen und zeigte es auf dem Stadtplan. Anscheinend sprachen sie nicht nur kein Englisch, sondern konnten auch keine Karten lesen. Sie hielten ständig an und fragten nach dem Weg. Ich war dann nicht unglücklich, als ich sie im Getümmel verlor. Kurz darauf war ich im Hotel „Oasis". Es war wirklich sehr schön und sauber und, obwohl es mitten in der Stadt war, sehr ruhig und günstig. Es hatte nur sehr viele Stufen. Mein Zimmer war im vierten Stock, die Dachterrasse kam nach dem sechsten. Dafür hatte ich von da oben einen prima Blick über die Stadt. Bei mir bahnte sich eine Erkältung an. Ich wollte mir hier einfach nur Zeit lassen und nicht gleich von Sehenswürdigkeit zur anderen düsen. Zuerst streunte ich einfach durch die Stadt und landete im „Souk". Auch hier riefen sie von allen Seiten: „Nur schauen, nur schauen. Ganz günstig …"

Nicht nur die Souvenir-Verkäufer leiden unter der geringen Anzahl von Touristen. Auch Taxi- und Pferdekutschenfahrer und Tourguides. Jeder möchte etwas verkaufen. Abseits der Touristenplätze hatte ich meine Ruhe. In der Stadt selbst sah ich nur Einheimische. Am Nachmittag bekam ich eine Nachricht von meinen Freunden, der französischen Familie Doudz. Sie wären nun auch in Luxor und gleich am Karnak-Tempel. Ich fuhr dann auch gleich dort hin. Eigentlich fiel die Familie mit den zwei Kindern immer sofort auf. Hier nicht. Der Tempel war voll von Touristen und anderen Kindern. Schließlich fand ich sie in der Säulenhalle. Es war immer wieder schön jemanden Bekannten zu sehen. Es war bisher der größte Tempel. Erstaunlich, wie gut die Reliefs erhalten waren. Das Licht am Spätnachmittag eignete sich immer für ein paar Fotos, überhaupt, wenn die meisten Touristen weg waren. Danach fuhr ich sofort wieder zurück. Wegen meiner Erkältung war ich recht schlapp und wollte gleich ins Bett.

Etwas später stand ich am nächsten Tag auf. Mir ging es nicht gut, Husten, Halsweh und wahrscheinlich erhöhte Temperatur. Schließlich raffte ich mich doch auf. Ich war mit der Familie Doudz im Tal der Könige verabredet und wollte mit dem Fahrrad hin. Fahrradfahren ist für mich meist die beste Therapie. Es lohnte sich auf jeden Fall, mit dem Fahrrad dorthin zu fahren. Ohne Probleme kam ich mit dem Fahrrad auf die Fähre über den Nil, musste nur das Vielfache des Preises von Einheimischen zahlen, was mir da noch nicht bewusst war. Auf dem Weg in das Tal kam ich schon an Tempeln und Statuen vorbei. Es ging durch die Wüste und über einen Hügel ins Tal der Könige. Die Familie kam gleichzeitig, aber mit dem Taxi, an. Die Fotoapparate mussten wir am Eingang in das Tal abgeben. Drei Grabstätten von 64 sind im Eintrittspreis inbegriffen. Die wichtigsten und bedeutendsten muss man extra zahlen. Wir beschlossen, das Grab des Tutanchamun muss man schon gesehen haben. Sehr beeindruckend, wie sie die Gänge und Hallen in den Felsen geschlagen hatten. Alle Grabbeigaben sind in den Jahrtausenden gestohlen worden. In den Grabstätten sind kaum Reliefs wie in den Tempeln, dafür sehr bunte Bilder. Vor allem bei Tutanchamun. Unglaublich, wie sich die Farbenpracht über die Jahre erhalten hat. Sicherlich hat man auch hier nachgeholfen.

Die Fahrradtherapie hatte leider nicht die positive Auswirkung. Mir ging es immer noch nicht gut, ich war total schlapp. Die Familie ist mit dem Taxi weiter, ich habe mich zuerst bei den Souvenirläden, wo ich auch mein Fahrrad sicher abstellen konnte, erholt. Die Verkäufer boten mir gleich einen Stuhl an und brachten mir Tee. So berühmt, wie das „Tal der Könige“ ist, leiden sie nicht allzu sehr unter Touristenmangel. Ich wunderte mich, warum ich kaum Touristen in der Stadt sah. Ein Ägypter erklärte mir, die Deutschen flögen nach Hugharda und kämen nur auf einer Tagestour hierher. Am Abend führen sie wieder zurück. Das sind fast 300 Kilometer einfach! Nach dem Tee ging es mir ein bisschen besser. Ich wollte nur noch zurück ins Hotel. Luxor war ein sehr geeigneter Platz, um ein bisschen erkältet zu sein. Ich hatte eine wohnliche Bleibe, Ruhe, Internet, genug zu essen und vor allem nette Leute um mich herum. Die Entscheidung, noch einen Tag länger zu bleiben und auszuruhen, war kein Problem. Ich hatte mir überhaupt nichts vorgenommen, wollte mich nur erholen. Nach einer heißen Dusche um die Mittagszeit ging es mir wieder viel besser.

Gegen Abend machte ich mich zum Luxor-Tempel auf. Es war gigantisch. Die paar Touristen, die noch da waren, waren dabei zu gehen. Sie mussten zurück ans Rote Meer. So hatte ich freie Sicht in dem schönen Abendlicht und später mit Scheinwerfern. Es herrschte eine ganz spezielle Atmosphäre. Die riesigen Statuen warfen lange Schatten. Deswegen hatte mir dieser Tempel am besten gefallen. Er ist dem Gott Amun und seiner Frau Mut gewidmet.

Lange Schatten auch am Karnak-Tempel

Die Reliefs zeigen meist Opferdarbietungen. Der Luxor-Tempel ist mit dem Karnak-Tempel mit einer Sphingenallee verbunden. Bei Dunkelheit natürlich sehr eindrucksvoll, obwohl nur noch ein Teil der 2,5 Kilometer erhalten ist.

Später war ich mit David, einem jungen, einheimischen Radfahrer, verabredet. Als Ägypter kann David ohne Polizeischutz überall mit dem Fahrrad fahren. Anscheinend hätte ich gar nicht auf der westlichen Nilseite von Edfu nach Esna fahren dürfen.

Bevor ich Luxor verließ, gab es Frühstück mit der französischen Familie in ihrem „Lastwagen“. Auch sie wollten heute weiter. Ich fuhr ans Rote Meer und sie mussten nach Alexandria. Uns war klar, dass wir uns wieder sehen würden, ahnten aber nicht, wie bald das sein würde.

Ägypten: Entlang des Roten Meeres nach Kairo

Nach dem Kaffee mit Familie Doudz machte ich mich wieder auf das Rad. So lange wie möglich wollte ich nahe am Nil bleiben. Nur noch kleine Sträßchen führten durch sehr abgelegenes, ländliches Gebiet. Das ersparte mir vorerst die Polizeieskorte, bis ich wieder auf der Hauptstraße war. Bis Qena waren es ungefähr 70 Kilometer, kein Grund zur Eile. Die Polizisten waren sehr nett. Um mich vor dem Gegenwind zu schützen, fuhren sie vor mir. Zum Dank dafür sang ich den schwer bewaffneten Männern hinten auf dem Pritschenwagen während der Fahrt deutsche Weihnachtslieder vor, bis sie mich fragten, wie alt ich eigentlich sei.

Bei einem Schichtwechsel erfuhr ich alles über mögliche Stopps zum Übernachten und um Wasser zu bekommen auf dem Weg durch die Wüste ans Rote Meer. Dann kam es doch wieder anders.

Kurz vor Qena waren die Doudz auf einmal hinter mir. Sie wollten eine Straße westlich des Nils fahren, wurden aber von der Polizei wieder zurück geschickt. Am Nil wollten sie wegen des starken Verkehrs auch nicht bleiben. Ob ich mit ihnen nach Safaga ans Rote Meer fahren wollte? Natürlich! So befreiten sie mich von der Polizeiüberwachung. Am Anfang mussten auch sie mit Eskorte fahren. Durch Qena war das praktisch, es ersparte den Navigator. In der Wüste hatten wir freie Fahrt. Als es dunkel wurde, konnten wir ungehindert einen Platz zum Schlafen suchen. Traumhaft. Ich hätte nie gedacht, dass ich hier in Ägypten nochmals in den Genuss kommen würde, unter freiem Himmel zu schlafen und dann auch noch bekocht zu werden in so lieber Gesellschaft! Einfach nett. Nur hatte ich gemerkt, Autofahren ist nichts für mich. Die paar Stunden am Nachmittag hatten mir gereicht. Außer dasitzen und reden gab es einfach nicht viel zu tun. Ich beschloss am Morgen wieder mit dem Fahrrad weiterzufahren. Wir würden uns in Kairo wiedersehen.

Eine vierspurige Straße zog sich durch die Wüste, über Berge und durch Schluchten. Außer mir war niemand unterwegs. Es war einfach fantastisch. Ich genoss die Ruhe in der Wüste. Leider entdeckte mich vor Safaga am Roten Meer die Polizei wieder. Am Ortseingang fragten sie mich, was ich wolle, was ich suche, welches Hotel … Sie verstanden zuerst nicht, dass ich nichts Spezielles suchte, sondern nur die Stadt anschauen wollte. Dazu brauchte ich wirklich keine Polizei. Schließlich ließen sie mich dann tatsächlich ziehen. Ich fand dann auch einen Laden, wo ich eines der fantastischen Brote, ganz frisch gebacken, bekam und Joghurt. An einem Obststand gab

Alles so schön ruhig hier

es eine Melone und Bananen. Leider fand ich keinen so schönen Platz für ein Picknick, schon gar nicht am Meer. Etwas außerhalb konnte ich mich in einen Windschatten setzen. Nur merkte ich, dass außer Wüste und große Ferienressorts nichts mehr kam. Wildzelten wollte ich nicht nur wegen des Sandes und Windes nicht. Also drehte ich um und fand schnell eine große Ferienwohnung für einen Spottpreis. Das wäre ein genialer Ort für einen längeren Aufenthalt gewesen. Ich hatte allerdings schon eine Verabredung mit Colleen und Peter, zwei Südafrikaner, die mir entgegen kamen. Wir wollten uns in Hurghada treffen.

Am Anfang kamen außer Wüste tatsächlich nur ein paar Feriensiedlungen, bis die Hotels der Touristenhochburg anfingen. Ich hatte keine Möglichkeit ans Meer zu kommen. Dazu ging auch noch ein starker Wind. An einem riesengroßen Einkaufszentrum sah ich, hier war ich wieder in einem anderen Afrika. Es kam ein Hotel nach dem anderen und eines größer als das andere. In einer Seitenstraße und etwas kleiner, fand ich mein Hotel. Das war übrigens das erste Mal, dass ich mir ein Hotel vorher buchte. Ich wusste ja schon vorher, dass ich in der Stadt bleiben wollte, wollte aber nicht lange suchen. An der Rezeption standen schon zwei Fahrräder, welch herrlicher Anblick. Colleen und Peter waren schon da und kamen auch gleich herunter. Die langen Diskussionen und der Informationsaustausch wurden nur durch Essen kurz unterbrochen. Wenn der Nachmittag und Abend nicht reichen, muss die Nacht auch noch herhalten. Wie schnell die Zeit verging, wenn man so viel austauschen möchte.

Die zwei waren schon einen Tag hier, wollten weiter und ich fand die Stadt auch nicht so prickelnd, dass ich lange bleiben wollte. In der Stadt gab es nur wenige, kostenpflichtige Strände, wo ich schwimmen hätte können. Sie sahen nicht sehr einladend aus und ich hatte ja auch besseres zu tun. Colleen und Peter wurden vom Wind in den Süden geblasen, ich hatte ihn wieder direkt im Gesicht. Die Straße war allerdings vom Feinsten, leere, neue vierspurige Straßen. Für wen? Bei dem Bau hatten sie sicher mit mehr Touristen gerechnet. Außer Wüste kam nicht viel, außer ein paar Holiday-Ressorts.

Erst nach 70 Kilometern entdeckte mich die Polizei. Von Colleen und Peter wusste ich, dass ich an der Polizeistation nach weiteren 12 Kilometern zelten konnte. Sie ließen mich den Rest wieder allein fahren. Gasleitungen führten hier durch die Wüste, ich konnte es ständig riechen. Ab und zu kam ein Industriekomplex. Neben der Polizeistation gab es eine kleine Tankstelle und eine Cafeteria. Ich wollte nur kurz etwas zu essen kaufen. Selbst diese 50 Meter durfte ich nur mit Polizei gehen. Richtig ärgerlich wurde es erst am nächsten Morgen. Wegen des Gegenwindes, der nach neun Uhr einsetzte, stand ich sehr früh auf. Um halb acht Uhr war ich abfahrbereit. Aber von Abfahrt war noch lange keine Rede. Ich musste über eine Stunde warten, bis meine Eskorte kam. Mit ihr kam dann auch der Gegenwind. Anstatt, dass sie mich vor dem Wind schützten und vor mir fuhren, blieben sie dicht hinter mir. Mein Flehen stieß auf taube Ohren. Es sei viel zu gefährlich. Am Nil waren es vier Polizisten pro Eskorte, zwei saßen hinten und konnten mich direkt sehen. Am Roten Meer waren es nur zwei, die beide vorn saßen.

Ich wusste wirklich nicht mehr, wurde ich nun beschützt oder bewacht? Bei all der Industrie und den Pipelines konnte ich mir das Letztere gut vorstellen. Ich hätte ja einfach ein Feuerchen machen können. Vielleicht war schon Fotografieren verboten. Bei der Ausrüstung und der Statur der Männer, konnte ich mir kaum vorstellen, dass sie mich wirklich hätten beschützen können.

In Ras Gharib, einer größeren Stadt mit Erdölraffinerien, brachte mich die Polizei wieder in ein Hotel. Sie machten mit dem Manager aus, dass sie mich am Morgen wieder abholten. Am Abend durfte ich erstaunlicherweise allein in die Stadt zum Einkaufen.

Nach einem ähnlichen Tag, mit Polizeieskorte durch die Wüste, wollte ich am Abend an einer Tankstelle zelten, wie Peter und Colleen ein paar Tage zuvor. Die Polizei war gar nicht damit einverstanden. Anscheinend sind die Tankstellen in der Hand des Militärs, die auch seit dem Putsch die Macht haben. Polizei und Militär mögen sich nicht sonderlich. Es reichte deswegen nicht, dass es mir erlaubt wurde, an einem wunderschönen Platz mit Wächter neben der Tankstelle zu zelten. Der arme Polizist, der schon die letzten 30 Kilometer hinter mir her fahren musste, wurde nun dazu verdonnert, vor meinem Zelt im Auto die Nacht durch Wache zu schieben. Langsam tat er mir richtig Leid. Im Gegensatz zu mir war er natürlich gar nicht für so eine

Nacht gerüstet. Er muss ganz schön gefroren haben, er konnte sich ja auch nichts kochen. Als ich in der Nacht raus musste, sah ich, dass er in aller Seelenruhe schlief.

Am Morgen, bevor ich weiter fahren wollte, versuchte er sein Fahrzeug zu starten. Da tat sich nichts. Mithilfe der Männer von der Tankstelle schoben sie es hin und her, bis es endlich ansprang. Und so sollte ich beschützt werden. Es war schon fast eine Komödie, ein Lachen musste ich mir verkneifen. Auch als der Gegenwind zunahm, dachten sie nicht daran, mal vor mir zu fahren. Es sei viel zu gefährlich. Das muss doch schrecklich gewesen sein, bei acht Kilometer pro Stunde hinter mir her zu fahren. Vor Suez, wo die Straße nach Kairo abging, kam Porto Sokhna, ein riesiger Hotelkomplex mit einem noch größeren Einkaufszentrum. Unglaublich! Alles war wie ausgestorben. Ich würde gerne wissen, wie viele Übernachtungsmöglichkeiten es schon gab. Und immer noch wurde feste gebaut.

Bevor ich nach Kairo fuhr, wollte ich an das Mittelmeer. Der Kreis musste noch geschlossen werden. Ab Suez war ich endlich ohne Polizeieskorte. Ich dachte, entlang des Suezkanals ginge eine Straße, auf der ich direkt am Wasser fahren könne. Die gab es auch, war aber abgesperrt. Nach der Revolution 2011 wurde entlang des Kanals eine Mauer mit Wachtürmen gebaut. Von Weitem konnte ich den obersten Teil der Container-Schiffe sehen.

Auf dem Weg nach Port Said machte ich an einer Moschee Halt. Weit und breit gab es mal wieder nichts. Hier hatte ich eine überdachte, schattige Bank. Ein paar Meter entfernt schnitten ein Mann und eine Frau so etwas wie Schilf. Ich winkte als Zeichen, alles ist ok. Die junge Frau kam und fragte: „Water?“ Nein, danke, ich hatte erst meine Wasserflaschen aufgefüllt. Dann ging sie und kam kurz darauf mit einer Packung selbst gemachter Kekse wieder. Prima, vielen Dank. Sie zeigte in die Nähe der Moschee und meinte „Toilette“ Auch das brauchte ich jetzt nicht. Sie ging und kam wieder:„Tea?“. Ja, danke.

Ich wurde hinter das große Haus geführt. Der Imam kam in seinem schwarzen, langen Gewand. Beide sprachen nur spärlich Englisch. Trotzdem war die Unterhaltung sehr ungezwungen und humorvoll. Es wurde immer später und als sie mich dann noch zum Essen einluden, bemerkte ich, dass ich noch einen Schlafplatz suchen sollte. Ob ich vielleicht in dem großen Garten mein Zelt aufschlagen könnte? Als Alternative boten sie mir ein großes Zimmer in dem Haus an. Das sind so die Überraschungen, die Reisen so einmalig machen. In dem große Garten wuchs so ziemlich alles: Mangos und alle Zitrusfrüchte, Kräuter und vieles, das ich gar nicht kannte. Zu essen gab es ein Huhn aus eigener Zucht. Ich hoffte zwar, dass es nicht meinetwegen das Leben lassen musste, aber es schmeckte wirklich fantastisch.

Mit meinen Taschen voll mit Limonen und Mandarinen fuhr ich am nächsten Tag weiter. Zur Abwechslung mal ohne Gegenwind ging es nach Port Said. Der erste Eindruck dieser Hafenstadt war nicht gerade positiv. Viel Verkehr, viel Dreck und alte, halb verfallene Häuser. Gleich bin ich an den Strand am Mittelmeer und machte ein Foto. Danach war schnell ein gutes Hotel gefunden. Als ich nochmals durch die Stadt bin, dachte ich, so schlecht ist sie ja gar nicht. Manche Schönheiten entdeckt man erst auf den zweiten Blick.

Das Aufwachen am nächsten Morgen war ein Graus. Das passiert mir nicht oft, dass ich denke: „Nein, ich kann jetzt nicht aufstehen.“ Ich tat es trotzdem, fühlte mich nicht wohl. Nach dem Frühstück fiel die Entscheidung: Ich bleibe. Seit Luxor war ich zehn Tage lang jeden Tag unterwegs gewesen. Ob ich jetzt einen Tag früher oder später nach Kairo kommen würde, war auch egal. Ich streifte lieber durch die Stadt, wo ich endlich auch etwas vom Suezkanal sah. Die alten Häuser wurden sehr schön renoviert oder neu erbaut. In diesem vorwiegend muslimischen Land gab es auch einige, meist koptisch-christliche Kirchen. Sie standen alle unter Polizeischutz. Wollte ich sie besichtigen, musste ich durch einige Kontrollen. Die Kirchen waren erst in letzter Vergangenheit wieder Ziel von Anschlägen gewesen.

Nach so einem erholsamen Tag war ich wieder fit und konnte die Fahrt Richtung Kairo aufnehmen. Die ersten paar Kilometer waren auf dem gleichen Weg wieder zurück. Bei Ismalia bog ich Richtung Kairo ab. Am Anfang ging es noch relativ ruhig durch die Wüste. In meiner letzten Nacht vor Kairo wollte ich unbedingt zelten. Die Wüste war wieder nicht so leer, dass ich irgendwo mein Zelt hätte aufstellen können. Über weite Strecken war Militärgebiet. Als ich von der Hauptstraße abbog, hielt eine Ambulanz. Ich solle doch zu ihrer Station mitkommen. Entlang größerer Straßen gab es immer wieder Stationen, wo Sanitäter auf ihren Einsatz warteten. Sie versorgen die Unfallopfer nicht dort, sondern bringen sie ins nächste Krankenhaus. Mir wurde in der Station ein Zimmer angeboten. Aber ich wollte zelten. „My tent is my home", das verstanden die meisten. Die Einladung zum Abendessen lehnte ich natürlich nicht ab.

Der letzte Abschnitt nach Kairo wurde richtig abenteuerlich. Der Verkehr in der 20 Millionen-Stadtregion war enorm. Jetzt, da ich eine Polizeieskorte gebraucht hätte, war sie nicht da. Seit ein paar Wochen hatte ich Kontakt mit einem Radfahrer aus Kairo. Er wollte mir entgegenfahren und mich in die Stadt führen. Es dauerte auch nicht lange, da sah ich ihn kommen. Unter Lebenseinsatz überquerte Mostafa die mehrspurige Straße. Es ging drunter und drüber, Einfahrten und Ausfahrten waren schrecklich. Es gab auch keine Alternative. Es gibt wirklich nettere Gegenden und Straßen zum Radfahren! Am Anfang der Stadt meinte Mostafa, es würde ihm jetzt zu gefährlich werden. Ihm wäre es lieber, wir würden zu seiner Mutter fahren. Er könne mich dann mit ihrem Auto in die Innenstadt bringen. Ich wollte nicht auch noch Mostafas Leben gefährden und stimmte zu. So kamen wir heil an. Es dauerte aber ein Weilchen, bis ich eine geeignete Bleibe fand. Wie üblich hatte ich nicht vorher gebucht, sondern mich nur im Internet informiert. Die Zimmer und Preise wichen sehr vom Internet ab. Schließlich fand ich im „Dahab Hostel" ein winziges Zimmer. Da ich dort sowieso nur zum Schlafen war und die Dachterrasse wunderbare Aufenthaltsplätze bot, war es mir egal.

Am Abend musste ich mich endgültig von der französischen Familie Doudz verabschieden. Sie hatten ihr Auto schon nach Frankreich verschifft und wollten in der Nacht nach Neuseeland fliegen. Somit war keine Chance mehr, dass ich sie treffen könnte.

Dafür kamen am nächsten Tag Maria und Tico, mit denen ich in Malawi war, an. Sie wohnten im gleichen Hostel. Mit ihnen war ich die nächsten Tage unterwegs. Da sie kein Fahrrad hatten, blieb meines auch all die Tage stehen. Mit der Metro und Uber kamen wir in Kairo überall hin. Es machte auch richtig Spaß, eine andere Art von Abenteuer.

Zuerst ging es zur Stufenpyramide in Sakkara. Es war die erste Pyramide dieser Art auf der Welt. Die Gegend war schön, von der Pyramide und den Gräbern hatte ich mehr erwartet. In die Pyramide durfte man nicht hinein. Sie war baufällig und der Gang innen ein einziges Labyrinth, wahrscheinlich eine Vorsichtsmaßnahme gegen Grabräuber. Um die Pyramide befanden sich einige Gräber. Im Vergleich zu denen im Tal der Könige, waren diese klein und farblos.

Das Imhotep Museum war sehr beeindruckend und erklärte nicht nur die verschiedene Architektur der Völker. Es gab Mumien und Statuen, Ausgrabungen, vor allem auch Schüsseln und kleine Werkzeuge. Anschließend standen die Königspyramiden auf dem Programm. Wenn man Ägypten besucht, kommt man an Gizeh mit der Sphinx kaum vorbei. Auch auf diesem großen Areal gab es einige Grabstätten, in die man hinein konnte. Viel war da nicht zu sehen und der Gang war dunkel und niedrig. Schon da bekam ich etwas Platzangst. In die Größte der Königspyramiden konnte man hinein. Mein Verlangen hielt sich in Grenzen. Es gab anscheinend auch nicht viel zu sehen. Tico ging hinein, war aber schnell wieder draußen und bestätigte, dass wir nicht wirklich etwas verpasst hätten. Zum Sonnenuntergang strömten alle zu

Wandeln zwischen den Gräbern bei der Stufenpyramide

dem Aussichtspunkt, von wo man alle drei Pyramiden in einer Linie sehen konnte. Natürlich musste man die Strecke nicht zu Fuß zurücklegen. Es gab eine reiche Auswahl an Pferdekutschen, Esel und Kamele. Wir lehnten alle Angebote ab, wir wollten laufen. Die Aussicht auf die Pyramiden war beeindruckend. Was ich aber direkt vor Ort sah, war das Gegenteil, alles voll mit Plastikflaschen. Von den Meeren weiß man, dass sie voll Plastik sind. Die Wüsten sehen allerdings kaum besser aus. Nachdem die Sonne unterging mussten wir das Gebiet verlassen. Von der Polizei angetrieben, strömten alle zum Ausgang. Der Weg war weit. Ein paar junge Kamelführer führten ihre Kamele zurück. Sie fragten, ob wir nicht reiten wollten.

Obwohl ich immer sagte „Ich nie!“, fand ich mich doch auf einem Kamel wieder. Mein Fahrrad ist mir lieber – aber nicht im Sand! Die Jungs waren wahrscheinlich froh, Feierabend zu haben und waren bester Laune. Wir hatten viel Spaß. Meistens wurde man an Touristenplätzen ausgenommen. Ich musste immer genau den Preis vorher vereinbaren und dann darauf bestehen. Bei den Kamelführern war es ganz anders. Sie weigerten sich, unser Geld zu nehmen. Es gibt doch immer wieder Überraschungen.

So, genug der Tempel und Gräber. Als nächstes stand der Khan-el-Khalili-Markt auf dem Programm. Von diesem Markt hatte ich noch nie etwas gehört. Ich kam einfach mit Maria und Tico mit. Darum war die Überraschung riesengroß. Anscheinend ist es der größte Markt von Afrika. Man kann so ziemlich alles kaufen, Taschen, Stoffe, T-Shirts, Musikinstrumente und Lampen. Bei Dunkelheit war das besonders genial mit den verschiedenfarbigen Lichtern. Er befindet sich in einem älteren Stadtteil von Kairo zwischen Moscheen, Hammams (Bäder) und Madrassas (islamische Lehranstalten). Eine ganz fantastische Atmosphäre. Dass auf dem Markt 2007 und 2009 Terroranschläge mit mehreren Toten stattgefunden hatten, las ich erst danach. Das könnte aber eine Erklärung dafür gewesen sein, dass kaum westliche Touristen anzutreffen waren.

Nur zum Spaß meinte ich zum Abschluss, ich wolle mit ihnen noch eine Shisha rauchen. Es gehörte irgendwie dazu. Sie stimmten sofort zu. Keiner von uns hatte es bisher probiert, keiner wusste Bescheid, wie so etwas funktioniert. Wir alle drei waren absolute Nichtraucher. In den Shisha Bars gab es extra für Leute wie uns Bedienungen, die uns alles erklärten. Nicht nur wir hatten unseren Spaß, auch der nette Herr, der uns bediente.

Wieder stand ein Abschied an. Maria und Tico reisten nach Luxor und für mich war es Zeit Abschied auch von Afrika zu nehmen. Mostafa war mir wieder sehr behilflich, brachte mir eine Fahrradbox und fuhr mich mit dem ganzen Gepäck früh am morgen auf den Flughafen.

Ein Jahr und elf Monate war ich auf dem afrikanischen Kontinent und bin 38.224 Kilometer gefahren. Was für eine Tour.

Endspurt durch Europa – Griechenland

An Heilig Abend kam ich mit Verspätung in Athen an. Das war wieder eine ganz andere Welt, zuerst einmal viel kälter. Die schneebedeckten Berge erfreuten mich nicht allzu sehr. Es war Winter. Obwohl es Sonntag war, waren alle Geschäfte noch offen. Gerade rechtzeitig konnte ich noch etwas für die Feiertage kaufen. Athen an Weihnachten hatte schon etwas. Vor allem, da es tagsüber noch sehr warm war. Abends wurde es früh dunkel. Die Weihnachtsbeleuchtung kam so richtig schön zur Geltung.

An Piräus vorbei war eine wunderbar kleine Küstenstraße entlang den Felsen Richtung Korinth. Vor Patras nahm ich die Fähre über den Golf von Korinth. Ich wusste gar nicht wie schön und vielseitig Griechenland ist. Im Sommer wollte ich nicht hier sein. Aber im Winter war alles schön ruhig, alle Campingplätze geschlossen, ich konnte zelten, wo ich wollte. Allerdings wurde es sehr kalt und es regnete nachts meistens. In der Nacht vor Silvester hatte ich sehr gefroren. So wollte ich das Neue Jahr nicht beginnen und bin in ein Hotel. In der Silvesternacht war kaum etwas los. Hier konnte man kein Feuerwerk kaufen. Manche Griechen oder Touristen brachten welches aus Deutschland mit. An Silvester ging es wieder mit erstaunlich wenig Verkehr Richtung Igumenitsa, wo ich die Fähre nach Italien nahm.

Italien

Auf der Fähre konnte ich prima schlafen. Am Morgen war ich in Bari. Nur noch ein Stück am Meer entlang, durch die alten Städte mit den schönen Plätzen, dann bog ich nach Neapel ab.

Der Hauptgrund, weswegen ich nach Athen und nicht gleich nach Frankfurt geflogen war, war, dass ich mich Deutschland ganz langsam nähern wollte. Der Gegensatz Afrika – Deutschland wäre mir zu groß gewesen. Griechenland war auch anders als Afrika, die Bevölkerungsdichte war noch nicht so hoch, es gab noch viel Natur und die Griechen waren sehr gastfreundlich. In Italien war schon mehr los. Viel häufiger kam ich durch Ortschaften. Vor allem gab es hier auf einmal wieder Hunde. An jedem Haus bellten mindesten zwei, wenn ich vorbei fuhr. Und ich hatte hier wieder Gegenwind. In einem kleinen Dorf vor Neapel hatte ich eine Einladung bei Mini und Davido. Das war Italien pur. Leider verstand ich viel zu wenig italienisch, aber die Atmosphäre riss mit. Es wurde viel gegessen, viel getrunken, viel gesungen und viel gelacht. Es war einer der Abende, wo ich eigentlich früh schlafen wollte, dann aber so mitgerissen wurde, dass ich bis weit nach Mitternacht auf blieb.

Das Dorf war wie so oft an den Berg gebaut. Es war so alt, dass man damals, als man es erbaute, noch nicht an Autos dachte. Die Gassen waren viel zu eng und mit Kopfsteinpflaster. Handys brauchte man hier nicht, man rief sich über die Balkone hinweg zu. Überall roch es nach frisch gewaschener Wäsche, die Bäume hingen voll Zitronen und Orangen. Herrlich.

Wegen des Verkehrs fuhr ich lieber an Neapel herum und an die Küste. Auch Rom ließ ich rechts liegen, ich blieb lieber an der Küste, wo es sogar teilweise Radwege gab. Nur Pisa wollte ich mir nicht entgehen lassen. Den schiefen Turm hatte ich noch nie gesehen. Von der Stadt war ich dann auch sehr begeistert. Es war allerdings Sonntag und wunderbares Wetter. In der Fußgängerzone in der Innenstadt war mehr los als auf den Straßen.

Die Ligurische Küste war eine prima Vorbereitung für die Côte d'Azur. Sehr bergig, wunderbar alte Städte, teurer und touristischer als vorher.

Frankreich

Es war immer noch herrlichstes Wetter, bis über 20 Grad und das im Januar! Monaco, Nizza, Cannes. Um diese Jahreszeit, überhaupt da es so warm war, konnte ich es richtig genießen. Am Wochenende waren mehr Fahrradfahrer als Autofahrer auf den kleinen Küstenstraßen.

Da das Wetter in den Bergen nicht so gut war, ich mit viel Schnee hätte rechnen müssen, blieb ich bis Saint-Raphaël an der Küste, bog danach erst nach Aix-en-Provence ab. In den Bergen wurde es wirklich merklich kühler.

In Avignon kam ich auch am Anfang meiner Tour durch. Da war eigentlich der Kreis geschlossen.

Das Wetter wurde schlechter, ich hörte von Überschwemmungen weiter nördlich. In Lyon war der erhöhte Wasserspiegel ersichtlich, die Wege an der Saône waren gesperrt. Nach Lyon gab ich auf. Meine Motivation weiter zu fahren, hielt sich in Grenzen. Es war so kalt und nass, dass ich wenigstens ein Stück mit dem Zug fahren wollte, in der Hoffnung, dass es später besser würde. Hier war ich schon so oft mit dem Fahrrad unterwegs gewesen, es war nicht mehr allzu spannend.

Später, entlang des Doubs, ging dann gar nichts mehr. Die Autos wurden auf die Autobahn umgeleitet. Eine nette Frau in einer Touristeninformation meinte, nachdem sie überall angerufen und verschiedene Optionen erkundet hatte, ich müsse mit dem Zug weiter. Ich fuhr auf den nächsten Bahnhof, in Beaune, und mit dem Zug nach Mulhouse. Bei meinen Freunden, bei denen ich die erste Nacht der Tour verbracht hatte, stieg ich auch die letzte ab. Das letzte Stück nach Deutschland war wieder wunderbar. Der Rhein hatte zum Glück kein Hochwasser.

Nach zwei Jahren, einem Monat und zwei Wochen stand ich bei meiner Schwester in Lahr wieder vor der Tür. Insgesamt war ich 43.628 Kilometer gefahren, davon 38.224 Kilometer auf dem afrikanischen Kontinent. Es ging insgesamt durch 40 Länder (mit Gibraltar und Monaco) davon 33 afrikanische Länder.

Nachwort

Afrika ist ein Kontinent mit 55 Ländern, sehr vielen verschiedenen Stämmen und Kulturen und mehr als 2.000 Sprachen. Schon das war eine spezielle Herausforderung. Es gab immer etwas Neues, und bevor ich in einer Sprache so etwas wie „Danke" oder „Hallo" lernte, war ich schon wieder weiter.

Die kulturellen Unterschiede zu Europa sind größer als von jedem anderen Kontinent. Zum Beispiel hatte ich selten so etwas wie Privatsphäre. Woher sollen Afrikaner es kennen? Es gab zu viele Leute, so etwas wie Privatsphäre gab es nicht, wird auch nicht erwünscht. Allein könnte man gar nicht überleben.

Ich wusste, dass es in Teilen Afrikas keinen Strom und Wasser gibt. Aber dass der gesamte Westen außerhalb großer Städte dunkel ist, wenn es Nacht wurde, weil kein Strom da war, war mir nicht bewusst. Für mich machte es den Eindruck, mindestens 80 Prozent der Bevölkerung musste lange Strecken mit ihren gelben Kanistern zurücklegen, um an Wasser zu kommen, was oft nicht sauber war.

Da es kein Strom gab, waren ebenfalls für Brennholz lange Wege erforderlich, die immer länger werden. Mit dem immense Bevölkerungswachstum wird es immer schlimmer.

Trotz alledem, selten sind mir so viele lachende und hilfsbereite Menschen begegnet. Selten lag Freud und Leid so dicht beieinander. Afrika wird als der gastfreundlichste Kontinent beschrieben. Dem kann ich nur zustimmen.

So vielen Menschen müsste ich hier Dank aussprechen. Von vielen weiß ich nicht einmal den Namen. Darum möchte ich Jeder und Jedem danken. Alle, die dies gelesen haben, können sich auch angesprochen fühlen.

Als Frau allein mit dem Fahrrad um die Welt

Dorothee Fleck folgt auf ihrer Reise zunächst der Donau bis an das Schwarze Meer, fährt dann über Russland, die Mongolei, China und Südostasien nach Australien. Weiter geht es nach Südamerika, durch die Atacamawüste – für Dorothee ein interessanter, wenn auch unwirtlicher Ort.

Ein besonders großer Schwarm an Schutzengeln scheint über der Autorin zu kreisen. In der Mongolei wird sie von einem betrunkenen Reiter beinahe mit dem Lasso eingefangen, in Irkutsk entdeckt sie einen Wolf und in China landet sie sogar im Gefängnis. In der Metropole Bangkok kollidiert sie mit einer Geländelimousine und in Indonesien überlebt sie die chaotischen Verkehrsbedingungen auf der Insel Java. Nachts in Chile spürt sie die Erschütterungen eines Erdbebens in ihrem Zelt und in Ecuador wird ihr beinahe ein Fahrraddiebstahl zum Verhängnis.

Auf dieser spektakulären Reise lernt sie gastfreundliche Menschen kennen, taucht in fremde Kulturen ein und radelt jeden Tag einem neuen Abenteuer entgegen.

Dorothee Fleck, 304 Seiten inkl. Farbbilder, Format 14 x 20 cm, 16,80 €
ISBN 978-3-942617-02-4

Online bestellen unter: www.360grad-medienshop.de

360° Magazine

Nähere Infos und eine Bestellmöglichkeit der 360° Magazine mit der Rundumbetrachtung, auch für die Destinationen, USA, Kanada, Australien und Neuseeland gibt es unter:

www.360grad-medienshop.de

Kostenfreier Versand innerhalb Deutschlands. Beim Versand nach Österreich und in die Schweiz werden pro Artikel zusätzlich 3 € Versandkosten berechnet.